Frank Rother

Jugoslawien

Kunst, Geschichte und Landschaft zwischen Adria und Donau

DuMont Buchverlag Köln

Umschlagvorderseite: Dubrovnik
Umschlagrückseite: Mostar
Vordere Umschlaginnenklappe: Sv. Jovan Kaneo, Ohrid
Frontispiz S. 2: Figur mit Zepter. Detail der Situla von Vače, um 500 v. Chr. Nationalmuseum, Ljubljana

Die Farb- und Schwarzweiß-Photographien (außer Abb. 6, 7, 12, 43, 105, 121, 150–154, 159, 170, 186, 187) stammen vom Verfasser und wurden exklusiv für dieses Buch ausgewählt.
Almut Rother zeichnete die Textabbildungen S. 12–15, 17, 20, 75, 104, 111, 171, 175, 197, 212, 216, 224, 273, 278 u., 288, 291, 306, 307, 314

CIP-Kurztitelaufnahme der Deutschen Bibliothek

Rother, Frank:
Jugoslawien : Kunst, Geschichte u. Landschaft zwischen Adria u. Donau / Frank Rother. [Almut Rother zeichnete d. Textabb.]. – 3., erw. Aufl. – Köln : DuMont, 1979.
(DuMont-Dokumente : DuMont-Kunst-Reiseführer)
ISBN 3-7701-0787-0

Druck: Gebr. Rasch & Co., Bramsche
Buchbinderische Verarbeitung: Kleins Druck, Lengerich

Printed in Germany ISBN 3-7701-0787-0

Kunst-Reiseführer in der Reihe DuMont Dokumente

Zur schnellen Orientierung – die wichtigsten Orte und Landschaften Jugoslawiens auf einen Blick:

(Auszug aus dem ausführlichen Ortsregister S. 340–349)

In der Umschlagklappe: Übersichtskarte Jugoslawien

In der hinteren Klappe: Karte der Völker und Religionen

Für Almut und Kerstin

Inhalt

Vorwort

Jugoslawien ist den meisten Reisenden bekannt als Land der sonnigen Adriaküste, der weißen Felsen und des tiefblauen Meeres, der farbenfrohen Folklore, ein Eldorado des Wassersports und der Freikörperkultur, und damit alljährliches Ziel ungetrübter Ferienfreude. Hinzu kommt eine lichte, Lebensfreude ausstrahlende Mittelmeerarchitektur mit Kunstdenkmälern, die bis in die Antike zurückreichen. Weitgehend unbekannt blieben dem Mitteleuropäer bis heute die unberührten Berglandschaften und fruchtbaren Tiefebenen, die Kunstschätze und Traditionen der jugoslawischen Völker im Binnenland, sei es die Kultur des Islam oder gar die serbischen und makedonischen Klöster mit ihren Fresken, die zu den sehenswertesten Zeugen der byzantinischen Kunst des Mittelalters gehören und dank hervorragender Restaurierung erst vor wenigen Jahrzehnten die Kunstwelt überraschten.

Längst gehören die unsicheren Zeiten auf dem Balkan, die tragischen Kriegswirren und die beschwerlichen Reisewege der Vergangenheit an. Jugoslawien ist auch im Landesinnern heute verkehrstechnisch und touristisch gut erschlossen und dennoch dank der Fremdartigkeit seiner Menschen und Kulturen ein Abenteuer geblieben, das es zu entdecken gilt.

Dazu will dieses Buch anregen und zugleich ein verläßlicher Führer sein. Es berücksichtigt gleichermaßen die bekannten Ziele an der Adriaküste wie die abgelegenen, noch als Geheimtip geltenden Kostbarkeiten abseits des Massentourismus.

Seit Erscheinen des Buches im Jahre 1976 hat der Verfasser wiederholt ausgedehnte Reisen durch Jugoslawien gemacht und legt nun in dieser vorliegenden 3. Auflage seine Ergebnisse vor. Bild- und Textteil wurden stark erweitert, sowohl die Adriaküste als auch weniger bekannte Landesteile, wie beispielsweise die Donaulandschaft, ausführlicher behandelt. Auch die großen Städte Belgrad und Zagreb wurden stärker berücksichtigt, andere erhielten zusätzlich Stadtpläne zur leichteren Orientierung. Schließlich wurden die Praktischen Reisehinweise aktualisiert und um einige Kapitel bereichert: jetzt soll auch der Liebhaber lukullischer Genüsse auf seine Kosten kommen. Der umfangreiche Bildteil mit Motiven, von denen viele erstmals in deutschsprachiger Literatur veröffentlicht wurden, ist eng an den Text angelehnt und soll Information und zugleich Anregung zur Gestaltung einer individuellen Reise sein.

Meiner Frau, Almut Rother, die mich auf allen Jugoslawien-Reisen seit 1966 begleitet hat, danke ich besonders herzlich für ihre kritische Mitarbeit an diesem Buch. Sie schrieb die Praktischen Reisehinweise und illustrierte den Text mit zahlreichen Zeichnungen. Mein Dank gilt auch den Direktoren der Fremdenverkehrsämter in Jugoslawien, vor allem Frau Prof. Fedora Gerić vom Jugoslawischen Fremdenverkehrsamt in Düsseldorf, für die organisatorische Vorbereitung und Unterstützung mehrerer Reisen, den Herren Nikola Mišić und Mirko Bilić † vom Informationszentrum der SFR Jugoslawien in Köln für die Bereitstellung einer umfangreichen Bibliothek und Herrn Emil Krainz in Siegen für seine Hilfe bei Übersetzungen aus dem Slowenischen und Serbokroatischen. Dem Verlag, vor allem Herrn Werner Preuß, danke ich für freundliche Hilfe und gute Zusammenarbeit.

Die schnelle touristische Entwicklung in Jugoslawien bringt es mit sich, daß ein Reiseführer über ein so großes Reiseland immer wieder auf den neuesten Stand gebracht werden muß. Für Berichtigungs- und Ergänzungsvorschläge sind Verlag und Autor den Lesern dieses Buches und Liebhabern Jugoslawiens stets dankbar.

Monheim, im April 1979 — Frank Rother

Jugoslawien, Brückenland zwischen Orient und Okzident

Jugoslawien ist physisch- und kulturgeographisch ein Land starker Kontraste. Das zentrale, schwer zugängliche Gebirgsland, der Dinarische Gebirgsblock, trennt das mediterrane Adriatische Küstenland von dem kontinentaler geprägten Tiefland von Save und Donau und von der Morava-Vardar-Furche. Während das gebirgige Innere lange Zeit hindurch Eroberer abhielt, sind die Randlandschaften des heutigen Jugoslawien seit der Vorgeschichte Kampffeld zahlreicher Kulturen. Da Jugoslawien auf halbem Wege zwischen Mitteleuropa und Vorderasien liegt, drangen von Norden die Slawen, später die Deutschen, Österreicher und Ungarn in das Save-Drau-Zwischenstromland ein. Im Südosten bot die Morava-Vardar-Furche den Griechen, Römern, Byzantinern und Türken einen natürlichen Verkehrsweg für ihre Eroberungszüge und Handelsniederlassungen. Das Adriatische Küstenland dagegen, abgeschirmt durch die Küstengebirge nach Osten, wurde zum Kulturgebiet der Griechen, Römer und später der Venezianer.

Jugoslawiens Lage und sein Charakter als Übergangs- und Brückenland ist somit Voraussetzung für die kämpferischen Auseinandersetzungen der großen politischen, geistigen und kulturellen Mächte des Orients und Okzidents gewesen. Die unwegsamen Höhengebiete des Dinarischen Gebirgsblocks bildeten kulturelle und zivilisatorische Verharrungs- und Rückzugsgebiete, wo sich etwa eine so singuläre Kultur wie das Bogumilentum lange Zeit halten konnte. Der Norden und Westen Jugoslawiens wurden von Mitteleuropa und Italien und von der römisch-katholischen Kirche entscheidend geformt. Der Osten und Süden des Landes erhielt hingegen eine byzantinisch-orthodoxe und mit der Türkenherrschaft mehr oder weniger tiefgreifende orientalische Prägung.

Das Fehlen einer zentralen Kernlandschaft hat die Bildung eines jugoslawischen Staates sehr erschwert; Belgrad, die Hauptstadt des jungen Staates, liegt geopolitisch ungünstig in der östlichen Randlandschaft. Nach jahrhundertelanger Unterdrückung und Abhängigkeit von fremden Herrschaften ist es verständlich, daß die Bildung einer Sozialistischen Föderativen Volksrepublik Jugoslawien im Jahre 1945 nur gelingen konnte, wenn zugleich den einzelnen Volksrepubliken, nämlich Serbien, Kroatien,

Bosnien-Herzegowina, Slowenien, Makedonien und Montenegro (hinzu kommen zwei Autonome Gebiete in Serbien: Vojvodina und Kosovo) weitgehende Selbständigkeit zugesichert wurde – Gefahr und Chance zugleich für den Bestand des jugoslawischen Staates.

Das Ergebnis der ständigen Bevölkerungsbewegungen und politischen Veränderungen auf dem Balkan ist der Vielvölkerstaat Jugoslawien, der mit 256 000 qkm größer als die Bundesrepublik Deutschland, dreimal so groß wie Österreich und sechsmal so groß wie die Schweiz ist. Hier leben 20,5 Millionen Menschen (ein Drittel der Bevölkerungszahl der Bundesrepublik Deutschland), die sich auf folgende Nationalitäten verteilen: 8 Mio. Serben (39%), 4,5 Mio. Kroaten (22%), 1,7 Mio. Muselmanen (8,3%), 1,6 Mio. Slowenen (7,8%), 1,2 Mio. Makedonier (5,9%), 1,3 Mio. Albaner (6,3%), 0,5 Mio. Ungarn (2,4%), 0,5 Mio. Montenegriner (2,4%) (Zahlen von 1971). Daneben gibt es viele Minderheiten: Bulgaren, Italiener, Rumänen, Ruthenen, Slowaken, Tschechen, Türken, Deutsche, Griechen, Juden, Polen, Russen, Ukrainer, Walachen, Zigeuner u. a. 42% der Bevölkerung sind Orthodoxe, 31% Katholiken und 12% Moslems. Zur Vielfalt der Nationalitäten und Religionen kommen mehrere Sprachen und Schriften hinzu, nämlich drei Amtssprachen: Serbokroatisch, Slowenisch und Makedonisch – alle drei gehören zur südslawischen Sprachfamilie – und zwei Alphabete, das lateinische und kyrillische.

Die politische Stellung Jugoslawiens heute ist geprägt durch seine Mittlerrolle zwischen Ost und West. Durch eine geschickte Innenpolitik hat Jugoslawiens Staatschef Marschall Tito die divergierenden Kräfte in seinem Land und die Spannungen zwischen den Nationalitäten, deren Ursachen auch im wirtschaftlichen Gefälle zwischen industrialisiertem Norden und unterentwickeltem agrarischen Süden liegen, bisher ausgleichen können. Durch eine gewisse Dezentralisierung der Verwaltung und Einschränkung der Kollektiv- und Staatswirtschaft zugunsten der Wiederbelebung der Privatinitiative (›jugoslawisches Modell‹) sind Wirtschaftskraft und Lebensstandard im letzten Jahrzehnt erheblich angestiegen. Außenpolitisch behält das kommunistische Jugoslawien als blockfreies Land mit neutralistischem Kurs Fühlung mit den Weltmächten in West und Ost und wird von den blockfreien Staaten als führende Kraft geachtet. Auch die wirtschaftlichen Beziehungen spiegeln die Mittlerrolle dieses Landes. Im Außenhandel steht unter den Abnehmern Italien mit 7,9 Mrd. DIN an erster Stelle, gefolgt von der UdSSR mit 6,9 Mrd. DIN und der Bundesrepublik mit 5,4 Mrd. DIN. Wichtigstes Einfuhrland Jugoslawiens ist die Bundesrepublik mit 14,6 Mrd. DIN, gefolgt von Italien mit 9,0 Mrd. DIN und der UdSSR mit 6,9 Mrd. DIN (Zahlen von 1973).

Die Großlandschaften Jugoslawiens

Jugoslawien läßt sich nach Relief, Klima, Vegetation und kulturräumlicher Ausstattung in vier Großlandschaften gliedern:

1 Der Dinarische Gebirgsblock
2 Das Save-Donau-Tiefland
3 Das Adriatische Küstenland
4 Die Morava-Vardar-Furche

Der *Dinarische Gebirgsblock* als Ausläufer der Alpen beginnt im Nordwesten des Landes zwischen Triest und Ljubljana und verbreitert sich zunehmend nach Südosten bis zum Querriegel der Albanischen Alpen auf nahezu 300 km; damit nimmt er etwa die Hälfte des jugoslawischen Staatsraumes ein. Zur Save und Morava hin dacht sich das Gebirge im allgemeinen sanfter ab, wogegen es zum schmal entwickelten Adriatischen Küstenland steil abfällt (Velebit-Gebirge 1758 m). Im Südosten erreicht das Dinarische Gebirge im eiszeitlich überformten Kalkmassiv des Durmitor eine Höhe von 2522 m (Farbt. 25). Bei großer Geschlossenheit im ganzen ist das Gebirgsland im ein-

Heuharfe in Slowenien

Hölzerne Moschee in Bosnien

zelnen reich gegliedert und zerkammert. Zwischen den breiten Rücken und Plateaus und den schroffen Bergkämmen liegen schmale Becken und Längstäler (Poljen, Farbt. 10, Abb. 101) in typisch dinarischer Streichrichtung parallel zur Adria-Küste, quer dazu steile und tiefe Schluchten. Die Streichrichtung des Dinarischen Gebirges, das im Westen aus Kreidekalken, im Osten aus kristallinen Schiefern besteht, erschwert erheblich die verkehrsgeographische West-Ost-Erschließung von Bosnien-Herzegowina. Die wichtigste verkehrsgeographische Leitlinie ist die Neretva-Bosna-Furche, die schon den Römern das Innere Bosniens erschloß, während die Türken hier nach Westen zur Küste vorstießen (Počitelj). Dieser Leitlinie folgt die Neretva, die als einziger Fluß den hohen Westrand des Gebirgsblocks durchbricht (Farbt. 27).

Neben der Abgeschlossenheit dieser Kernregion ist die intensive Verkarstung im Westteil des Dinarischen Gebirges die Ursache für die Bevölkerungsarmut und wirtschaftliche Rückständigkeit dieses Raumes. Trotz hoher Niederschläge – die Bucht von Kotor ist mit 4600 mm Niederschlag regenreichster Ort Europas – fehlt Regenwasser, da es in den klüftigen Kalken schnell versickert, so daß nur extensive Schaf- und Ziegenzucht auf den unwirtlichen Höhen betrieben werden kann. Der beschränkte Lebensraum in den Becken und Längstälern hat zu allen Zeiten die Zersplitterung der Gebirgsbevölkerung in Stämme und Unterstämme gefördert. Damit verharrten die Menschen länger in ihren Traditionen, so daß wir noch heute in abgeschiedenen Gebieten Reste der südslawischen Großfamilie (Zadruga) und echte ursprüngliche Volkskunst

Romanische Kirche von Muta bei Dravograd, 12. Jh.

erleben können. In diesem unzugänglichen Gebirge verebbte auch der Vorstoß der türkischen Invasoren nach Westen. Hier, am Rande des ehemaligen Osmanischen Reiches sollte sich in der Abgeschiedenheit des Berglandes echter Orient entwickeln (Sarajevo, Mostar, Travnik), der bis heute seinen fremdartigen Reiz bewahrt hat. Obwohl die Regierung durch Erschließung der Wasserkräfte und Nutzung der Bodenschätze (Eisenerze im Bosnischen Erzgebirge, Stahlwerke in Zenica) den Zentralraum zu entwickeln versucht, findet der Reisende in den größten Teilen Bosniens, der Herzegowina und Montenegros unberührte Landschaften voll einprägsamer Ursprünglichkeit.

Im Norden schließt sich als Randlandschaft das *Alpenvorland* und das *Save-Donau-Tiefland* an den zentralen Gebirgsblock an. In den Karawanken, den Julischen Alpen und Steiner Alpen hat Jugoslawien noch Anteil an der mitteleuropäischen Hochgebirgslandschaft (Triglav 2863 m) (Abb. 7). In den Höhenlagen wird alpine Waldwirtschaft und Rinderzucht betrieben. Nach Osten zu schließt sich ein bewegtes Mittelgebirgsland an, das von Save, Drau und ihren Zuflüssen zerschnitten wird. Hier tragen die breiten Täler und sommerwarmen Hänge Getreidefelder, Obsthaine, Weinberge und Edelkastanienwälder. Das Mittelgebirgsland ist dicht besiedelt und vielseitig industrialisiert. Hier liegt die Volksrepublik Slowenien, die von allen Ländern Jugoslawiens den höchsten Lebensstandard besitzt.

Niederjugoslawien bzw. das Save-Donau-Tiefland bildet mit weiten Aufschüttungsebenen den äußerst günstig ausgestatteten Nordsaum des Staates und ist südwestlicher Teil der Pannonischen Ebene. Im Zwischenstromland von Drau und Save erheben sich langgestreckte Inselberge (Papuk, Fruška gora), die horstartige Heraushebungen des Untergrundes der Pannonischen Ebene darstellen. Durch das Dinarische Gebirge nach

Westen abgeschirmt, zeigt das Tiefland kontinentales Klima mit warmen bis heißen Sommern und recht kühlen Wintern, deren Ursache kalte Luftmassen aus Osteuropa sind. Die sommerwarmen Ebenen sind reiche Kornkammern mit großen Schlägen von Weizen, Mais und Zuckerrüben, z. T. auf fruchtbaren Lößböden; aber auch Spezialkulturen wie Tabak und Sonnenblumen (Farbt. 9), Paprika, Tomaten, Melonen, Hopfen, Flachs und Hanf sind verbreitet; dazu kommen Rinder- und Schweinezucht. Das Hügelland südlich der Save trägt in Bosnien und Nordserbien ausgedehnte Pflaumenhaine. Die Früchte werden z. T. zu dem berühmten Slibowitz gebrannt.

Große Dörfer aus eingeschossigen Häusern, meist mit regelmäßigem Schachbrettgrundriß, erinnern an die planmäßigen Gründungen der Habsburger, nachdem das Land durch die Türkenkriege entvölkert und verarmt war. Besonders im Donau- und Theißgebiet haben deutsche Siedler, von Maria Theresia herbeigerufene Donauschwaben, durch Waldrodung und Urbarmachung bis dahin ungenutzter Sumpfgebiete bedeutende Kulturarbeit geleistet (Batschka, Banat) (Abb. 188). Bedeutsamer als in den ländlichen Siedlungen ist der deutsche Kultureinfluß in den Städten dieser nördlichen Randlandschaft Jugoslawiens, die das städtereichste Gebiet des Landes darstellt. Dem Mitteleuropäer kommen diese Städte wie Ljubljana (Laibach), Zagreb (Agram), Maribor (Marburg) oder Kranj (Krainburg) sehr vertraut vor, zeigen doch Kirchen und Paläste den bekannten Stil der Gotik und des österreichischen Barock (Abb. 10–12, 196, 197). Das südöstliche Alpenvorland und das Save-Drau-Zwischenstromland sind nicht nur das agrarische Kernland, sondern dank der Industrialisierung in den Städten auch das Hauptindustriegebiet Jugoslawiens geworden.

Markuslöwe am Renaissancetor von Motovun

Das *Adriatische Küstenland*, der schmale istrisch-dalmatinische Küstensaum mit seiner vorgelagerten Inselwelt ist in seiner landschaftlichen Eigenart als weitere Randlandschaft deutlich vom Dinarischen Gebirge abgesetzt. Durch eine erdgeschichtlich jüngere Faltung im Tertiär bedingt, wechseln in dinarischer Streichrichtung verlaufende Flyschmergelmulden und Kreidekalkrücken miteinander ab. Intensive Bebauung auf den fruchtbaren Böden der Flyschmulden steht in starkem Kontrast zu den sterilen weißgrauen Kalkrücken. Infolge des nacheiszeitlichen Meeresspiegelanstiegs sind die Mulden heute z. T. ertrunken und haben Kanäle gebildet, welche die über 700 dalmatinischen Inseln voneinander und vom Festland trennen. Zahlreiche schlauchartige Buchten bieten ausgezeichnete natürliche Hafenplätze an (Farbt. 17, 18).

Das Klima des Adriatischen Küstenlandes ist mediterran mit trockenen, warmen Sommern und milden, feuchten Wintern. So hat Dubrovnik ein Januarmittel von + 8,7° C, während das im Innern gelegene Sarajevo − 2,6° C aufweist. Allerdings treten – vor allem im nördlichen Teil des Kroatischen Küstenlandes – starke winterliche Abkühlungen auf, wenn die Bora weht. Dieser äußerst böige und stürmische Fallwind mit Spitzengeschwindigkeiten bis zu 150 km in der Stunde, der Dächer abdeckt und dem Autofahrer auf der Adria-Magistrale gefährlich werden kann, entsteht dann, wenn Kaltluftmassen im Pannonischen Becken lagern und durch winterliche Tiefdruckgebiete über der Adria angezogen werden.

Entsprechend dem vollmediterranen Klima wachsen im Küstenland immergrüne Wälder und Macchien, mit Seestrandkiefern, Zypressen und Steineichen. Baumerika, Pistazie, Myrte, Erdbeerbaum und Zistrose sind typische Vertreter der Macchie. Rebstöcke, Oliven-, Feigen-, Mandel- und Johannisbrotbäume, Agaven und Opuntien vervollständigen das Bild der mittelmeerischen Vegetation.

Die Abgeschlossenheit vom Binnenland hat den Blick der Dalmatiner früh auf die adriatische Gegenküste gelenkt. Den illyrischen und slawischen Bewohnern setzten Rom und Venedig in den Städtebildern von Zadar, Šibenik, Trogir, Split, Dubrovnik und Kotor ihre architektonischen Maßstäbe. Hohe Steinhäuser mit engen schattigen Gassen, Kirchen und Paläste der Spätgotik und Renaissance und gewaltige mittelalterliche Befestigungsanlagen sind sichtbarer Ausdruck dieser eigenständigen Kulturlandschaft innerhalb Jugoslawiens.

Die letzte der drei Randlandschaften ist im Osten und Südosten die 500 km lange *Morava-Vardar-Furche*. Die Flüsse Morava und Vardar fließen entgegengesetzt zur Donau und Ägäis. So entstand im Zentrum von Südosteuropa ein bequemer Durchgang von der Ägäis zur Pannonischen Tiefebene, der im Laufe der Geschichte wichtige Leitlinie für erobernde und verteidigende Völker wurde. Am nördlichen Ende der Morava-Vardar-Furche liegt Jugoslawiens Hauptstadt Belgrad. Ihre starken Festungsmauern zeugen von der großen Bedeutung der Stadt während der Türkenkriege.

Die Landschaft beiderseits der Morava-Vardar-Furche ist ein stark zerschnittenes, bis 2600 m aufragendes Bergland, das weitgehend aus Graniten und kristallinen Schiefern aufgebaut ist. Bei der jungtertiären schollenartigen Heraushebung des Gebirges

Tabaktrocknen in
Prizren

sanken große Becken an zahlreichen Bruchlinien ab, die heute als landwirtschaftlich begünstigte Tiefenzonen hervortreten. Eines dieser Becken ist das bekannte Kosovo Polje (Amselfeld), wo im Jahre 1389 die Serben dem übermächtigen Türkenheer Sultan Murads unterlagen. Im äußersten Süden Makedoniens ist die Erdkruste so tief abgesunken, daß sich die Becken mit Wasser gefüllt haben und heute den 285 m tiefen Ohrid-See und den 55 m tiefen Prespa-See bilden. Daß die Bewegungen der Erde auch heute noch nicht abgeschlossen sind, zeigt das verheerende Erdbeben von Skopje 1963.

Den nördlichen Teil der Randlandschaft nimmt Serbien ein, und zwar Mittel- und Südserbien. Auf den Talböden und in den Becken gedeihen Mais, Tabak, Baumwolle und Hanf, die höheren Gebiete tragen Wälder oder sind Weideland. Den wirtschaftlichen Schwerpunkt Südserbiens bildet das Becken von Niš, wo die Bahn nach Sofia abzweigt. Südlich der Wasserscheide zwischen Donau und Ägäis liegt das Schicksalsland Mazedonien, von dem Jugoslawien nur einen Teil in seiner Volksrepublik Makedonien einbezieht. Die restlichen Teile sind Griechenland und Bulgarien eingegliedert. Die in der Volksrepublik lebenden Slawen sprechen eine dem Bulgarischen und Serbischen ähnliche eigene Sprache. Die völkische und kulturelle Zugehörigkeit seiner Bewohner ist bis heute Anlaß zu Streitereien zwischen den benachbarten Staaten.

In Makedonien beginnt der sommertrockene orientalische Teil Jugoslawiens. Die Ackernutzung in Form von Mais-, Weizen- und Tabakanbau sowie Zucht von Reben und mediterranen Baumfrüchten sind wiederum an die Becken gebunden. Hohe Gebirgsstöcke mit geringer Besiedlung sind eingeschaltet. Die volkreichen Handels- und Gewerbezentren, Landstädte mit Moscheen und farbigen orientalischen Märkten, die Umwandlungen byzantinischer Anlagen oder koloniale Neugründungen der Türkenzeit darstellen, vermitteln dem Reisenden ein buntes Bild balkanischer Lebensfülle.

Die östliche Randlandschaft der Morava-Vardar-Furche ist damit die mannigfaltigste aller Großlandschaften Jugoslawiens. Auf engem Raum durchdringen sich mitteleuropäische, lateinische, byzantinische und islamische Kultureinflüsse.

Der Karst

Für den an bewaldete Mittelgebirge und grasreiche Tiefländer gewöhnten Mitteleuropäer stellt die Karstlandschaft Jugoslawiens das wohl eindrucksvollste Landschaftserlebnis dar. Die Augen werden geblendet von dem reflektierenden Sonnenlicht auf weißgrauem Fels. Während der langen Sommer lastet über der Steinwüste eine erbarmungslose Hitze, die menschlichen Unternehmungsgeist schnell ersticken läßt; im Winter heulen eisigkalte Bora-Stürme die Berghänge zur Adria-Küste hinab (Farbt. 7, 18, Abb. 78).

Man sollte meinen, daß in dieser Öde und Abgeschiedenheit kein Leben möglich sei. Doch es findet sich an einigen Stellen zwischen den Felsen zusammengeschwemmte Erde; und hier gedeihen kümmerlich Sträucher und kleine Bäume, gleichermaßen gegen Hitze und Kälte gewappnet. Selbst der Mensch, das zum Handeln gezwungene ›Mängelwesen‹ der Natur, hat sich mit unglaublicher Zähigkeit und Ausdauer in dieser Landschaft bewähren müssen; so verraten die Gesichter der Karstbauern und -hirten die Anstrengungen des Lebens (Abb. 102). Jedes kleine Fleckchen roter Erde wird bestellt und gegen Wind und Vieh mit Lesesteinmauern sorgfältig geschützt. Hier können dann einige Maispflanzen oder Weinreben wachsen. Trinkwasser ist ein wertvolles Gut, das häufig mehrere Kilometer weit herangeschleppt werden muß, denn der Karst läßt alles Regenwasser schnell versickern.

Die letzten Jahrzehnte, in denen das Land Jugoslawien dem Fremdenverkehr erschlossen wurde, haben auch die zuvor abgeschieden lebenden Karstbauern beweglicher gemacht. Viele haben die unwirtlichen Karsträume des Dinarischen Gebirges verlassen und haben ihr Glück in den schnell wachsenden Fremdenverkehrszentren an der Küste und auf den Inseln oder als Gastarbeiter im Ausland gesucht. Leerstehende und oft schon eingefallene Häuser, verwilderte Felder und verfallene Feldterrassen zeugen jetzt an vielen Orten von diesem Land des Todes.

Die Karstlandschaft ist an die Massenkalke der Jura- und Kreidezeit gebunden, die den westlichen Teil des Dinarischen Gebirgsblocks aufbauen. Im östlichen Teil bilden Schiefer, Grauwacken und kristalline Gesteine den Untergrund. Hier bedecken auch heute noch riesige Eichen-, Weiß- und Rotbuchenwälder das Land, in größeren Höhen folgen Nadelwälder. Nach Westen reichen diese Wälder mitteleuropäischen Gepräges

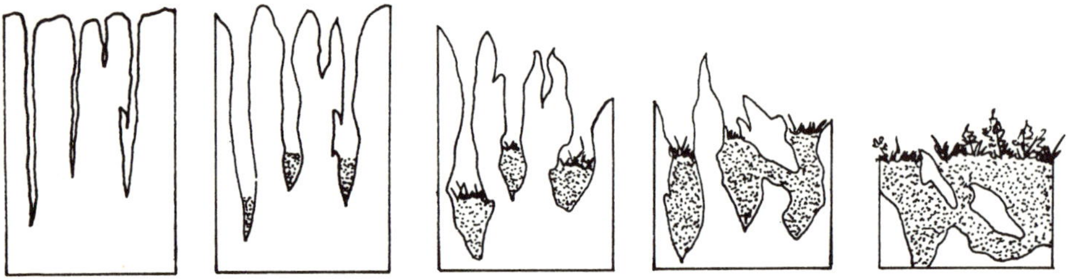

Entstehung von Karren

noch bis in die Karstzone hinein und bilden die Region des *bedeckten Karstes* (z. B. im Bereich der Plitvicer Seen, Farbt. 6, 26), bei dem das Kalkgestein weitgehend von seinen eigenen Verwitterungsprodukten oder von zusammengeschwemmten Ablagerungen verhüllt wird. Die im küstennahen Bereich vorherrschenden wald- und baumlosen Steinflächen nennt der Geograph den *nackten* oder *unbedeckten Karst* (Farbt. 7, 13, 18, Abb. 78). Dieser ist ein Werk des Menschen, denn die einstigen Wälder fielen schon früh der Axt zum Opfer. Besonders die Venezianer benötigten für den Bauuntergrund ihrer Stadt wie für ihren Schiffbau bedeutende Holzmengen. Hinzu kam der Hausbrand in den adriatischen Küstenorten. Nach der Abholzung ließ die ununterbrochene Beweidung mit Schafen und Ziegen durch die slawischen Hirtenvölker den Wald nicht wieder aufkommen, so daß die Bodenkrume bis auf den nackten Fels schnell durch Starkregen abgespült wurde. Im nackten Karst ist das Karstphänomen am großartigsten entwickelt.

Der Name *Karst* ist der gleichnamigen Landschaft im Hinterland von Triest entlehnt und bedeutet ›steiniger Boden‹. Geographen und Geologen haben den Formenschatz des Karstes in diesem Gebiet zum erstenmal gründlich studiert. So ist der Name dieser ›klassischen‹ Karstlandschaft Ende des 19. Jahrhunderts auf alle anderen Landschaften übertragen worden, in denen das Karstphänomen ebenfalls zu beobachten ist.

Der ober- und unterirdische Formenreichtum des Karstes beruht auf der lösenden Wirkung des in den Kalk eindringenden Regenwassers. Diese sogenannte *Karstkorrosion* ist ein Vorgang chemischer Verwitterung, bei der fester Kalk (Kalziumkarbonat) in das gelöste Bikarbonat nach der Formel $CaCO_3 + H_2O + CO_2 \leftrightharpoons Ca(HCO_3)_2$ umgewandelt wird. Während im reinen Wasser nur sehr wenig Kalk gelöst werden kann, erhöht sich die Löslichkeit stark bei Vorhandensein von Kohlendioxyd (CO_2), das in der Natur praktisch überall vorkommt. In dem Maße, in dem das im Wasser gelöste CO_2 bei der Korrosion verbraucht wird, diffundiert das CO_2 der Luft in das Wasser und hält die chemische Verwitterung aufrecht.

Die Löslichkeit des Kalkgesteins erzeugt im Karstrelief eine große Anzahl von Einzelformen, von denen hier nur die wichtigsten genannt werden können. Einen besonders breiten Raum nehmen die *Karren* oder *Schratten* ein. Ursprünglich haarfeine

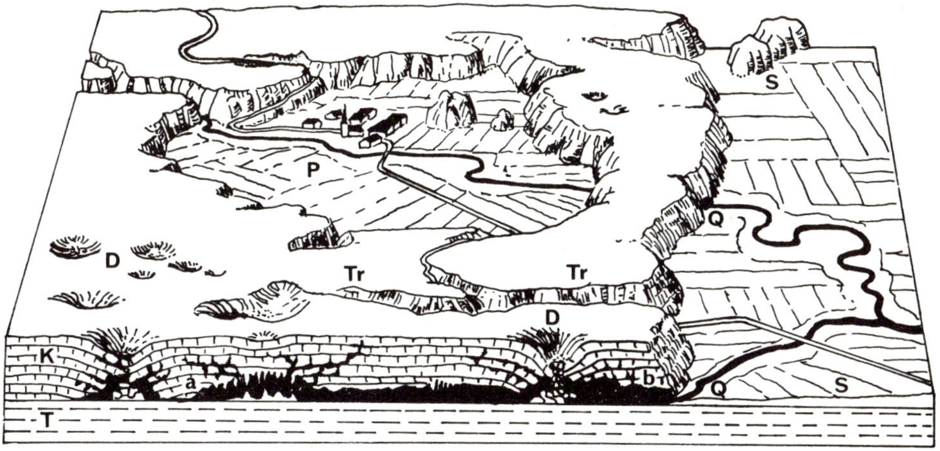

Karstlandschaft im Blockbild D Dolinen P Polje mit Fluß, Dorf und Felder Q Karstquellen S Schwemmlandebene Tr Trockental K Kalk (wasserdurchlässig) T Ton oder Mergel (wasserundurchlässig) a–b Karsthöhle mit Tropfsteinbildungen und unterirdischem Fluß

Spalten im Gestein werden durch die Abfuhr der gelösten Substanz allmählich zu Klüften erweitert, so daß ursprüngliche Ebenheiten auf diese Weise in schwer begehbare Karrenfelder verwandelt werden, wie wir sie im nackten Karst Jugoslawiens überall antreffen (Abb. 78). Die zwischen den aufragenden Graten, Rücken oder Zacken ausgebildeten Rillen, Rinnen, Wannen oder Löcher können millimeterbis zentimetertief sein, erreichen aber auch zuweilen die Tiefe von mehr als einem Meter. Auffällig sind an geneigten Kalkhängen die *Rillenkarren* oder Kannelierungen, zwei bis drei Zentimeter große Vertiefungen mit scharfen Zwischengraten, für deren Bildung frisches Niederschlagswasser die Voraussetzung ist (Abb. 80). Das plötzliche Aufhören der meist kurzen Rillenkarren selbst bei gleichbleibender Neigung spricht für die Theorie, daß die in Sekunden ablaufende Kalklösung ohne Einwirkung der Kohlensäure vor sich geht und sich auf die Reaktion der im Wasser vorhandenen H-Ionen mit den CO_3-Ionen des Kalkes beschränkt.

Das durch die Felsklüfte in die Tiefe versickernde Wasser sammelt sich zu unterirdischen Flußläufen in den *Karsthöhlen* (Abb. 3, 5), die das auffälligste unterirdische Karstphänomen darstellen. Durch Färbeversuche hat man den unterirdischen Zusammenhang mancher Wasserläufe nachweisen können. Viele treten wieder in mächtigen *Karstquellen* (Farbt. 38) an der Küste ans Tageslicht oder münden gar als untermeerische Quellen, ein Hinweis für den Meeresspiegelanstieg am Ende der letzten Eiszeit und das Eindringen des Meeres in die tiefer gelegenen Küstengebiete. Die Anlage der Karsthöhlen erfolgt auf Schicht- oder Kluftfugen durch Korrosion. Erst wenn die

Erweiterung so groß geworden ist, daß das Wasser schnell fließen kann, setzt Flußerosion ein, und der unterirdische Fluß ähnelt einem oberirdischen. Schotter- und Lehmlager beweisen, daß die unterirdischen Hochwasser ähnlich wie an der Erdoberfläche erosiv sehr wirksam sein können.

Wir müssen uns die karsthydrographischen Verhältnisse (nach O. Lehmann) so vorstellen, daß im Untergrund der Karstgebiete ein kompliziertes Geflecht aus zahlreichen Röhren mit dazwischengeschalteten Erweiterungen und Verengungen vorhanden ist. Die zahllosen Röhren stehen nicht beliebig miteinander in Verbindung. Das Geflecht hat zwar an der Karstoberfläche eine Anzahl von Eingängen, diese führen jedoch das Wasser zu gebietsweise verschiedenen, voneinander getrennten Röhrensystemen. In jedem von diesen wird durch den Wechsel von Erweiterungen und Verengungen des Querschnitts die Wasserbewegung zu einer sehr komplizierten Druckströmung, die nicht unbedingt bergab führen muß und bei der der Druck nicht genau proportional der Höhenlage des Betrachtungsortes sein muß. Die benachbarten Röhrensysteme geraten, je tiefer sie liegen, mehr und mehr in Verbindung, bis schließlich an die Stelle der Druckströmung die freie Strömung eines unterirdischen Flusses tritt. Diese karsthydrographische Theorie der geschlossenen Gefäßsysteme hat die früher herrschende Theorie eines einheitlichen Grundwasserhorizontes abgelöst.

Werden Höhlen nicht mehr bis zu ihrer vollen Höhe von Wasser durchflossen oder fallen sie ganz trocken, so kann die *Tropfsteinbildung* einsetzen. Tropfsteine, vorwiegend aus Kalziumkarbonat, häufig durch Beimengungen (Eisenoxyd) braunrötlich gefärbt, entstehen in gut belüfteten Höhlen durch Verdunsten von aus Gesteinsfugen tropfendem kalkreichen Wasser. An den Decken der Tropfsteinhöhlen bilden sich so die zapfenartig herabhängenden Stalaktiten oder längs der Klüfte auch Sintervorhänge, z. T. in erstaunlicher Einzelgestaltung. Am Boden wachsen durch herabfallende und zerstäubende Wassertropfen plumpere Stalagmiten empor, die sich unter Umständen mit den Stalaktiten zu Tropfsteinsäulen (Stalagnaten) verbinden können. Wo in den Höhlen Zugluft herrscht, neigen sich die Tropfsteine, und die Stalagmiten sind dann gegenüber den Stalaktiten etwas versetzt. Neben der Verdunstung spielt bei der Tropfsteinbildung ein anderer Umstand eine wahrscheinlich größere Rolle: Da der Humusboden (bedeckter Karst!) bedeutend mehr CO_2 enthält als die Höhlenatmosphäre, nimmt das Wasser in der Bodenschicht mehr CO_2 auf, als ihm im Höhlenraum zukommt. Hier entweicht das Gas, und der vorher beim Versickern gelöste Kalk wird ausgeschieden. Die schönsten Tropfsteingebilde finden wir in der Adelsberger Grotte (Postojnska jama) (Abb. 2, 6).

Durch den Einsturz unterirdischer Hohlräume entstehen schlotförmige Hohlformen mit rundem oder elliptischem Grundriß, die für die Karstlandschaft typischen *Dolinen* (slow. dolina, ›Tal‹). Von diesen Einsturzdolinen unterscheiden sich die *Trichter-* oder *Karrendolinen,* die dadurch entstehen, daß durch Lösung des Kalkgesteins Klüfte und besonders Kluftkreuzungen von oben her erweitert werden. Es gibt Dolinen von 2 bis 200 m Durchmesser, aber auch Riesendolinen bis zu 1 km Durchmesser. Ihre Tiefe

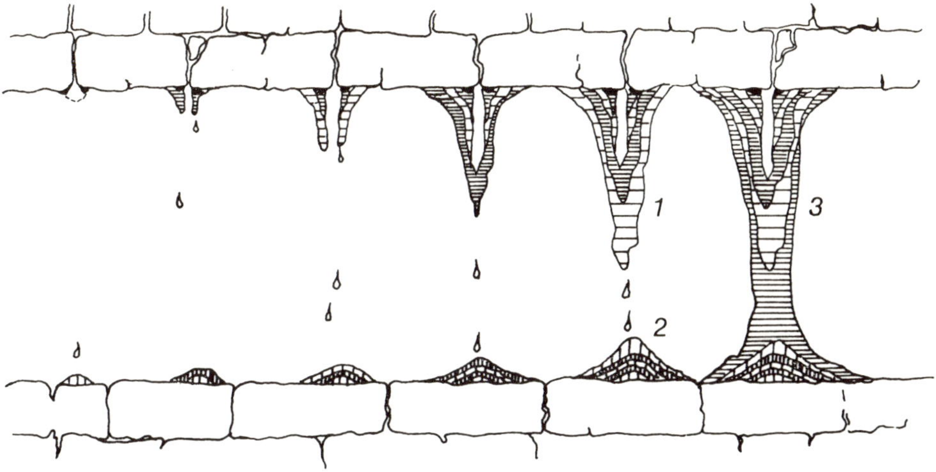

Entstehung von Tropfsteinen 1 Stalaktit 2 Stalagmit 3 Stalagnat

schwankt zwischen 2 und mehr als 300 m. Benachbarte Dolinen können infolge allmählicher Aufzehrung der trennenden Riegel zu *Schlüsseldolinen* (Uvalas) mit ovalem Umriß und unebenem Boden zusammenwachsen, besonders dann, wenn ursprüngliche Trichterdolinen auf Klüften reihenweise angeordnet sind. In Dolinen ist meist Roterde (terra rossa) eingeschwemmt worden, die Voraussetzung für den schon erwähnten bescheidenen Feldbau ist. Terra rossa, eine stark eisenhaltige, humusarme Tonerde, wahrscheinlich aus dem wärmeren Tertiär stammend, kommt nur auf Kalkböden vor und bildet einen fruchtbaren Boden. Auch als Spaltenfüllung ist Terra rossa anzutreffen, Voraussetzung für die spärliche degradierte Macchienvegetation.

Noch größere, allseitig von höherem Bergland umschlossene Becken im Karst heißen im Serbokroatischen *Poljen* (Polje = Feld) (Farbt. 10, Abb. 101). Poljen haben tischebene Böden, die meist aus eingeschwemmter fruchtbarer Terra rossa bestehen und eine Größe von wenigen qkm bis zu 100 qkm haben. Die ackerbaulich intensiv genutzten Poljen liegen gleich Oasen in der unfruchtbaren Karstlandschaft. An den mit deutlichem Knick gegen den Beckenboden abgesetzten Rändern mancher Poljen treten unterirdische Flüsse in starkschüttenden Karstquellen zutage, die nach ihrem oberirdischen Lauf am tiefsten Polje-Ende in trichter- oder schachtartigen Löchern (Schlucklöcher oder *Ponore*) verschwinden und unterirdisch weiterfließen. Oft sind die Ponore zu klein, um die in der herbstlichen und winterlichen Regenzeit stark vermehrten Wassermassen der Höhlenflüsse schnell genug in die Tiefe ableiten zu können. Dann staut sich das Wasser im tiefsten Teil des Polje, und bei anhaltend starker Wasserzufuhr wird das gesamte Polje in einen See verwandelt. Zu Beginn des Sommers liegen diese Poljen gewöhnlich wieder trocken, und nur einige sumpfige Stellen erinnern an die winterliche Überflutung. Wegen der periodischen Überflutungen meiden die Siedlungen die feuchten Beckenböden und finden sich an den trockenen, landwirtschaftlich nicht nutzbaren Rändern der Poljen.

Am Anfang dieses Jahrhunderts nahmen die Forscher für die Polje-Bildung ein Zusammenwachsen aus mehreren Uvalas an, oder man deutete sie als tektonisch gebildete Wannen, wofür vor allem ihre Anordnung im tektonischen Streichen der Dinarischen Gebirgsketten zu sprechen schien. Für die heutige Deutung der Poljen ist wesentlich, daß sie sich an der Grenze von Kalk und undurchlässigem Gestein (z. B. Flysch) entwickelt haben und daß die unlöslichen Sedimente des Polje-Bodens in Form von Schwemmkegeln über die Kappungsfläche des anstehenden Kalkes gebreitet sind. An den Rändern der Poljen kommt es dabei zur Korrosion und damit zur Erweiterung der Poljen. Den Verebnungen sind häufig kegelförmige Hügel oder Einzelberge aufgesetzt, die *Hum* (Mehrzahl Humi) genannt werden. Die Karstrandebene im Mündungsgebiet der Neretva bei Ploče zeigt eine große Anzahl dieser Humi, wahrscheinlich Restberge einer in der Art einer Rumpffläche eingeebneten Karstlandschaft.

Häufig sind im Karst *Trockentäler*, die dadurch entstanden, daß ein von außerhalb des Karstgebietes kommender Fluß zuerst seinen Weg auf der Karstoberfläche nahm, aber mit fortschreitender Erweiterung der Klüfte versickerte. An der ca. 500 km langen jugoslawischen Adria-Küste zwischen Rijeka und der Bucht von Kotor erreichen nur vier Flüsse in tiefeingeschnittenen cañonartigen Tälern das Meer: Zrmanja, Krka, Cetina und Neretva. Die Krka ist durch ihre Wasserfälle bei Skradin (Farbt. 15, Abb. 77) für den Karstforscher interessant geworden. Diese wie auch die berühmten Wasserfälle der Plitvicer Seen (Farbt. 6) verdanken ihre Entstehung dem Süßwasserkalk, auch *Kalksinter* oder *Travertin* genannt, der sich an einigen Stellen über dem kalkhaltigen Talboden der Krka dammartig von einem Ufer zum anderen spannt und den Fluß dadurch aufstaut. Zur Entstehung des Kalksinters führt folgender Vorgang: Das Wasser der Krka, die während ihres gesamten Laufes durch Kalkgestein fließt, ist bis zur Grenze des Sättigungsgrades mit gelöstem Kalk (Kalziumbikarbonat) angereichert. Wasserpflanzen, die an den flachen Wasserschichten von Stromschnellen durch die Besonnung gute Lebensbedingungen finden, entnehmen das bei ihrer Assimilation notwendige Kohlendioxyd (CO_2) dem Wasser, bzw. dem Kalziumbikarbonat, und so kommt es zur Ausfällung eines Teiles der Bikarbonate als feste Karbonate auf den Algen und Moospolstern. Damit entstehen durch Übereinanderschichtung des ausgefällten Kalkes Kalksinterbarren, die parabolisch im Sinne des Abflusses durchgebogen sind. Hinter den Barren bilden sich kleine Staubecken. Man setzt die Entstehung der Kalksinterbarren in die Warmzeiten des Pleistozäns, als die Assimilation der Wasserpflanzen ihre höchsten Werte erreichen konnte, aber auch heute scheint sich noch Kalksinter zu bilden.

Zeittafel zur Geschichte Jugoslawiens

um 50000 v. Chr.	Urmensch aus dem Paläolithikum: Homo crapiniensis. Artefakte aus dem Moustérien
um 5800–4950 v. Chr.	Protoneolithische Kultur von Lepenski Vir
um 1200 v. Chr.	Viehzüchtende und seefahrende Illyrer siedeln im Gebiet des heutigen Jugoslawien
um 700 v. Chr.	Griechen beginnen an der Adria Kolonien zu gründen (Hvar, Vis, Korčula)
um 280 v. Chr.	Keltische Stämme (Galater) ziehen über den Balkan
229 v. Chr.	Erster römischer Feldzug gegen die illyrischen Seeräuber. Zunächst wird der Küstenstreifen, später auch das Landesinnere von Römern besetzt
33 v. Chr.	Illyricum wird endgültig römisch. Wichtige römische Stützpunkte sind Salona (Solin), Pietas Julia (Pula), Scupi (Skopje), Stobi, Heraclea Lyncestis und Naissus (Niš)
395	Bei der Teilung des Römischen Reiches kommt der Teil östlich der Linie Belgrad–Skutari, bald danach auch der westliche Teil zu Byzanz
450	Hunnen, später Ostgoten ziehen durch die Provinz Pannonien
500–650	Südslawen aus dem Karpatengebiet rücken in die Täler von Donau, Save und Drau vor und verbreiten sich später über die Balkanhalbinsel
567	Awaren unterwerfen die Balkanslawen
791–805	Siegreiche Feldzüge Karls des Großen gegen die Awaren und Bildung der pannonisch-awarischen Marken. Slowenien, Pannonisch-Kroatien,

bald auch Dalmatinisch-Kroatien geraten unter fränkische Herrschaft. Bis 1918 bleibt das politische Schicksal der Slowenen mit dem des Deutschen Reiches bzw. des Habsburgerstaates verbunden.

830 Fürst Vlastimir gründet den unabhängigen serbischen Staat Raška

925 Nach Abwerfen der fränkischen und byzantinischen Herrschaft wird Tomislav erster König des vereinigten Kroatien. 1091 stirbt die Dynastie aus, und Kroatien wird in Personalunion mit Ungarn vereinigt (1102). Kroatiens Anschluß an Ungarn führt dazu, daß die durch Verschiedenheiten des Glaubens verursachte Zwietracht mit den stammverwandten Serben sich vertieft.

976 Der bulgarische Zar Samuel gründet einen makedonischen Staat, der jedoch schon 1018 wieder unter byzantinische Herrschaft gerät. Das Erzbistum Ohrid bleibt auch weiterhin autokephal.

um 1000 Venedig greift nach den dalmatinischen Inseln und nach dem Küstengebiet

11. Jh. Unter dem Namen ›Bosnische Kirche‹ breitet sich in Bosnien das Bogumilentum aus. Daraufhin unternehmen die Ungarn, die auf Bosnien Anspruch erheben, mehrere ›Kreuzzüge‹ nach Bosnien.

1205 Venedig erobert Dubrovnik mit Hilfe der Armee des 4. Kreuzzugs. Für die Dauer von hundertdreiundfünfzig Jahren hat Dubrovnik einen venezianischen Gouverneur, doch gelingt es dem diplomatischen Geschick der Stadtregierung, dessen Einfluß fast gänzlich bedeutungslos zu machen.

1169–1371 Großserbien unter der Herrschaft der Nemanjiden. Unter der von Stefan Nemanja begründeten Dynastie erlebte Serbien seine größte Ausdehnung. 1180 macht sich Serbien von Byzanz unabhängig.

1331–1355 Zar Stefan Dušan von Serbien erobert Südmakedonien, Thessalien, Albanien und läßt sich 1346 in Skopje zum Zaren der Serben, Griechen, Bulgaren und Albaner krönen. Während der Regierungszeit des Zaren Dušan ruft Byzanz, durch seine Parteikämpfe gezwungen, die Türken aus Asien zu Hilfe. Dušan muß die Gefahr frühzeitig erkannt haben, denn er unternimmt mehrere Feldzüge gegen Byzanz, die er Kreuzzüge nennt. Auf einem dieser Züge stirbt er. Nach Dušans Tod zerfällt das Serbische Reich.

1353–1391 Tvrtko, König von Bosnien, erobert die Küste von Kotor bis Split

1389 Kosovo-Polje (Amselfeld): Die zahlenmäßig überlegene türkische Armee schlägt die Serben unter Fürst Lazar. Damit ist die Bildung eines einheitlichen Staates aller Südslawen für 500 Jahre unmöglich geworden. Die serbischen Fürsten bewahren gegenüber den Türken eine gewisse Selbständigkeit.

1459 Nach einem serbischen Aufstand unterwirft Sultan Murad II. das gesamte serbische Staatsgebiet.

1463 Die Türken besetzen Bosnien, 1482 die Herzegowina, Montenegro wird in den Randgebieten abhängig. Die Habsburger in Nordkroatien und Slowenien und die Venezianer in Dalmatien können sich halten. Die Republik Ragusa (Dubrovnik) bewahrt ihre Unabhängigkeit gegen Venezianer, Ungarn und Türken.

1573 Kroatischer Bauernaufstand gegen Österreich wird niedergeschlagen.

1668 u. 1689 Österreich stößt mit serbischer Unterstützung zweimal bis Skopje vor. Bis 1699 wagen die unter türkischer Herrschaft lebenden Kroaten mehrere Aufstände.

1699 Im Frieden von Karlowitz fallen Südkroatien, Slawonien und Nordserbien an Österreich, im Frieden von Passorowitz (1718) nimmt Österreich den Türken große Teile von Bosnien und Südserbien ab. Im Frieden von Belgrad (1739) muß Österreich wieder Südserbien und Belgrad an die Türken abtreten.

1806 Serbische Aufständische unter Georg Petrović Karadjordje vertreiben die Türken aus Belgrad und stoßen nach Süden vor.

Napoleon I. besetzt Ragusa (Dubrovnik) und faßt es mit Slowenien, Istrien und Dalmatien zur Illyrischen Provinz zusammen. Schon 1815 fallen die Gebiete an Österreich zurück.

1814 Erneuter Aufstand der Serben unter Führung von Miloš Obrenović gegen die Türken.

1877 Nach Ausbruch des russisch-türkischen Krieges werden die Türken aus Serbien und Bosnien vertrieben. Auf dem Berliner Kongreß (1878) werden Serbien und Montenegro unabhängig, Bosnien und Herzegowina kommen unter österreichisches Mandat.

1882 Serbien wird Königreich.

1903 König Alexander Obrenović wird ermordet und König Peter I. Karadjordjević sein Nachfolger (bis 1921).

1908 Österreich annektiert Bosnien und Herzegowina.

1910 Montenegro wird Königreich.

1912–1913 Serbien, Griechenland, Montenegro und Bulgarien vertreiben in den beiden Balkankriegen endgültig die Türken. Nordmakedonien kommt zu Serbien.

1914 Mit der Ermordnung des österreichisch-ungarischen Thronfolgers Franz Ferdinand in Sarajevo beginnt der Erste Weltkrieg.

1918 In Belgrad wird das Königreich der Serben, Kroaten und Slowenen (SHS) proklamiert. Bulgarien gibt 1919 Makedonien an Jugoslawien zurück.

1928 Nach der Ermordung des Kroatenführers Radić im Belgrader Parlament verabschiedet König Alexander Karadjordjević das Parlament und führt eine Diktatur ein. Der Staat wird in Königreich Jugoslawien umbenannt.

1939–1945 Zweiter Weltkrieg. 1941 löst der Beitritt Jugoslawiens zum Dreimächtepakt eine Revolte aus, worauf deutsche und italienische Truppen in Jugoslawien einmarschieren. In Zagreb wird der unabhängige Staat Kroatien ausgerufen. Königstreue Truppen und kommunistische Partisanen unter Josip Broz, genannt Tito, kämpfen getrennt gegen die Besatzungsmächte.

29. 11. 1945 In Jajce wird die aus sechs Volksrepubliken bestehende Sozialistische Föderative Republik Jugoslawien proklamiert.

1947 Im Frieden von Paris erhält Jugoslawien Istrien und Zadar, 1954 das Hinterland von Triest.

Geschichte und Kunst des mittelalterlichen Serbien

Die serbische Geschichte begann im Frühmittelalter mit der Wanderschaft verschiedener serbischer Stämme, geführt von ihren Stammesführern (Županen), nach Süden. In jener Zeit bildete sich auch die typische südslawische Großfamilie (Zadruga), in der Männer der verschiedenen Generationen mit ihren Frauen und Kindern lebten. Der älteste Mann (domaćin) war Oberhaupt der im Durchschnitt 15- bis 40köpfigen Zadruga, die ihre Vorzüge im gegenseitigen Schutz, in der gemeinsamen Wirtschaft und in der verwandtschaftlichen Bindung besaß. Das System der Zadruga bestand bis zum Jahre 1945, und in abgelegenen Gebieten findet man noch heute Anklänge daran.

Ein enger Zusammenhalt von Stämmen unter ihren Županen entwickelte sich zuerst im Gebiet um Raška (Raszien), wo Stefan Nemanja 1169 seine Dynastie gründete, die beiden zuvor bestehenden Teilstatten Zeta und Ras vereinigte und die Machtansprüche der byzantinischen Kaiser zurückwies. Stefan, ein weitgereister und gebildeter Herrscher, dankte 1195 zugunsten seines zweiten Sohnes ab und zog sich als Mönch Simeon auf den heiligen Berg Athos zurück, wo sich schon sein jüngster Sohn Rastko aufhielt. Der älteste Sohn Vukan war Herrscher über Bosnien, Dalmatien und Montenegro. Stefan II. Prvovenčani, der über eine am byzantinischen Hof erworbene Bildung verfügte und durch seine beiden Ehen mit dem byzantinischen Kaiserhaus und dem venezianischen Dogen verwandt war, regierte bis 1228.

Kurz nach Ankunft seines Vaters auf dem Athos kehrte Rastko mit dem Mönchsnamen Sava zurück, organisierte die serbisch-orthodoxe Kirche und wurde 1219 deren erster Erzbischof. Er residierte im Kloster Žiča und hatte das Ziel, einen serbischen Nationalstaat auf dem Umweg über eine Nationalkirche zu verwirklichen. Dieser bemerkenswerte Mann mit ausgezeichneten Qualitäten, der bis zum heutigen Tag in der orthodoxen Kirche als einer der größten Heiligen gilt, starb auf einer Pilgerfahrt ins Heilige Land, nachdem er seinen Schüler Arsenius zu seinem Nachfolger gemacht hatte.

Radoslav, ein Neffe Savas, ebenfalls mit einer byzantinischen Kaisertochter verheiratet, regierte bis 1233 und wurde von seinem jüngeren Bruder Vladislav gestürzt. Dieser zweite Sohn von Stefan Prvovenčani war durch seine Frau mit dem bulgarischen Königshaus verwandt. Er ließ das Sava-Mausoleum Mileševa errichten und zog zu dessen Ausmalung einen hervorragenden Porträtmaler aus Konstantinopel heran (Abb. 150).

Familien-Stammbaum der nemanjidischen Kirchenstifter

Großžupan
Stefan Nemanja (1151–95)
Djurdjevi Stupovi bei Novi Pazar nach 1168
Sv. Nikola Kuršumlija 40 km südl. Kruševac
Sv. Bogorodica Kuršumlija
Studenica (Sv. Bogorodica) 1190

Župan
Vukan

König
Stefan Prvovenčani (1196–1228)
Žiča 1208

Erzbischof
Sava

Erzbischof
Arsenije
Sv. Apostoli
zu Peć um 1250

König
Radoslav (1228–34)
Narthex von
Studenica 1230

König
Vladislav (1234–43)
Mileševa
um 1236

König
Uroš I. (1243–76)
Sopoćani um 1260

Župan
Dimitrije
Davidovica 1281

Königin
Jelena
Gradac 1270
u. adriatische
Stiftungen

Fürst
Stefan Vukanić
Morača 1252

König
Dragutin
Arilje 1296

König
Uroš II. Milutin (1282–1321)
Banjska 1315
Ljeviška 1307
Sv. Nikita 1307
Studenica Königskirche 1313
Nagoričano 1313
Gračanica 1321
Hilandar 1303

König
Uroš III. Dečanski (1322–31)
Dečani 1335
Banja 1329

König und Zar
Stefan Dušan (Uroš IV., 1331–55)
Sv. Arhandjeli bei
Prizren 1352
Sv. Jovan Kaneo, Ohrid um 1350
Matejča 1355

König
Stefan Uroš V. (1355–65)

Im Jahre 1242 wurde Vladislav von seinem jüngeren Bruder Stefan, der sich Uroš I. nannte, abgesetzt. In der langen Regierungszeit von 34 Jahren konnte Uroš I. den serbischen Landbesitz erweitern. Seine französische Frau, Helena von Anjou, war hochgebildet und holte westliche Künstler und Wissenschaftler ins Land und ließ Kirchen, Schulen und Büchereien bauen.

Bis zum Ende der Regierungszeit von Uroš I. reicht auch die erste Epoche der alten serbischen Architektur und Malerei, die sogenannte Raška-Stil-Epoche mit Kuppelbasiliken und Monumentalmalerei (Abb. 147–154). Die enge kulturelle Verbindung mit Byzanz war entscheidend für die Bauweise der Kuppelkirchen und die Ikonographie der Fresken, welche die kaiserlichen Goldgrundmosaiken ersetzten. Etwa von 1160 bis 1500 war dieser byzantinische Einfluß in Kunst und Kultur bestimmend, und doch unterschied sich die serbische Kunst von ihrem Vorbild durch eigene Züge, durch eine besondere Auffassung der einheimischen Künstler. Diese Eigenständigkeit wurde auch dadurch gefördert, daß die oströmische Kirche im Gegensatz zur weströmischen die Gründung autokephaler Kirchen gestattete und die Entstehung nationalkirchlicher Literaturen unterstützte. Im Gegensatz zum starken byzantinischen Einfluß hat die alte serbische Kunst und Architektur über Dubrovnik nur geringe romanisch-italienische Stilmerkmale erhalten.

Im Jahre 1276 wurde Uroš I. von seinem Sohn Dragutin abgesetzt. Doch schon 1282 übergab dieser den Thron seinem jüngeren Bruder Milutin, der als Uroš II. bis 1321 herrschte. Dieser außerordentlich ehrgeizige und kriegerische König erweiterte Serbien durch mehrere Feldzüge um Nordmakedonien beträchtlich, gewann großen Reichtum und verwendete einen großen Teil davon für kirchliche Stiftungen (Abb. 124, 155–158). In seiner 42jährigen Regierungszeit baute er zahlreiche Kirchen, die z. T. auch außerhalb des serbischen Staatsgebietes stehen, z. B. die Klosterkirche Hilandar (Athos), das Erzengelkloster zu Jerusalem (heute nicht mehr existierend) und Kirchen in Saloniki.

Milutins Nachfolger war sein Sohn Stefan Dečanski (Uroš III.), der seinen Beinamen dem Kloster Dečani bei Peć verdankt, das er nach dem Sieg über die Bulgaren bei Velbužd (Küstendil) gründete (Farbt. 41, 42). Die zweite Ehe mit einer griechischen Prinzessin wurde zu seinem tragischen Schicksal. Da die griechischen Anhänger am Hofe einen Sohn aus dieser zweiten Ehe zum Thronerben erklärten, erhob sich der tatendurstige Prinz Stefan Dušan, Sohn aus erster Ehe, gestützt vom serbischen Hochadel. Der abgesetzte König kam später bei einem Fluchtversuch ums Leben. Die Regierungszeit Dušans (Uroš IV.) seit 1331 wurde zum Höhepunkt der serbischen Geschichte. Nach großen militärischen Erfolgen besetzte Dušan Südmakedonien, Thessalien, Albanien und Epirus und ließ sich 1346 zum Zaren der Serben, Griechen, Bulgaren und Albaner krönen. Die Ambitionen Dušans und Milutins waren aber nicht nur machtpolitischer Natur. Während Milutin die Umformung des patriarchalischen Sippenstaates in einen Territorialstaat durchführte, schuf Dušan durch die Einführung des ›Zakonik‹ eine zeitgemäße und umfassende Rechtsordnung für seinen Staat. Nutznießer dieser serbischen Großmachtpolitik Dušans war der Feudaladel, der aus den Kriegsgewinnen und dem allgemeinen Aufschwung von Handel und Gewerbe Nutzen zog und zugleich in die neuen Verwaltungsstellen einrückte. Als Zar Dušan 1355 auf der Höhe seiner Macht starb, erlag der zentralistische Staatsgedanke rasch den Sonderinteressen des Hochadels. Der schwache Nachfolger Dušans, Stefan Uroš V., mußte zusehen, wie das serbisch-griechische Großreich sich in eine Vielzahl territorialer Einheiten auflöste. Mit seinem Tode 1372 erlosch die Dynastie der Nemanjiden.

Die Zeit des Höhepunktes der serbischen Macht unter Milutin, Stefan Dečanski und Dušan war zugleich eine Blütezeit serbischer Kunst. In dieser ›südserbische‹ oder ›mazedonische Schule‹ genannten Stilepoche ist der byzantinische Einfluß besonders stark ausgeprägt, der durch die verwandtschaftlichen Bindungen an das byzantinische Kaiserhaus noch besonders gefördert wurde. Waren in der Raška-Stil-Epoche schon die Fresken-Zyklen der oströmisch-orthodoxen Kirche zur Ausführung gekommen, so wurde in der neuen Stilepoche die mit romanischer und gotisierender Fassaden-Plastik geschmückte basilikale Form der rascischen Bauten aufgegeben, und die Baumeister bevorzugten die byzantinische Kreuzkuppelkirche, die sie teilweise zur serbischen Kreuzkuppelkirche weiterentwickelten (Abb. 155). Ein unübersehbarer Höhendrang der Baumassen, stärkere Betonung der Mittelkuppel, pyramidenartige Dachabstufungen, Schmuckbögen, Überhöhung der Kuppeltamboure, überschlanke Pfeiler u. a. weisen auf die Verbindung Serbiens mit den romanischen und gotischen Bauschulen des Adria-Gebietes hin. Mit ihrer pittoresken Wandmalerei legte die neue Schule Wert auf Reichtum und Wirkung.

Mit dem Sieg der Türken über die Serben auf dem Amselfeld (Kosovo-Polje) 1389 begann der letzte Abschnitt mittelalterlicher serbischer Geschichte. Lediglich dem serbischen Teilstaat der Lazarević-Dynastie gelang um die Morava herum eine Bewahrung eines autonomen serbischen Staates unter relativer Freiheit von der Türkenherrschaft. Die Eroberer duldeten sogar die Gründung neuer Kirchen und Klöster, von denen besonders das prächtige Wehrkloster Manasija (Resava) die Bedrohung der Serben in dieser Zeit eindrucksvoll widerspiegelt (Abb. 163). Von den Türken immer weiter nach Norden zurückgedrängt, errichtete schließlich der letzte serbische Despot Djuradj Branković noch 1430 an der Donau als letztes Bollwerk die Festung Smederevo. Doch 1459 eroberte Sultan Murad II. nach einem serbischen Aufstand die Festung und besiegelte damit die endgültige Niederlage des mittelalterlichen Serbien.

Kurz vor dem Fall von Konstantinopel im Jahre 1453 entstand im nördlichen Serbien eine Reihe kunstvoller Kirchen, die im Morava-Stil eine eigene Kunstepoche vertreten. Elemente aus der Zeit Groß-Serbiens, der Raška-Epoche und reiche kleinasiatisch-islamische Handwerkskunst kennzeichnen einen eigenen ganz nationalen Stil. Mit dem Vordringen der Türken in Kleinasien waren Künstler und Handwerker auf die Balkan-Halbinsel gekommen; weiter kamen sicherlich Meister aus Makedonien und

1 Gotische Muttergottes mit Christus. Rosenkranzaltar in der Kirche auf der Ptujska gora, um 1410. Slowenien ▷

2 See von BLED mit barocker Wallfahrtskirche St. Maria im See, 17. Jh. Slowenien

3 Byzantinische Klosterkirche Sv. Pantelejmon (1164) in NEREZI bei Skopje. Makedonien

omanische Glockentürme in RAB auf der gleichnamigen Adria-Insel. Kroatisches Küstenland

slamische Kunst und Architektur in MOSTAR. Bosnien-Herzegowina

6 PLITVICER SEEN mit ihren Wasserfällen in der waldreichen Karstlandschaft Kroatiens

7 Nackter Karst an der Adria-Küste. Bucht Zavratnica bei Jablanac, im Hintergrund die Insel Ra

Sonnenblumenfelder in der fruchtbaren Donauniederung der VOJVODINA

ŠKOCJANSKE JAME (Höhlen von St. Kanzian) mit Höhlenfluß Reka am Grunde einer 100 m tiefen Klamm. Slowenien

Landwirtschaft im Karst. POPOVO-POLJE in der Herzegowina

PULA Amphitheater, 1. Jh. n. Chr., eines der größten und besterhaltenen des Römischen Weltreiches

PIRAN Typisch mediterranes Hafenstädtchen mit venezianischen Kirchen und Palästen. Istrien

13 KORNATI bei Šibenik, etwa 125 Inseln und Felsriffe ohne Dauersiedlungen, ein Dorado für Segler, Angler und Unt wasserjagd

14 Fischersiedlung Tovarnele auf der Insel PAG

KRKA-WASSERFÄLLE bei Šibenik. Hinter den Kalksinterbarren haben sich kleine Staubecken gebildet

17 KORČULA mit Kunstdenkmälern der Spätgotik und Renaissance. Im Hintergrund die Halbinsel Pelješac ▷

Pupnatska luka, einsame Sandbucht auf der Insel KORČULA

18

KORČULA Blick durch die Arkaden des Renaissance-Rathauses auf die schattige Piazza mit der St. Michaelskirche

Sonnenaufgang an der Adria-Küste. Blick zu den Inseln RAB, DOLIN und PAG

Sonnenuntergang in KORČULA

festival
dubrovnik

DUBROVNIK Ehemals einer der wichtigsten Häfen des Mittelmeerhandels, Zentrum von Humanismus und Renaissance

DUBROVNIK (RAGUSA) Placa, Treffpunkt der Einheimischen und Touristen

23 Halbinsel PELJEŠAC Franziskanerkloster bei Orebić. Blick zur Insel Korčula ▷

DURMITOR-GEBIRGE (2522 m) in Montenegro mit dem Bergsee Crno jezero

BUCHT VON KOTOR in Montenegro mit den beiden Inselchen Gospa od Skrpjela und Sveti Djordje

Berglandschaft nördlich von Peć, Kosovo. Im Vordergrund eine Doline im bedeckten Karst

27 POČITELJ an der Neretva ist für den von der Adria kommenden Reisenden die erste Begegnung mit der Kultur des Isla
Hadži-Ali-Moschee (1563) und Uhrturm

28 SARAJEVO Gazi-Husref-Beg-Moschee mit Gebetsnische (Mihrab) und Predigerstuhl (Mimbar), 1530

29 SARAJEVO Orientalische Atmosphäre in den Gassen der Kupfer- und Silberschmiede

30

32

31

33

34

37 Menschen und Märkte in Sarajevo (30, 31, 33, 37), Dubrovnik (32, 36), Zagreb (34) und Bihać (35)

38 Karstquelle der Buna bei Mostar

40 Alte Getreidemühlen an der Pliva bei Jajce. Bos

39 Mittelalterliche Grabsteine (stećci) von Radimlja bei Stolac. Herzegowina

41 Klosterkirche Dečani bei Peć, Narthex, 1327–35

IC
XC

5 OHRID Fresken von 1295 in der Kirche der Muttergottes Peribleptos (Sv. Kliment). Apostelkommunion und Garten Gethsemane

OHRID Sophienkirche (Sv. Sofija). Engel. Detail des Gewölbefreskos der Himmelfahrt Christi, 11. Jh.

46

47

48

vom Athos. Angesichts des Niedergangs des byzantinischen Reiches und des bulgarischen Staates fühlten sich die serbischen Despoten berufen, als letzte Schützer der byzantinischen Kulturwelt in künstlerisch bedeutenden Kirchenbauten das klassische serbisch-künstlerische Erbe zu bewahren. In ihrer prunkhaften, stark dekorativen Außengestaltung und in ihrer strengen Einhaltung des Trikonchos-Grundrisses der Hilandar-Kirche auf dem Athos wirken die Klosterkirchen von Ravanica, Kalenić und Lazarica in der Formulierung des serbischen Gelehrten Radojčić wie ein »glanzvoller Traum von der Schönheit längst vergangener Zeiten«.[1] Sie bilden die letzte Phase der mittelalterlichen südosteuropäischen Architektur überhaupt. Verstärkt und verfeinert hat sich in diesen Kirchenbauten das Aufstrebende der Baumassen, das die ins Überirdische gerichtete Geisteshaltung ausdrückt (Fig. S. 249). Die auffallende Bevorzugung von zweigeteilten, spitzbogigen Fenstern mit Mittelsäule, kunstvoll gemeißelter Steinrosetten im Tympanon und bewußt betonter Westfassaden deutet auf eine Verbindung zur Adria hin. Damit treten diese Kirchen künstlerisch wieder aus den Stilgesetzen der spätbyzantinischen Architektur heraus (Abb. 160, 161).

Dem besseren Verständnis der Raumaufteilung einer serbisch-byzantinischen Kirche dient der Grundriß der Kirche Sopoćani.

Auch die Ikonographie der Fresken in den byzantinischen Kirchen soll kurz erläutert werden. In der 2. Hälfte des 9. Jh., unmittelbar nach dem Sieg über den Ikonoklasmus (Bilderverbot), bildete sich ein festes System der Kirchendekoration, das Jahrhunderte hindurch mit geringen Änderungen wiederholt wurde. Durch eine dreigliedrige vertikale Aufteilung des Raumes wurde die Idee der Kirche als ›Tempel Gottes auf Erden‹ verwirklicht: In der unteren Zone wurden Kirchenväter und Märtyrer gemalt, die an das irdische Leben gebunden sind, in der mittleren Zone Ereignisse und Personen göttlicher Abstammung, während im obersten Teil Szenen dargestellt wurden, die sich im Himmel abspielen. Eine weitere Aufteilung ist an der Bestimmung des Kirchenraumes orientiert. So ist der Altarraum, der nur den Priestern offensteht, für liturgische Szenen reserviert. Der für die Gläubigen bestimmte Mittelteil der Kirche ist mit Szenen aus dem Evangelien-Zyklus ausgemalt, und der Narthex, der abgetrennte und für Büßer, Täuflinge und Katechumenen bestimmte Vorraum, besitzt Kalenderkompositionen, das Jüngste Gericht und einige andere Themen.

Die byzantinische Kirche mit ihrer orthodoxen Dogmatik bestimmte nicht nur das Was, sondern auch das Wie der Malerei. Gegenüber der Diesseitigkeit und Lebensfreude antiker Kunst ist in der byzantinischen Kunst alles auf den geistigen, übersinnlichen Charakter angelegt, und die künstlerische Sprache besteht in der symbolischen Dar-

◁ 46–49 Ikonensammlung in der Kirche Sv. Kliment, OHRID

46 Erzengel Gabriel aus der Verkündigung des Stifters Leon, 12. Jh.

47 Muttergottes aus der Verkündigung des Stifters Leon, 12. Jh.

48 Verkündigung des Erzbischofs Grigorije, Anfang des 14. Jh.

49 Muttergottes Seelenretterin, Anfang des 14. Jh.

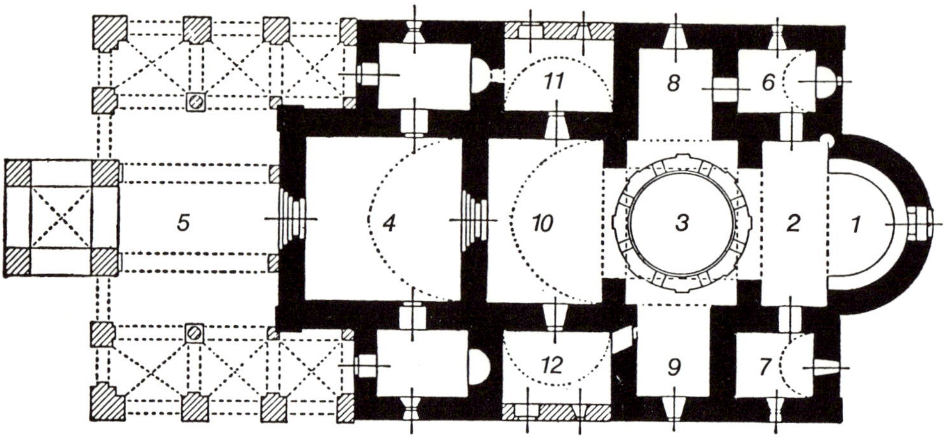

Grundriß und Raumaufteilung der serbisch-byzantinischen Kirche am Beispiel der Kirche Sopoćani
1 Apsis 2 Altarraum (Bema) 3 Kuppelraum 4 Narthex 5 Exonarthex 6 Prothesis 7 Diakonikon 8 Nördlicher Kreuzarm 9 Südlicher Kreuzarm 10 Westlicher Kreuzarm 11, 12 Eckräume (Naos-Kapellen)

stellung und in den Werten des inneren Erlebens. Nicht die Einzelerscheinung ist wesentlich, sondern die ihr zugrundeliegende Idee. Dies führte zu den idealen Darstellungen Christi, der Gottesmutter und der Heiligen mit feststehenden Kompositionsformen. Daß sich trotz dieser festgelegten Inhalte und Formen die künstlerische Freiheit in immer neuen Meisterleistungen verwirklichte, das macht den Reiz einer intensiven Beschäftigung mit den Kunstwerken dieser byzantinischen Kunstepoche aus.

Überblick über die wichtigsten Kunstdenkmäler Jugoslawiens nach Epochen

Vorgeschichte

Skulpturen und Werkzeuge von Lepenski Vir, Protoneolithikum, 6. Jt. v. Chr. *(Fig. S. 278)*

Gefäße und Idole der Starčevo-Kultur, 4. Jt. v. Chr., der Vinča-Kultur und der Kultur von Butmir, 3. Jt. v. Chr., Neolithikum *(Abb. 119, 178, Fig. S. 224)*

(Nationalmuseum, Belgrad; Museum von Kosovo, Priština; Landesmuseum, Sarajevo)

Idole, Gefäße, Schmuck, Goldmasken u. a. aus Kupferzeit, Bronzezeit und Eisenzeit, 3. Jt. – 4. Jh. v. Chr. *(Abb. 14, 19, 120, 179, Fig. S. 274)*, darunter Idole aus Vršac *(Fig. S. 273)*, Situla aus Vače *(Abb. 13)*

(Nationalmuseum, Belgrad; Archäologisches Museum, Zagreb; Nationalmuseum, Ljubljana; Landesmuseum, Sarajevo)

Antike

Tempel, Theater, Amphitheater, Stadttore in Pula, 1. Jh. n. Chr. *(Farbt. 12, Abb. 26, 27, Fig. S. 118, 119)*

Nekropole in Šempeter, 1.–3. Jh. n. Chr. *(Abb. 25)*

Theater, Paläste, Mosaiken in Stobi und Heraclea Lyncestis *(Abb. 134, 135)*

Diokletian-Palast in Split, 3. Jh. n. Chr. *(Abb. 49, 54, 56, 57)*

Skulpturen, Grabsteine, Mosaiken u. a. *(Abb. 20–22, 62, 63, 113–118, 181, 182)*

(Archäologische Museen von Pula, Zadar, Split, Skopje; Landesmuseum, Sarajevo; Nationalmuseum, Belgrad)

Frühchristliche Zeit und Völkerwanderung

Byzantinische Euphrasius-Basilika in Poreč, 6. Jh. *(Abb. 28, 29)*

Basiliken in Salona *(Abb. 61)*, Heraclea Lyncestis *(Abb. 132, 133)* und Stobi *(Abb. 180)*

Altkroatische Kirchen *(Abb. 47)*, darunter Sv. Donat, Zadar, 9. Jh. *(Abb. 46)*

St. Barbara-Kirche in Trogir, 9. Jh.

Peterskirche bei Novi Pazar, 9. Jh. *(Abb. 167, Fig. S. 243)*

Sarkophage *(Abb. 64, 65)*, Altarschranken *(Abb. 44)*, Tor- und Fensterrahmen (Archäologische Museen von Zadar, Split)

Helme, Fibeln *(Abb. 23)*, Beschläge u. a. (Archäologisches Museum, Zagreb; Nationalmuseum, Ljubljana; Museum der kroatischen archäologischen Baudenkmäler, Split; Nationalmuseum, Belgrad)

Byzantinische und Serbische Architektur und Malerei

Sophienkirche in Ohrid, 11. Jh. *(Farbt. 43, Abb. 136–138, Fig. S. 216)*
Sv. Kliment in Ohrid, 1295 *(Farbt. 44, 45, Abb. 141–143, Ikonensammlung Farbt. 46–49, Abb. 139, 140)*
Sv. Pantelejmon in Nerezi bei Skopje, 1164 *(Farbt. 3, Abb. 144–146)*

Raszische Kuppelbasiliken
Muttergotteskirche Studenica, um 1190 *(Abb. 147–149, Fig. S. 245, 246)*
Kloster Mileševa, um 1236 *(Abb. 150)*
Apostelkirche im Patriarchat Peć, um 1250 *(Abb. 151, Fig. S. 203)*
Kloster Morača, 1252
Kloster Sopoćani um 1260 *(Abb. 152–154, Fig. S. 66)*
Kloster Dečani, 1327–35 *(Farbt. 41, 42, Fig. S. 205–207)*

Serbische Kreuzkuppelkirchen
Kirche der Muttergottes von Ljeviška, Prizren, 1307–09 *(Abb. 124, Fig. S. 209)*
Kloster Gračanica, 1321 *(Abb. 155–158, Fig. S. 241)*
Patriarchenkloster Peć, 1316–30 *(Abb. 151, Fig. S. 203)*
Königskirche im Kloster Studenica, 1313–14

Morava-Trikonchos-Kirchen
Kloster Ravanica, 1376–77 *(Abb. 165, 166)*
Kloster Kalenić, 1407 *(Abb. 160, 161, Fig. S. 249)*
Kloster Manasija, 1407–18 *(Abb. 162, 163)*

Romanik

Muttergotteskirche Studenica, um 1190 *(Abb. 147)*
Glockentürme der Kathedralen von Rab und Split, 12. und 13. Jh. *(Farbt. 4, Abb. 54)*
Kathedrale Sv. Stošija, Zadar, 12. und 13. Jh. *(Abb. 46)*
Kathedrale von Trogir mit Hauptportal von Meister Radovan, 1240 *(Abb. 72, 73, 75)*
Holztür der Kathedrale von Split, Andrija Buvina, 13. Jh. *(Abb. 60)*
Klosterkirche Dečani des Baumeisters Fra Vita aus Kotor, 1327–35 *(Farbt. 41)*
Skulpturen in der Nationalgalerie, Ljubljana *(Abb. 34)*

Gotik

Altarziborien in den Kathedralen von Kotor *(Abb. 100)*, Trogir, Split und Zadar
Franziskanerkirche mit Kreuzgang in Dubrovnik, 14. Jh. *(Abb. 94, 95)*
Südportal der Markuskirche in Zagreb, 14. Jh. *(Abb. 197)*

Kirche auf der Ptujska gora bei Ptuj, um 1400 *(Farbt. 1, Abb. 30–32, Fig. S. 98)*
Silberschrein des hl. Simeon, Kirche Sv. Šimun, Zadar, 1380 *(Abb. 45)*
Istrische Wandmalereien in der Kirche Sv. Marija na Škriljinah bei Beram, 1474 *(Abb. 39)* und in der Kirche Sv. Trojica in Hrastovlje, 1490 *(Abb. 37, 38)*
Skulpturen in der Nationalgalerie, Ljubljana *(Abb. 33, 35, 36)* u. Stadtmuseum, Ptuj

Mittelalterliche Grabsteine (stećci) in Bosnien und Herzegowina

Nekropole von Radimlja bei Stolac *(Farbt. 39, Abb. 104, 105, Fig. S. 171)*
Landesmuseum, Sarajevo *(Abb. 106)*

Architektur und Dekorative Kunst des Islam

Sultan-Murad-Moschee in Skopje, 1434
Gazi-Isa-Beg-Moschee in Skopje, 1476
Sultan-Fatih-Moschee in Priština, 1461
Bunte Moschee in Tetovo, 1495 *(Abb. 130)*
Gazi-Husref-Beg-Moschee in Sarajevo, 1530 *(Abb. 109)*
Karadjoz-Beg-Moschee in Mostar, 1557 *(Abb. 108)*
Hadži-Ali-Moschee in Počitelj, 1563 *(Farbt. 27)*
Brücken in Mostar *(Farbt. 5, Abb. 107)*, Višegrad, Skopje u. a.
Badehäuser (Hamams) in Skopje, Prizren *(Abb. 128)* u. a.
Koranschulen (Medresen), Karawansereien in Skopje, Sarajevo u. a.
Mausoleen und Friedhöfe *(Abb. 110, 131)*
Feudale Paläste in Sarajevo *(Abb. 112)*, Ohrid u. a.
Profane Kunst (Waffen, Schmuck, Möbel, Teppiche) im Landesmuseum, Sarajevo

Renaissance

Kathedrale von Šibenik, 15. Jh. *(Abb. 76)*
Kapelle des hl. Johannes Ursini in der Kathedrale von Trogir, 1468–97
Palast Ćipiko in Trogir, 15. Jh.
Rektoren-Palast in Dubrovnik, 1463 *(Abb. 89–91)*
Sponza-Palast in Dubrovnik, 1516–21 *(Abb. 92)*
Stadtmauern von Dubrovnik, 15. Jh. *(Abb. 98)*
Malerschule in Dubrovnik (Nikola Božidarević, Mihajlo Hamzić u. a.), Dominikanerkirche *(Abb. 96, 97)*
Landtor in Zadar, 1543

Barock

Palastruinen in Perast, Bucht von Kotor
St. Blasius-Kirche in Dubrovnik, 1706–15 *(Abb. 93)*

Jesuitenkirche in Dubrovnik, 18. Jh.
Domkirche (Velika Gospa) in Dubrovnik, 1671–1713
Ursulinenkirche in Ljubljana, 1718–26 *(Fig. S. 78)*
Fontäne der Krainer Flüsse in Ljubljana von Francesco Robba, 1751 *(Abb. 10)*
Kirche Maria im Schnee, Belec
Schloß Dornava bei Ptuj
Grafenschloß in Celje, 17. Jh. *(Fig. S. 99)*
Slowenische Barockmaler und -bildhauer, Nationalgalerie, Ljubljana

Neuere Kunst

Maler des 19. Jh., Nationalmuseum, Belgrad; Moderne Galerie der Jugoslawischen Akademie, Zagreb; Nationalgalerie, Ljubljana
Maler und Bildhauer des 20. Jh., Museum für zeitgenössische Kunst, Belgrad; Galerie der modernen Kunst, Zagreb; Moderne Galerie, Ljubljana
Skulpturen von Ivan Meštrović, Galerie Meštrović, Split *(Abb. 66–71)*
Naive Malerei, Galerie für naive Kunst, Zagreb *(Abb. 189)*

Die Julischen Alpen

Vršič-Paß – Triglav – See von Bled – See von Bohinj

Slowenien, die nordwestlichste Republik Jugoslawiens, ist das Tor, durch das die Reisenden von Mittel-, Nord- und Westeuropa jugoslawischen Boden betreten. Mannigfaltig und abwechslungsreich ist dieses zweitkleinste Land im Vielvölkerstaat; in wenigen Stunden gelangt man von verschneiten Alpengipfeln zu subtropischen Fruchtgärten an der Adria-Küste, von fruchtbaren Getreidefeldern und Weingärten an der Drau zu öden Karstlandschaften mit Tropfsteinhöhlen und unterirdischen Flüssen im Triester Hinterland.

Die zu den Südlichen Kalkalpen gehörenden Julischen Alpen sind die erste landschaftliche Herausforderung, der sich der Jugoslawienreisende, der von Villach (Österreich) über den Wurzen-Paß oder von Tarvisio (Italien) über Rateče nach Slowenien einreist, stellen sollte. Dem Autoreisenden, der die Julischen Alpen nur als Ouvertüre einer großen Jugoslawienreise auswählt, sei ein Tagesausflug von Kranjska gora, dem mit Bergbahn und Skiliften ausgestatteten Hauptort des oberen Save-Tals, zum *Vršič-Paß* (1611 m) und zum Oberlauf der *Soča* (ital. Isonzo) empfohlen. Die etwa 14 km lange gut ausgebaute und zum größten Teil asphaltierte Paßstraße führt in zahlreichen Kehren durch Lärchenwälder aufwärts und bietet immer wieder hinreißende Ausblicke auf eine blendendweiße Hochgebirgslandschaft mit eindrucksvollen Felsriesen und steilen Schuttkegeln. Die Straße, eine der schönsten Hochalpenstraßen überhaupt, wurde im Ersten Weltkrieg von russischen Kriegsgefangenen im Dienst österreichisch-ungarischer Truppen als Nachschubstraße für die heißumkämpfte Isonzofront gebaut. Bei der Abfahrt bieten sich weite Ausblicke auf das grüne Trenta-Tal. Von der letzten Kehre der Südrampe führt eine schmale Schotterstraße über eine kleine Holzbrücke zur 1,5 km entfernten Quelle der Soča, die hoch über dem Tal aus einer engen Felsspalte große Wassermassen schüttet. Einem Fußweg mit Halteseil folgt der trittsichere Wanderer bis in den Felsspalt hinein. Das frische Quellwasser lädt zu einer längeren Pause ein, bevor man der türkisfarbenen Soča durch das Trenta-Tal flußabwärts folgt. Kurz vor Bovec mündet von rechts die Straße von Tarvisio über den Predil-Paß (1156 m) ein, der wir durch das Koritnica-Tal in umgekehrter Richtung folgen. Hinter dem malerischen Dorf Log (650 m) steigt die Straße steil an, bis an einer Linkskurve ein grandioser Ausblick auf den Talabschluß der Koritnica gegen die Berggipfel Mangart und Jalovec zum Halten einlädt. 1 km vor dem Predil-Paß zweigt die Mangart-Hochalpenstraße ab, auf der man 12 km in vielen Serpentinen und an tiefen Abgründen vorbei bis zum Mangart-Paß (2072 m), unmittelbar unter das Massiv des Mangart (2678 m) hinauffahren kann. Einer der höchsten und wegen seiner Aussicht berühmten Juliergipfel ist von der Mangart-Hütte am Ende der Straße auf markierten gesicherten Steigen in 1½ bis 2 Stunden zu erreichen. Über Tarvisio und Rateče gelangen wir schließlich zu unserem Ausgangspunkt Kranjska gora zurück.

Ein zweiter Abstecher mit dem Auto in die Julischen Alpen führt von Mojstrana, 9 km östlich von Kranjska gora, auf einer schmalen Straße mit Einbahnverkehr in das Vrata-Tal zu der gewaltigen Triglav-Nordwand. Vorbei am 40 m hohen Peričnik-Wasserfall geht es in Steigungen aufwärts bis zum Aljažhaus. Hier endet die Straße in 1015 m Höhe, und nur erfahrenen Bergsteigern ist die Besteigung des Gipfels auf drei markierten Wegen vorbehalten. Der *Triglav* (›der Dreiköpfige‹) ist mit 2863 m Jugoslawiens höchster Gipfel, ein zu allen Zeiten sagenumwobener Bergriese, der seinen Namen einer von den Südslawen verehrten heidnischen Gottheit verdankt. Der Gipfelrundblick ist überwältigend: Er reicht bis zum Großglockner im Nordwesten, den Dolomiten im Westen und bis zum Golf von Triest und den Kvarner-Inseln im Süden.

Den Abschluß unserer Entdeckungen der Julischen Alpen sollen die zwei schönsten Gebirgsseen Sloweniens bilden: der See von Bled und der Wocheiner See (Bohinjsko jezero). Der See von *Bled,* eingebettet in eine zauberhafte Berglandschaft, mit der Burg auf steil aufragendem Felsen und der Wallfahrtskirche auf einer Insel inmitten des Sees, zählt zweifellos zu Jugoslawiens romantischsten Landschaftsbildern (Farbt. 2). Sloweniens größter Dichter, France Prešeren, dessen Geburtshaus im kleinen Dorf Vrba nördlich von Bled am Fuße der Karawanken besichtigt werden kann, schreibt von Bled: »Das Krainer Land kennt keinen schöneren Ort als dieses paradiesische Gefilde«. Dieses Paradies erschließt sich dem Besucher am ehesten bei einer Bootsfahrt über den See oder bei Ausblicken vom Burgfelsen oder vom Straža-Berg herab, der mit dem Sessellift bequem erreicht werden kann.

Die Freilegung von Brandgräbern aus der älteren Eisenzeit (800–600 v. Chr.) auf dem Schloßhügel und der Seeinsel weist auf die frühe Besiedlung des Talkessels von Gorenjsko, in dem der Bleder See (slow. Blejsko jezero) liegt, hin. Seit dem 7. Jh. n. Chr. wurde das Gebiet von Slawen besiedelt, die schon im späten 8. Jh. unter die Oberherrschaft der Franken kamen. Im Jahre 1004 schenkte Heinrich II. Bled (deutsch: Veldes) dem Brixener Bischof Albuin. Aus dieser Zeit stammt wohl auch die älteste Burganlage. Bis zum Jahre 1858 blieb Bled im Besitz der Bischöfe von Brixen, mit Ausnahme der Zeit zwischen 1803 und 1838, während der es habsburgisch war und in einem Zwischenspiel zu Napoleons Illyrischen Provinzen gehörte. Im späten 19. Jahrhundert begann dank der Thermalquellen Bleds Aufstieg zum weltberühmten Kurort, wo sich gekrönte Häupter ein Stelldichein gaben. Während der See im Winter zugefroren ist und als Fläche für Eislauf und Eiskegeln beliebt ist, kann er im Sommer durch seine heißen Quellen außergewöhnlich hohe Wassertemperaturen bis zu 25° C erreichen, die der Urlauber besonders im Spätsommer und Frühherbst schätzt.

Neben der mittelalterlichen Burganlage, in der eine historische Sammlung lokaler Denkmäler aufbewahrt wird, ist die barocke Wallfahrtskirche St. Maria im See aus dem 17. Jh. als wichtiges Kulturdenkmal sehenswert. Die Kirche wurde auf den Fundamenten von drei oder vier früheren Sakralbauten errichtet und ist von einem altslawischen Friedhof umgeben. Nach einer Legende hatte schon in heidnischer Zeit die Göttin Živa, die slawische Aphrodite, auf der Insel ihr Heiligtum. Noch heute soll sie Liebenden helfen, wenn diese ihr während des dreimaligen Anschlagens der Wunschglocke ihre geheimen Wünsche anvertrauen.

Wer die Einsamkeit der Wälder und der Gebirgswelt sucht, der findet sie an den Ufern des größten slowenischen Sees, des *Wocheiner Sees (Bohinsko jezero)* (Abb. 7). In einem gewaltigen von Dolomitwänden umschlossenen Trogtal liegt dieser stille grünblaue See, in dessen klarem Wasser sich dunkle Wälder abwechselnd mit Felswänden und Schutthalden spiegeln. In idealer Harmonie mit der umgebenden Landschaft steht am unteren Ende des Sees die kleine Kirche des heiligen Johannes (Sveti Janez), ein typisches Beispiel einer slowenischen gotischen Filialkirche mit zahlreichen Resten mittelalterlicher Fresken (Abb. 8). Den über die Brücke herankommenden Wanderer begrüßt an der Südwand der Riese Christophorus. Nach einem Volksglauben bleibt derjenige, der ihn frühmorgens erblickt, an diesem Tage von einem plötzlichen Tode verschont. Immer wieder wird man feststellen, daß Volksglaube und Sage einen günstigen Nährboden in diesem wilden slowenischen Gebirgsland gefunden haben. Das Presbyterium mit seinen Wandgemälden aus der Mitte des 15. Jh. gehört zu den vollkommensten Beispielen eines bemalten Krainer Presbyteriums. Seine ikonographischen Bestandteile sind die Apostel an den Wänden, St. Georgs Drachenkampf auf dem Triumphbogen, die Symbole der Evangelisten und die Engel auf den Gewölben. Der Hauptaltar von 1668 ist mit üppigem Schnitzwerk und reicher Vergoldung versehen.

Höhepunkt des Landschaftserlebnisses ist der Besuch des Saveursprungs, den wir nach einer längeren Waldwanderung erreichen. Aus den Triglav-Seen sickert das Wasser durch das durchlässige Karstgestein; schließlich braust die junge Save, von den Slowenen in der Verkleinerungsform Savica genannt, aus einer Felswand machtvoll hervor und stürzt als Savica-Wasserfall 60 m tief hinab in ein Felsenbett (Abb. 9). Man muß sich vergegenwärtigen, daß die Save der längste Fluß Jugoslawiens ist, der erst beim fernen Belgrad in die Donau mündet. Bergsteiger gelangen vom Wasserfall über die Sieben Seen und durch das Naturschutzgebiet des Komna-Plateaus bis auf den Triglav.

Ljubljana, barocke Kirchen und Paläste

Auf unserer Reise durch das Save-Tal nach Ljubljana berühren wir das mittelalterliche Städtchen *Radovljica,* wo im Imkereimuseum eine ausgesprochen slowenische Besonderheit zu besichtigen ist, nämlich eine einzigartige Sammlung bemalter Bienenstock-Stirnbretter. Es sind dies Bilder mit scherzhaften und religiösen Motiven, die von einfachen Volksmalern stammen. Vorbei an dem im Mittelalter bedeutsamen Handelsplatz *Kranj* (Krainburg) gelangen wir auf einer Nebenstraße nach *Škofja Loka* (Bischoflack). Das reizend gelegene Renaissancestädtchen, das von einem mächtigen Schloß beherrscht wird, hat bis heute das Gepräge einer mittelalterlichen Stadt bewahrt. Škofja Loka entstand bereits im 11. Jh. als Siedlung um eine Festung der bayerischen Bischöfe von Freising. Die Mehrzahl der Häuser stammt aus dem 16. Jh., nachdem ein Erdbeben die Stadt zerstört hatte. Aus baulichen Bestandteilen der ehemaligen Burg entstand nach 1511 das heutige Schloß, in dem das Museum von Loka mit reichen lokalen Sammlungen untergebracht ist.

Mittelalterliches Stadtbild von Škofja Loka, nach dem Kupferstich in Valvasor: ›Ehre des Herzogtums Crain‹, 1698

Ljubljana (Laibach), die Hauptstadt der Sozialistischen Republik Slowenien (220 000 E./ 1971) ist eine äußerst sympathische und anmutige Stadt, in der sich der Fremde sofort wohlfühlt. Dazu tragen der Charme seiner barocken Kulturdenkmäler in der Altstadt bei, der Provinzialismus und das Rustikale der Menschen mit ihrer bäuerlichen Herkunft und nicht zuletzt die kulinarischen Genüsse, denen Einheimische und Fremde gerne zusprechen. In ihrem baulichen Charakter ähnelt die Stadt etwa Salzburg oder Graz, und erst die Sprache verrät, daß wir uns in einer slawischen Stadt befinden, deren Menschen auf Sparsamkeit Wert legen, sich selbstbewußt und eigenständig geben und mehr oder weniger mißtrauisch den Anweisungen der Belgrader Zentralregierung folgen. Zu lange stand Slowenien unter fremder Herrschaft, so daß es sich einer Bevormundung so weit wie möglich zu widersetzen versucht. Der gemütliche Provinzialismus in der Altstadt darf jedoch nicht darüber hinwegtäuschen, daß Ljubljana als wirtschaftlicher und kultureller Schwerpunkt des Landes ein starkes Gewicht hat (Universität, mehrere Hochschulen für Musik, bildende Künste, Schauspielkunst u. a., mehrere Museen, Oper, Philharmonie, mehrere Theater usw.). Eine große Anzahl moderner Gebäude verleiht der Hauptstadt Sloweniens Großstadtgepräge (Abb. 12).

Ljubljana liegt in einem von den letzten Ausläufern der Kalkalpen umschlossenen Talkessel, am Übergang zwischen dem Moor Ljubljansko barje und der Ebene Ljubljansko polje. In der jüngeren Steinzeit lebten die Menschen im Sumpf- und Moorland, das häufig von Überflutungen heimgesucht wurde, in Pfahlbauten, und aus dieser Zeit stammen auch die ältesten Funde, die heute im hochinteressanten Nationalmuseum ausgestellt sind: Teile von Pfahlbauhäusern, eine anthropomorphe Vase u. a. (Abb. 16, 17). Im ersten Jahrtausend vor unserer Zeitrechnung gründeten die Illyrer auf diesem

Opferhandlung, Detail der Situla von Vače. Um 500 v. Chr., Nationalmuseum Ljubljana

Boden ihre Ansiedlung Emona, die sich am Kreuzungspunkt der Bernsteinstraße von der Ostsee zum Mittelmeer und einer Heerstraße von der Adria in den pannonischen Raum schon bald zu einem bedeutenden Handelsplatz entwickelte. Das Nationalmuseum birgt als wertvollstes Stück seiner Sammlung den kostbaren Fund jener illyrischen Kulturepoche, einen großen Festhumpen aus Bronze, die *Situla von Vače,* die einem illyrischen Großen ins Grab beigegeben wurde (Abb. 13).

Dieses eimerförmige Metallgefäß, das um 500 v. Chr. datiert wird, ist eine Meisterleistung prähistorischer Bronzearbeit. Charakteristisch für die Situlenkunst, die in Slowenien, Österreich und Oberitalien verbreitet war, ist die Tatsache, daß ethnische Elemente bei ihrer Entwicklung nur eine untergeordnete Rolle spielen; sie ist vielmehr als kulturgeschichtliches und künstlerisches Phänomen einer bestimmten Zeit und eines bestimmten Raumes anzusprechen. Die Situlengruppe in Slowenien (Vače, Stična, Magdalenska gora und Brezije) weist den spezifischen Stil der venetisch-hallstättischen Kunst auf. Hier sind Elemente aus der Urnenfelderkultur (Formen und Verzierungstechniken) mit ostmediterranen realistischen Formen (Friese erzählenden Inhalts, Menschenfiguren und Tiere) verquickt. Während die Griechen die z. T. aus dem Iran stammenden orientalischen Einflüsse überwanden, arbeitete die Kunst der illyro-venetischen Welt weiterhin mit einer Kombination von nordischen, östlichen und mediterranen Elementen. Die Wände der etwa 24 cm hohen Situla von Vače sind in drei dekorative Friese geteilt. Der Tierfries in der untersten Zone ist eine ornamentale Basis für die darüberliegenden Darstellungen. Der oberste Fries zeigt die Anfangsszenen eines Festes: Wagenrennen und Pferdeparade. Große Vögel fliegen über den Pferdeleibern. Der zentrale stark betonte Fries bringt zwischen einer Opferhandlung und einem Ringkampf den Höhepunkt des Festes: eine Bankettszene, die sich aus mehreren Einzelfiguren und Figurengruppen zusammensetzt, aus einer Figur mit Zepter (vgl. Fig. S. 2), einer Frau, die dem Thronenden Speisen anbietet, aus Musikanten, Trinkenden und Zuschauern. Jože Kastelic unterscheidet das Fürstenbankett der Situla von Vače von dem griechischen Symposion, die beide aus derselben Quelle stammen. »Das griechische Symposion des klassischen Typus hat als Kernpunkt den Agon des Wortes, einen sokratischen Wettstreit, in welchem der Geist in unermeßliche Höhen philosophischer Spekulation steigt; das Bankett dient nur als Gegengewicht, als auflockernder Rahmen. Die Fürsten aus Vače würden auf dem Symposion Agathons als Fremde einer fernen toten Ära wirken. Das Gastmahl auf der Situla von Vače ist eine archaische Szene, wo sich die Gäste nach Pferderennen und Ringkampfvorführungen bei Wein und Gesang erholen, aber nicht verinnerlichen.«[2] Verwandt mit den verzierten Situlen sind Schwertgehenke, Gürtel und Spangen, deren Schmuck in der gleichen Technik ausgeführt ist. Das Repertoire der szenischen Darstellungen besteht aus Prozessionen oder Beerdigungen, Jagdszenen, Banketten und vor allem Kampfszenen.

Die illyrisch-keltische Kulturepoche endete mit der Besetzung Emonas durch die Römer, die die Stadt unter gleichem Namen zu einem Militärlager und zu einer blühenden Kolonialstadt ausbauten, bis sie in den Wirren der Völkerwanderungszeit wahrscheinlich von den Hunnen unter Attila vernichtet wurde. Im 7. Jh. gründeten die von Osten eingedrungenen Slowenen an Stelle der vergessenen Römerstadt eine neue Stadtsiedlung, der sie den Namen Lubigana gaben (erste Namensurkunde von 1142). Mit der deutschen Besiedlung etwa seit dem 11. Jahrhundert ist auch der deutsche Name Laibach aufgetaucht. Nach der Herrschaft der Kärtner Herzöge kam Laibach im Jahre 1282 als Hauptstadt des Herzogtums Krain unter die Herrschaft des Hauses Habsburg, die dann insgesamt länger als 600 Jahre dauerte und nur von dem napoleonischen Zwischenspiel unterbrochen wurde. Einen ganz besonderen Aufschwung erlebte die Stadt zur Zeit des Barock, was wir bei unserem Stadtrundgang immer erneut feststellen können. Zwar besitzt Jugoslawien in Kroatien und Slawonien, in der Vojvodina und Dalmatien noch weitere Gebiete mit barocken Kulturdenkmälern, doch am vollständigsten entwickelte sich dieser letzte universale Stil in der Geschichte der bildenden Kunst Europas in Slowenien, und vor allem in seiner Hauptstadt Ljubljana. Diese Entwicklung ist nicht

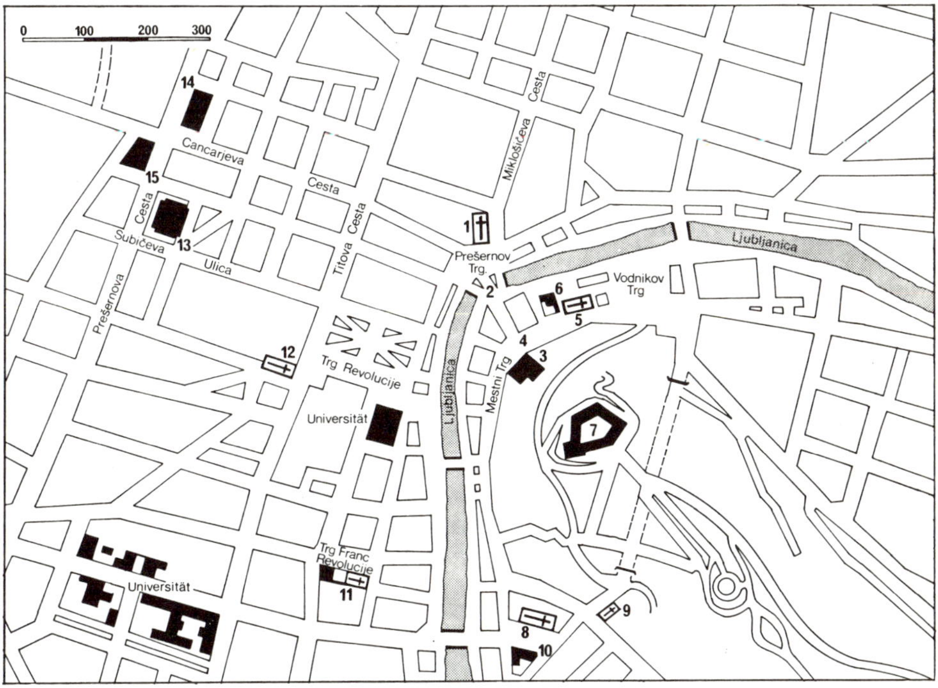

Stadtplan von Ljubljana
1 Franziskanerkirche 2 Tromostovje (Dreibrückenanlage) 3 Rathaus 4 Fontäne von F. Robba 5 St. Nikolaus-Dom 6 Fürstbischöfliches Palais 7 Burg 8 St. Jakob 9 St. Florian 10 Palais Gruber 11 Kreuzherrenkirche 12 Ursulinenkirche 13 Nationalmuseum 14 Nationalgalerie 15 Moderne Galerie

zuletzt der Tatsache zu verdanken, daß Slowenien nach dem Sieg über die Türken bei Sisak (1593) von weiteren Kriegswirren verschont blieb. Eine in Italien gebildete adlige, geistliche und bürgerliche Intelligenz förderte die neue Kunstrichtung, die sich nach der Gründung der ›Academia operosorum‹ im Jahre 1693, dem Geburtsjahr des Ljubljaner Barocks in ihrem neuen aktiven Kunstzentrum voll entfaltete und in ihren führenden Vertretern eine eigene Tradition schuf. Im Jahre 1848 wurde Laibach zum Mittelpunkt der nationalen slawischen Wiedergeburt, die 1918 nach dem Zusammenbruch Österreich-Ungarns zur Gründung des Staates der Serben, Kroaten und Slowenen (SHS) führte.

Unseren Stadtrundgang beginnen wir im Herzen der Altstadt auf dem am Fluß Ljubljanica liegenden Prešernov trg, wo ein Standbild des größten slowenischen Dichters, France Prešeren (1800–1849) steht. Beherrscht wird der Platz von der Franziskanerkirche, die 1640–60 im italienischen Barockstil errichtet wurde. Im Innern sind der prachtvolle Barockaltar von Francesco Robba (1756), dessen Arbeiten wir in Ljubljana noch häufiger begegnen werden, und eine Reihe von Fresken sehenswert. Über die charakteristische Dreibrückenanlage (Tromostovje) (Abb. 11) überqueren wir die Ljubljanica und erreichen das barocke Rathaus mit seinem eigenwilligen fünfeckigen Uhrturm. Vor dem Rathaus steht der berühmte Marmorbrunnen mit einem schlanken Obelisken, eines der wundervollsten Werke Robbas (1751). Drei Delphine und Wassermänner symbolisieren die drei Krainer Flüsse Save, Krka und Ljubljanica (Abb. 10). Francesco Robba (1698–1757), Bildhauer und Architekt aus dem Karsthinterland von Triest, war Leiter der bedeutendsten Bildhauerwerkstatt des Barocks im zweiten Viertel des 18. Jahrhunderts in Ljubljana. Im Hintergrund des Brunnens steht der wuchtige Barockbau des Doms St. Nikolaus (Abb. 10), der nach den Plänen des italienischen Jesuitenpaters Andrea Pozzo an der Stelle einer 1649 von den Türken

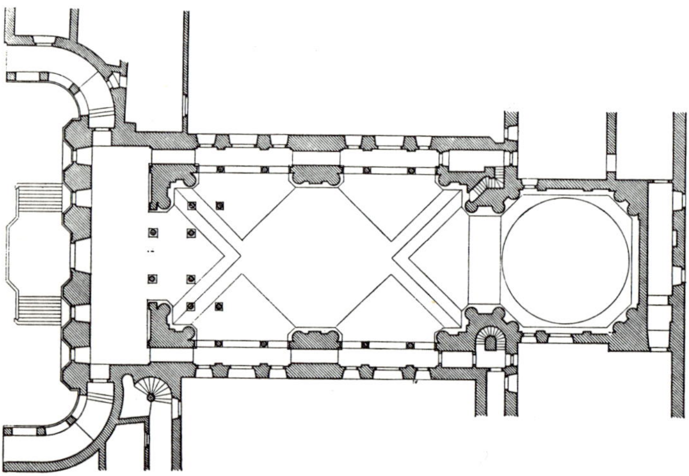

Grundriß der Ursulinenkirche in Ljubljana, 1718–26

zerstörten Kirche erbaut wurde. Das Deckengewölbe mit Fresken von Giulio Quaglio zeigt einen Höhepunkt architektonisch-figuraler Illusionsmalerei im Geist der Anregungen des Architekten Pozzo mit außerordentlich bewegten Kompositionen von Märtyrertum und Wundertaten. Gegenüber der Domhauptfassade liegt das Fürstbischöfliche Palais, Ljubljanas prächtigstes Barockgebäude mit schönen Arkaden.

Wir steigen nun vom Vodnikov trg die steile Študentovska ulica zur Burg hinauf, die vom Anfang des 12. Jahrhunderts stammt, ihre heutigen Gebäude aber erst im 15. und 16. Jahrhundert erhielt. Man hat von hier oben einen großartigen Ausblick auf die Stadt und ihre Umgebung und erkennt die strategisch günstige Lage des Ortes. In der Ferne ragen die Gipfelketten der Steiner Alpen, der Karawanken und der Julischen Alpen auf. Steigen wir von der Burg auf der Südseite herunter, so können wir die beiden Barockkirchen St. Florian und St. Jakob besuchen oder das Rokokopalais des Architekten Gruber, der als Wasserbaumeister im vorigen Jahrhundert durch den Bau des Gruberkanals das unwirtliche Laibacher Moor trockenlegte. Die künstlerischen Glanzpunkte des Palais von 1775 sind die Stuckfassade, das ovale Treppenhaus und besonders die Kapelle mit Malereien des österreichischen Barockmalers J. M. Kremser-Schmidt. Zwei Kirchen auf dem linken Ufer der Ljubljanica verdienen noch besondere Erwähnung. Es sind dies die Kreuzherrenkirche aus dem Jahre 1714 auf den Fundamenten einer gotischen Kirche, daneben der Hof des Kreuzherrenhauses (Križanke) mit sommerlichen Konzert- und Theateraufführungen – und die in gemäßigter norditalienischer Barockkunst erbaute Ursulinenkirche von 1718–26, deren Stirnseite sechs wuchtige Säulen, ein dorisches Gesims mit Metopen und Triglyphen und ein Giebelfeld mit Spitzbogen schmücken. Der Hochaltar stammt von Robba, einige Statuen von dem lothringischen Bildhauer V. Metzinger. Zum Abschluß unseres Rundgangs durch die Altstadt empfiehlt sich ein Spaziergang entlang der Ljubljanica, wo sich die alten Fassaden der Bürgerhäuser im Wasser spiegeln und mächtige Weiden das romantische Bild vervollkommnen.

Im westlichen Stadtteil befindet sich das Museenviertel mit dem Nationalmuseum (hervorragende prähistorische und ethnographische Sammlung), der Nationalgalerie mit Werken der slowenischen bildenden Kunst vom 13. bis 19. Jahrhundert (darunter bedeutende mittelalterliche Schnitz- und Steinbildwerke, Abb. 33–36) und der Modernen Galerie mit Wechselausstellungen zeitgenössischer Künstler. Ein Spaziergang durch den Tivoli-Park rundet den Besuch Ljubljanas ab.

Römische Nekropolen, gotische Kirchen und barocke Schlösser in der slowenischen Steiermark

Maribor – Ptuj – Ptujska gora – Celje – Šempeter

Der von Graz über den Grenzort Spielfeld nach Slowenien Einreisende lernt den steierischen Anteil Sloweniens kennen, der sich von der Save bis zur Mur erstreckt. Die Steiermark war ein Kronland der österreichisch-ungarischen Monarchie, deren südlicher, geschlossen von Slowenen besiedelter Teil beim Zerfall der Monarchie nach dem Ersten Weltkrieg an Jugoslawien fiel.

Die steierische Landschaft weist recht verschiedenartige Züge auf. Sie wird im Westen von den Steiner Alpen und den Karawanken als Ausläufer der Kalkalpen bestimmt, im Norden von dem noch zu den Zentralalpen gehörenden Pohorje-Gebirge. Den größten Teil aber nehmen Hügelländer und Niederungen ein; dazu gehören auch die berühmten Weinberge der Slovenske gorice (Windische Büheln). Insgesamt ist somit die slowenische Steiermark ein Übergangsland zwischen dem Alpenbereich und der ausgedehnten pannonischen Tiefebene am mittleren Donaulauf.

Unsere kunsthistorisch orientierte Reise beginnt in Maribor und führt über Ptuj nach Celje. Eine Fülle von Kirchen und Burgen muß hier unerwähnt bleiben; der Liebhaber wird sie sich selbst auf einer guten Karte aussuchen müssen.

Maribor (Marburg) an der Drau, mit 97000 E. (1971) heute der wirtschaftliche, politische und kulturelle Mittelpunkt des Draulandes und die zweitgrößte Stadt Sloweniens, entstand an einer bedeutenden Kreuzung der Straße Wien–Triest mit der Draustraße aus den Alpenländern nach der pannonischen Ebene und ist den archäologischen Funden nach seit urgeschichtlicher Zeit besiedelt. Die Altstadt liegt auf einer Flußterrasse oberhalb des linken Drauufers. Die mittelalterliche Stadtanlage in Form eines geräumigen, mit einer Ummauerung befestigten Rechtecks, mit dem Marktplatz an der Kreuzung der beiden Hauptstraßen und der nördlich vom Marktplatz gelegenen Domkirche ist noch immer lebendiges Zentrum der Stadt. Ein Großteil der Stadtmauer mit dem Wasserturm und dem Judenturm an der Drau ist noch erhalten. In der Nordostecke der Ummauerung entstand in der zweiten Hälfte des 15. Jahrhunderts die Burg der Grafen Sponheim, die später im Barockstil erweitert wurde. Die Burg, die ein wertvolles Rokoko-Stiegenhaus mit repräsentativen Stukkaturen und Skulpturen besitzt,

1 PREDJAMSKI GRAD bei Postojna. Das Renaissanceschloß aus dem 16. Jh. liegt geschützt am Eingang einer Karsthöhle

3 Die Hanke-Brücke quert die 100 m hohe unterirdische Klamm

2 Stalagmiten in der POSTOJNSKA JAMA (Adelsberger Grotte)

3–5 ŠKOCJANSKE JAME (Höhlen von St. Kanzian bei Divača

4 Sinterbecken

5 In unterirdischen Wasserfällen stürzt die Reka in die Tiefe

6 POSTOJNSKA JAMA (Adelsberger Grotte) Zahllose, in vielen Farben schimmernde Tropfsteine schmücken die weltberühmte Höhle, die zu den größten Sehenswürdigkeiten Jugoslawiens gehört

7

8

9

10 LJUBLJANA Die Altstadt am rechten Ufer der Ljubljanica zeigt mit ihren Häusern aus dem 17. und 18. Jh. den deutsch-österreichischen Kultureinfluß

11 LJUBLJANA Dreibrückenanlage über die Ljubljanica

◁
7 BOHINJSKO JEZERO (Wocheiner See) in den Julischen Alpen
8 BOHINJ Gotische Kirche Sv. Janez mit Fresken aus dem 16. Jh.
9 Savica-Fall, Ursprung der Wocheiner Save. Das Wasser stürzt aus einem Felsloch 60 m tief in ein türkisfarbenes Wasserbecken

12 LJUBLJANA Die Altstadt unterhalb des Burgberges zeigt mit ihren Häusern aus dem 17. und 18. Jh. den deutsch-österreichischen Kultureinfluß. Links die Domkirche St. Nikolaus, in der Mitte die Franziskanerkirche

13 Situla von Vače. Höhe 23,8 cm. Ältere Eisenzeit, um 500 v. Chr. Nationalmuseum, Ljubljana

14 Goldener anthropomorpher Anhänger (weibl. Idol) aus Progar, Serbien. Höhe 9 cm. Kupferzeit, Ende 3. Jt. v. Chr. Archäologisches Museum, Zagreb ▷
15 Taubenflasche aus grauem Ton. Vučedol-Kultur, 2150–1800 v. Chr. Archäologisches Museum. Zagreb ▷
16 Anthropomorphe Vase aus grauem Ton. Gefunden in Ig, Laibacher Moor. Kupferzeit, 1900 v. Chr. Nationalmuseum, Ljubljana ▷
17 Rhyton aus Ljubljana. Urnenfelder-Kultur, um 900 v. Chr. Nationalmuseum, Ljubljana ▷
18 Weibliches Tonidol aus Dalj bei Osijek. Mittlere Bronzezeit, um 1500 v. Chr. Archäologisches Museum, Zagreb ▷
19 Klapperschmuck von Pferdegeschirr, Bronze. Gefunden in Adaševci, Vojvodina. Ende der jüngeren Urnenfelder-Kultur, 8. Jh. v. Chr. Archäologisches Museum, Zagreb ▷

14 16

15 17

18

19

20

21

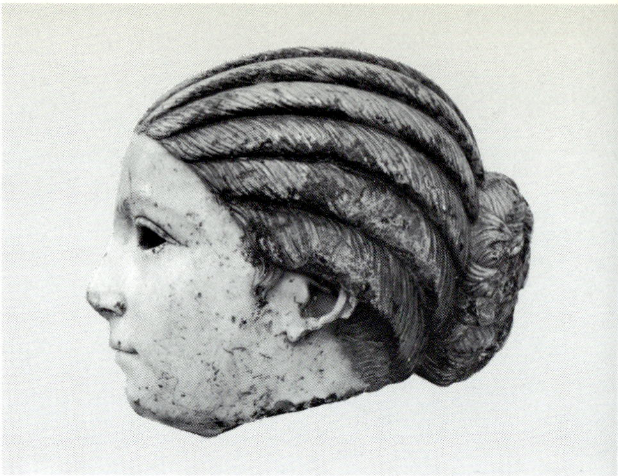

22

23

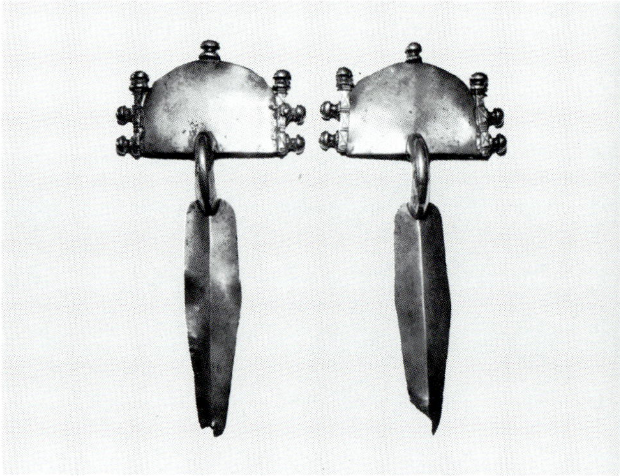

24

25 Grab der Familie Ennier. Marmor und Kalkstein. 1. Hälfte 2. Jh. n. Chr. Antike Nekropole in Šempeter, Slowenien

26 PULA Triumphbogen der Sergier oder Porta Aurea. Um 30 v. Chr.

27 PULA Augustus-Tempel, Portikus. 14. n. Chr.

◁

20 Römische Herakles-Figur mit Originalpostament aus Sisak, Kroatien. Bronze mit Silberspuren. Archäologisches Museum, Zagreb

21 Römischer Frauenkopf. 1.–2. Jh. n. Chr. Augustus-Tempel, Pula

22 Römischer Mädchenkopf mit Melonenfrisur aus Salona, Dalmatien. Weißer Marmor. Mitte 1. Jh. n. Chr. Archäologisches Museum, Zagreb

23 Silberblech-Bügelfibeln aus Ilok, Kroatien. Völkerwanderungszeit, ostgotisch, 2. Hälfte des 5. Jh. n. Chr. Archäologisches Museum, Zagreb

24 Greifähnliches Preßmodell. Bronze. Frühbyzantinisch, barbarisiertes Erzeugnis, 7. Jh. n. Chr. Archäologisches Museum, Zagreb

SCS BARTOLOMEVS
SCS IACOBVS
SCS ANDREA
SCS PETRVS
EGO LVX SVM VERA
SCS PAVLVS
SCS IOHANNES
SCS FELIPPVS
SCS MATTEVS

◁
28, 29 POREČ Basilika des Euphrasius mit bedeutenden byzantinischen Mosaiken. Mitte des 6. Jh., Blick auf Atrium und Basilika (oben); Christus mit Aposteln auf der Stirnseite der Apsis, auf dem Apsisbogen Medaillons mit Heiligen und dem Lamm als Symbol Christi (unten)

30 PTUJSKA GORA bei Ptuj, Slowenien. Gotisches Relief der Schutzmantelmadonna vom Hauptaltar der Kirche. Um 1410

31 PTUJSKA GORA Heilige Dorothea, Wandmalerei an der Südwand aus der Werkstatt des Johannes von Bruneck. Um 1420

32 Ausschnitt vom Relief der Schutzmantelmadonna. Könige, Kirchenfürsten und sonstige Persönlichkeiten in mittelalterlicher Kleidung beten Maria mit dem Kinde an

33 Johannes der Täufer. Holz mit Spuren alter Bemalung. Um 1290. Nationalgalerie, Ljubljana. Die gotische Skulptur gehört zu den ältesten ikonographischen Exemplaren ihrer Art in Europa

34 Romanisches Holzkruzifix aus der Umgebung von Cerknica, Höhe 110 cm, Anfang 13. Jh. Nationalgalerie, Ljubljana

35 Muttergottes mit Christus. Gotische Holzstatue mit alter Bemalung, wahrscheinlich aus einer Werkstatt in Škofja Loka. Um 1500. Nationalgalerie, Ljubljana

36 Gotische Pietà aus Sandstein mit Resten alter Bemalung aus der Burg Goričanc bei Medvode. Um 1400. Nationalgalerie, Ljubljana

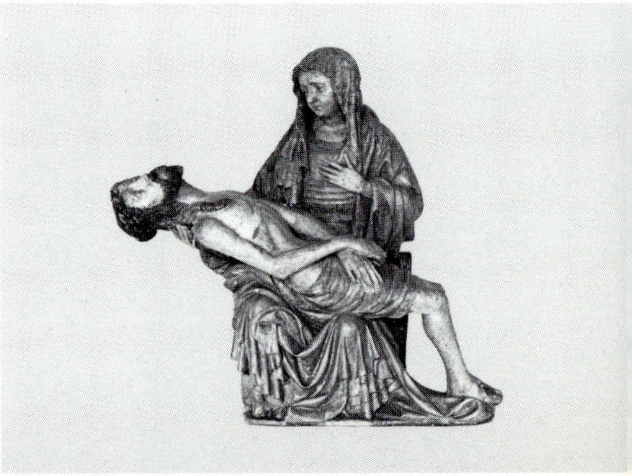

37, 38 HRASTOVLJE Romanische Kirche mit spätgotischen Fresken des istrischen Meisters Johannes aus Kastav. Um 1490
Totentanz (Detail) und Fresken-Zyklus ›Das Werk der ersten Menschen‹. Eva säugt Kain und Abel (Detail)

39 BERAM Kirche Sv. Marija na Škriljinah mit spätgotischen Fresken des Meisters Vincent aus Kastav. Um 1474. Einzug in Jerusalem

40 HRASTOVLJE Kirche Sv. Trojica mit Wehrmauer

41, 42

43

◁
41, 42 ROVINJ Malerische Küstenstadt mit venezianischen Bauten. Der Glockenturm der Kirche St. Euphemia (1736) ist dem Campanile auf dem Markusplatz von Venedig nachgebildet

◁
3 KOPER Prätoren-Palast in venezianischer Gotik aus dem späten 15. Jh.

44 Geburt Christi. Altkroatisches Flachrelief (Detail). Archäologisches Museum, Zadar

45 ZADAR Kirche Sv. Šimun. Silberner Sarkophag des hl. Simeon von Francesco da Sesto, 1377–1380 (Detail)

46 ZADAR Rundkirche des hl. Do natus (Sv. Donat) aus dem frü hen 9. Jh. und Glockenturm de Kathedrale St. Anastasia (Sv Stošija), 12.–13. Jh.

47 NIN Altkroatische Zentralkirc Sv. Nicola aus dem 11. Jh. D achteckige zinnengekrönte Aufb stammt aus der Zeit der Türke kriege

ist heute Sitz des Landesmuseums mit sehenswerten Sammlungen aus den Bereichen der Kunst, der Urgeschichte und der Ethnographie. Von kunstgeschichtlicher Bedeutung ist auch der Dom, eine dreischiffige romanisch-gotische Basilika aus dem 12. Jahrhundert, die später barockisiert und neogotisiert wurde. Die Bedeutung Maribors als wichtiger, für den großen Teil der Südsteiermark entscheidender Mittelpunkt barocker Bildhauerkunst ist zu erkennen, wenn wir die Mariensäule mit einer Anzahl sie umgebender Statuen auf dem Glavni trg vor dem ehemaligen Rathaus betrachten, eine Arbeit aus der Werkstatt des hervorragendsten Bildhauers dieser Stadt, K. Straub, aus dem Jahre 1743, die zur Erinnerung an die Pestepidemie von 1680 errichtet wurde. Maribor ist Ausgangspunkt für Ausflüge ins Pohorje (Bachergebirge), ein im Sommer bevorzugtes Wandergebiet, im Winter ein Skisportzentrum.

Unser nächstes Ziel von Maribor aus drauabwärts ist die Stadt *Ptuj* (Pettau). Die Harmonie der Stadtanlage erinnert an die Erscheinungen von Škofja Loka und Ljubljana. Das hochgelegene geräumige Schloß, die Propsteikirche St. Georg, das Dominikaner- und das Minoritenkloster beherrschen das Bild der Stadt. In der Antike erlebte das römische Poetovium mit Kaiserpalast, Tempeln, Theater und Thermen seine erste Blütezeit. Heute erinnern noch daran das reich mit Reliefs geschmückte Orpheus-Denkmal, ein römischer Grabstein von 194 n. Chr. (später im Mittelalter als Pranger verwendet), weiter Steine mit Skulpturen und Inschriften im Sockel des Stadtturms und schließlich ein antikes Lapidarium mit Bruchstücken eines Mithras-Tempels im Städtischen Museum (im ehemaligen Dominikanerkloster). Die Unterbauten von zwei weiteren Mithras-Tempeln sind jenseits der Drau im Vorort Breg erhalten.

Im Mittelalter war Pettau im Besitz der Bischöfe von Salzburg. In dieser Zeit entstanden die Hauptkirche und die beiden Klöster. Schließlich wurde die Stadt im 15. Jahrhundert ein befestigter Waffenplatz an der österreichischen Militärgrenze gegen die Türken. Die im Mittelalter zur Abwehr der Magyarenangriffe erbaute Festung wurde im 17. Jahrhundert erweitert und erhielt ihren Charakter als Renaissanceschloß. Heute ist in den Gebäuden das bedeutendste Museum der Feudalkultur in Slowenien eingerichtet. Es umfaßt vor allem kostbare Möbel, Bilder, wertvolle Renaissance- und Barocktapisserien und Waffen. Ihren Charakter als Museumsstadt vervollständigt Ptuj noch durch das antike und mittelalterliche Lapidarium im ehemaligen Dominikanerkloster und durch sein Weinbaumuseum im Wasserturm.

Die berühmte Wallfahrtskirche Maria Neustift auf der *Ptujska gora* entstand im fruchtbaren ›Herbst des Mittelalters‹ zwischen 1398 und 1410. Sie liegt am Rande des rebenreichen Hügellandes von Haloze, 12 km südwestlich von Ptuj und beherrscht von ihrer reizenden Lage aus die Ebene von Ptuj und das Draufeld. Der Reisende sollte sich dieses schönste Beispiel lichter und edler gotischer Architektur in Slowenien nicht entgehen lassen. Die dreischiffige Hallenkirche besitzt drei polygonale Chöre mit reich verzierten gotischen Steinbänken in den Wölbungen. Schlanke Bündelpfeiler stützen das Rippengewölbe in lichte Höhen. Der imposante Hauptaltar enthält das

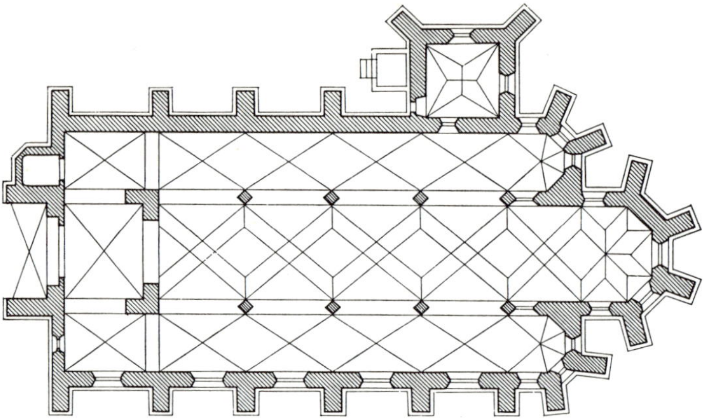

Grundriß der Kirche von Ptujska gora, um 1400

spätgotische Relief der Schutzmantelmadonna (um 1410) (Abb. 30, 32). Achtzig Gestalten, z. T. in betender Haltung, suchen unter Marias Mantel Schutz. Die Züge einiger Personen und ihre orientalischen Trachten haben vermuten lassen, daß hier Verwandte der Grafen von Cilli (Celje) sowie Stifter dieser Kirche, Bernard von Ptuj und seine Gemahlin, porträtiert sind, daneben angeblich weitere hervorragende Persönlichkeiten vom slawischen Balkan. In der Architektur der Kirche wie in ihrer Ausstattung ist der gotische Stil zur vollen Reife gelangt, wobei wir mit Einflüssen von der berühmten Bildhauerwerkstatt Peter Parlers in Prag zu rechnen haben. Das beweisen der Baldachinaltar (Altar von Celje), wo lebhafte phantastische Figuren seine Kapitelle zieren, sowie zwei vollkommen erhaltene trapezartig geformte gotische Seitenaltäre mit ihren Skulpturen, die den Höhepunkt des ›weichen Stils‹ in Slowenien bilden (Farbt. 1). Die Fresken in der Kreuzkapelle unter der Sängerempore (um 1420) vervollständigen die Stileinheit. Sie stammen aus der Werkstatt des Südtiroler Meisters Johannes von Bruneck (Abb. 31).

Unsere nächste Station ist *Celje*, die drittgrößte slowenische Stadt, eine keltische Gründung, die später unter Kaiser Claudius römisches Munizipium war und die Bezeichnung Claudia Celeia trug. Nach der Zerstörung in der Völkerwanderungszeit erstand die Siedlung im Mittelalter nach dem Schema des römischen Grundrisses erneut als Sitz der mächtigen Grafen von Cilli, die durch ihr blutiges Familienleben in die Geschichte eingegangen sind. Unter den mittelalterlichen Baudenkmälern ragt die gotische Pfarrkirche St. Daniel hervor. Die an das Presbyterium angebaute Kapelle besitzt reichen gotischen Bildhauerschmuck, darunter eine herrliche Pietà in ›weichem Stil‹ und ausgezeichnete Fresken aus der Zeit um 1420.

Das alte Grafenschloß (Grofija) ist ein zweistöckiges, um 1580 erbautes Palais im Renaissance- und Barockstil. Im ersten Obergeschoß befindet sich ein Prunksaal mit einer berühmten Holzdecke, die im ersten Jahrzehnt des 17. Jahrhunderts von einem unbekannten norditalienischen Meister bemalt wurde. Die Holzdecke gliedert sich in elf Felder, deren mittleres ein illusionistisches Bild perspektivisch aufstrebender Architektur mit Türmen zeigt. Vier der Randfelder versinnbildlichen die Jahreszeiten nach dem Vorbild von L. Bassano, vier stellen Giganten der Mythologie nach Kupferstichen von H. Goltzius dar, und die übrigen zwei beinhalten Schlachtenbilder nach Kupferstichen von A. Tempesta, die den Tod des Camillus beim Kampf zwischen Latinern und Trojanern zum Thema haben.

Auf einem Hügel über dem Fluß steht die mächtige Ruine der Burg von Celje, eine Festung der Grafen aus der zweiten Hälfte des 14. Jahrhunderts, die wegen ihrer Größe (230 Meter lang, 60 Meter breit) zu den gewaltigsten und eindrucksvollsten Bauwerken dieser Art in den Ostalpen zählt und die mehrere Angriffe der Türken abzuwehren vermochte.

Zwölf Kilometer westlich von Celje entdeckten im Jahre 1952 Arbeiter bei *Šempeter* im Savinja-Tal Reliefs und Baufragmente römischen Ursprungs. Von den Archäologen wurden anschließend bis 1955 bei planmäßigen Grabungen etwa 600 Baufragmente, Grabmäler, Standbilder und Reliefs aus Marmor und Standstein aus dem Kies des Flußbettes geborgen und nach mühevoller Rekonstruktion 1959 im Zentrum von Šempeter, in unmittelbarer Nähe der Fundstätte aufgestellt. Diese römische Nekropole, deren

Plafond im alten Palast der Grafen von Celje, um 1600

Denkmäler aus der Zeit des 1. bis 3. Jahrhunderts n. Chr. stammen, gehören zu den besseren künstlerischen Werken der römischen Provinzialplastik und vermitteln ein anschauliches Bild vom kulturellen Leben der Würdenträger aus Claudia Celeia, deren Besitzungen im Savinja-Tal lagen.

Das mit 8,25 m Höhe größte wiederhergestellte Denkmal ist jenes der Bürgermeisterfamilie der Priscianer aus Celeia mit sitzenden Porträtskulpturen der Eltern und des Sohnes unter einem Baldachin. Die Wände der Aschenkiste sind mit Reliefdarstellungen der vier Jahreszeiten ausgefüllt, zwischen denen sich drei Szenen aus der Iphigeniensage befinden. Weiter sehen wir darüber vier Heroenreliefs und einen Brautraub. Vorn ist zwischen Satyren und Nymphen die Inschrift eingemeißelt. – Künstlerisch vollendeter ist das 5,6 m hohe Grabmal der Ennier mit Skulpturen der Eltern, der Tochter und des Sohnes, dessen Aschenschrein ein Relief mit der Darstellung der Europa auf dem Stier schmückt (Abb. 25). Oben schließt das Grabmal mit einem dekorativen Satteldach ab, den Abschluß des Firstes bildet ein den Beschauer bedrohendes Medusenhaupt. Den Raum für die Ennier-Grabkammer begrenzt der wiederhergestellte Teil der antiken Umfriedung, von der wir zwei Eckstücke sehen. – Ein weiterer rechteckiger marmorner Aschenschrein mit dem Relief des Herakles, der Alkeste aus der Unterwelt führt, zeigt die Meisterschaft in der Materialbearbeitung und die Originalität in der Gestaltung der künstlerischen Themen. Die bescheidene Grabkammer der Sekundianer schließlich läßt vermuten, daß sie aus einer Zeit stammt, als der Wohlstand im römischen Staat schon gesunken war. Der Inschrift zufolge wurde die Grabkammer um 250 n. Chr. geschaffen. Kurze Zeit später, im Jahre 268 verwüstete die Savinja während einer großen Überschwemmung die gesamte Nekropole, von deren Existenz wir erst seit den Ausgrabungen in den fünfziger Jahren wissen. Nach Möglichkeit sollte man die Nekropole am frühen Morgen besuchen, bevor der Besucherstrom eintrifft; dann können wir die Atmosphäre dieser Totenstadt am intensivsten erleben.

Die Höhlen von Postojna und Škocjan

Von den über 3 300 Höhlen, die im slowenischen Höhlenkataster erfaßt sind, gehört die *Höhle von Postojna* (Postojnska jama, Adelsberger Grotte) seit 150 Jahren zu den bedeutendsten Sehenswürdigkeiten Jugoslawiens. Mit einer Länge von ca. 16,5 km gehört sie zu den größten Höhlensystemen der Welt. Sie zeichnet sich vor allem durch die Geräumigkeit ihrer unterirdischen Gänge und Säle (Konzertsaal 65 m Länge, 40 m Breite, 38 m Höhe) und den Reichtum ihres Tropfsteinschmuckes aus. Die Höhle besitzt zwei Höhlenstockwerke, die obere touristische Höhle mit Tropfsteinbildung und den unterirdischen Wasserlauf der Pivka.

Kaum 500 m abseits der Hauptverkehrsstraße von Ljubljana zur Adria hat sich vor dem Höhleneingang ein Touristenzentrum mit Hotel und großem Parkplatz entwickelt. Im Sommer werden täglich etwa 8000 Besucher durch die Höhle geführt. Mit Kapuzenmänteln der Höhlenverwaltung vor Kälte (8° C) und Tropfwasser geschützt, beginnt die Reise ins Höhleninnere zunächst mit der elektrischen Höhlenbahn, die nach 2,5 km Fahrt die Besucher zu einem ebenso langen Fußmarsch entläßt; insgesamt dauert die Führung ca. 2 Stunden.

Die Entstehungs- und Entwicklungsgeschichte der Höhle von Postojna hängt zusammen mit geologischen Vorgängen des südlich des Javoniki-Gebirges gelegenen Pivka-Beckens und seiner umrahmenden Kalkhochflächen. Das Pivka-Becken besteht aus undurchlässigen eozänen Sandstein- und Mergelschichten, dem sogenannten Flysch. Die ursprünglich horizontalen Kalkschichten am Beckenrand wurden vor einigen Millionen Jahren (nach dem Eozän) gefaltet. Dabei kam es in den Schichten zu Brüchen, die später die Entstehung der Höhlen wesentlich beeinflußten. Im Pliozän flossen die Flüsse aus dem Pivka-Becken noch auf der Erdoberfläche in das Gebiet des heutigen Polje von Planina. Als sich jedoch die Randgebiete des Pivka-Beckens heraushoben, legten die Flüsse ihren Lauf tiefer und stießen dabei auf den Kalkstein, so daß sie zu versickern begannen. Damit fließt der ursprünglich einheitliche Lauf des Ljubljanica-Flusses heute teilweise oberirdisch, nämlich durch das Pivka-Becken sowie das Polje von Planina, teilweise unterirdisch im Kalk. Die ursprüngliche Ljubljanica wechselt heute mehrmals ihren Namen: Ihr Wasser stammt zum größten Teil von der Pivka, so heißt der Fluß bis zu seiner Versickerung vor der Höhle von Postojna. Durch den Abfluß des Zirk-

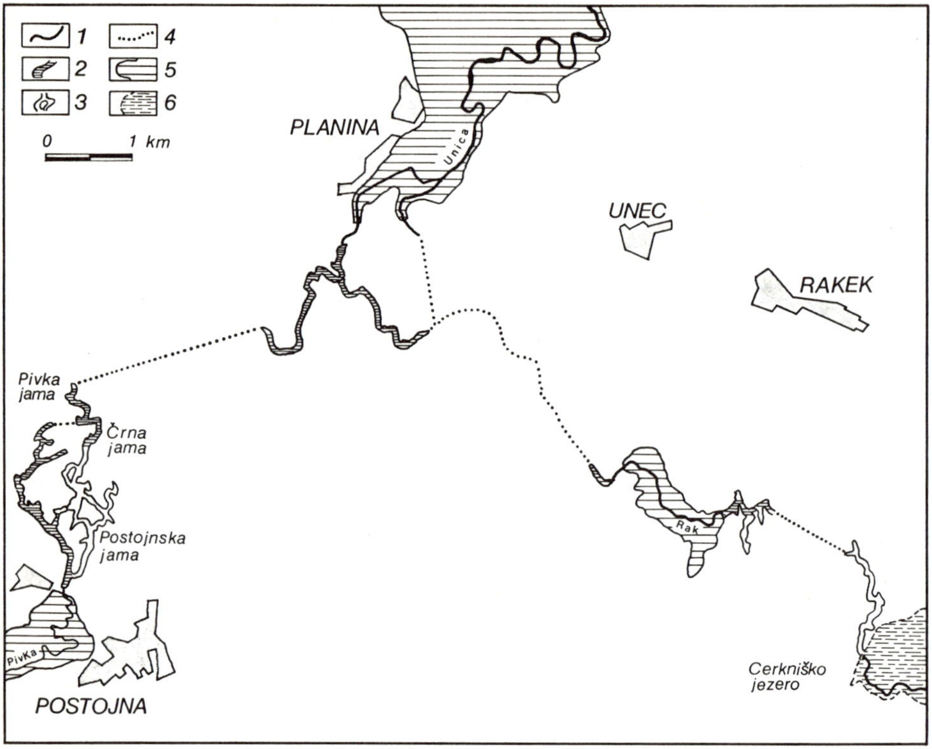

Zusammenhang der Höhlenflüsse von Postojna, Planina und Cerknica
1 oberirdische Flüsse 2 erforschte Höhlenflüsse 3 trockene Höhlen 4 unerforschte, vermutete Höhlenflüsse 5 Becken (Poljen) 6 periodischer See

nitzer Sees (Cerkniško jezero) verstärkt, entspringt er aufs neue unter einer 100 m hohen Wand der Planina-Höhle, heißt aber jetzt Unica. Diese durchfließt das Polje von Planina, versickert und tritt schließlich am Rande des Ljubljaner Moores in mehreren Karstquellen als Ljubljanica wieder zutage. Aus Ablagerungen in der Höhle von Postojna wird das Alter der Höhle zumindest mit dem Beginn der Eiszeit gleichgesetzt.

Im Gebiet zwischen dem Pivka-Becken und dem Polje von Planina sind über 20 unterirdische Gänge bekannt. Das System umfaßt die trockenen Gänge der eigentlichen Höhle von Postojna, die Lekinka-Höhle, die Otoker Höhle, das unterirdische Flußbett der Pivka zwischen der Otoker und der Magdalenen-Höhle, die Schwarze Höhle und die Pivka-Höhle. Die Pivka-Höhle endet als letzter Zweig des unterirdischen Flußbetts mit einem Abflußsiphon, den eine etwa 2 km lange z. Z. noch unbekannte Flußstrecke von der Planina-Höhle trennt.

I. Gams hat das Tropfsteinwachstum in der Höhle von Postojna studiert. Der außerordentliche Tropfsteinreichtum ist auf mehrere Faktoren zurückzuführen: auf den Nadelwald über dem Höhlensystem, der einen gleichmäßigen Wasserzufluß ins Höhleninnere gewährleistet, auf das beträchtliche Alter der Höhle sowie auf die Klüftigkeit der Höhlendecke. Die Tropfsteine wachsen jährlich bis zu 0,55 mm, so daß das Alter der Tropfsteine auf 16000 bis 192000 Jahre berechnet werden kann. Die alten Höhlenräume wurden früher mit Fackeln und Öllampen beleuchtet, so daß sich ihre Tropfsteine verdunkelten; dagegen leuchten die erst Mitte der dreißiger Jahre unseres Jahrhunderts dem Fremden zugänglich gemachten Höhlenabschnitte in ihren ursprünglichen Farbtönungen (Abb. 2, 6).

Die Höhle von Postojna ist ebenfalls für die Höhlentierkunde von außerordentlicher Bedeutung. Vor allem der in Nebengängen des unteren, wasserführenden Stockwerks lebende endemische Grottenolm (Proteus anguinus), den man auch in einem künstlichen Becken unterhalb des Konzertsaales beobachten kann, hat die Wissenschaft interessiert. In weit zurückliegender geologischer Vergangenheit zog sich der Proteus in die Höhlen zurück und verlor allmählich sein Augenlicht. Nur bei Jungtieren sind die verkümmerten Augen noch als kleine schwarze Punkte unter der Haut zu sehen. Der mit einer zarten durchscheinenden Haut an die Dunkelheit angepaßte Olm atmet mit Kiemen, an seichten Stellen auch mit der Lunge. Er vermehrt sich sowohl durch Eier, gebärt aber auch lebende Junge.

Neben der bekannten Höhle von Postojna kann der Individualreisende noch einige weitere Höhlen in der Umgebung von Postojna besuchen, die nicht minder eindrucksvoll sind, so die *Pivka-Höhle* und die *Schwarze Höhle* (Črna jama), 3,5 km von Postojna entfernt, unmittelbar neben einem schattigen Autocamp gelegen. Von einer Aussichtswarte aus genießt man einen Blick in die riesige 60 m tiefe Einsturzdoline und auf das Bett des unterirdischen Höhlenflusses Pivka. Über 284 Stufen steigt der Besucher zum Flußbett hinab und folgt dem unterirdischen Flußlauf etwa 2 km.

Im östlichen Randgebiet des periodischen Sees von Cerknica im gleichnamigen Polje liegt die *Kreuzberg-Höhle* (Križna jama), eine der schönsten Höhlen des Karstes mit 22 kleinen Seen und großem Tropfsteinreichtum. Besucher fahren mit Booten in die Höhle hinein, doch nur ein kleiner Teil ist touristisch erschlossen.

Schließlich ist noch die *Höhle von Planina* besuchenswert, die den Charakter eines in die Kalke eingeschnittenen Cañons hat.

Lohnenswert ist auch ein 9 km weiter Abstecher von Postojna zur *Höhlenburg von Predjama* (Predjamski grad, Abb. 1). Beim Dorf Predjama erhebt sich eine 123 m hohe steile Felswand mit einem Höhleneingang. Der aus dem 16. Jh. stammende Renaissancebau wurde halb in den Höhleneingang gebaut. Früher war die Burg ebenso unzugänglich wie unbezwingbar. Selbst im Falle einer Eroberung stand ein geheimer Fluchtweg den Verteidigern in den Wald oberhalb der Wand offen. Durch diesen wurde während einer fast einjährigen erfolglosen Belagerung Proviant geschleust, der – nach einer Legende – selbst den Belagerern vorgeworfen wurde. Man kann die Burg besichtigen:

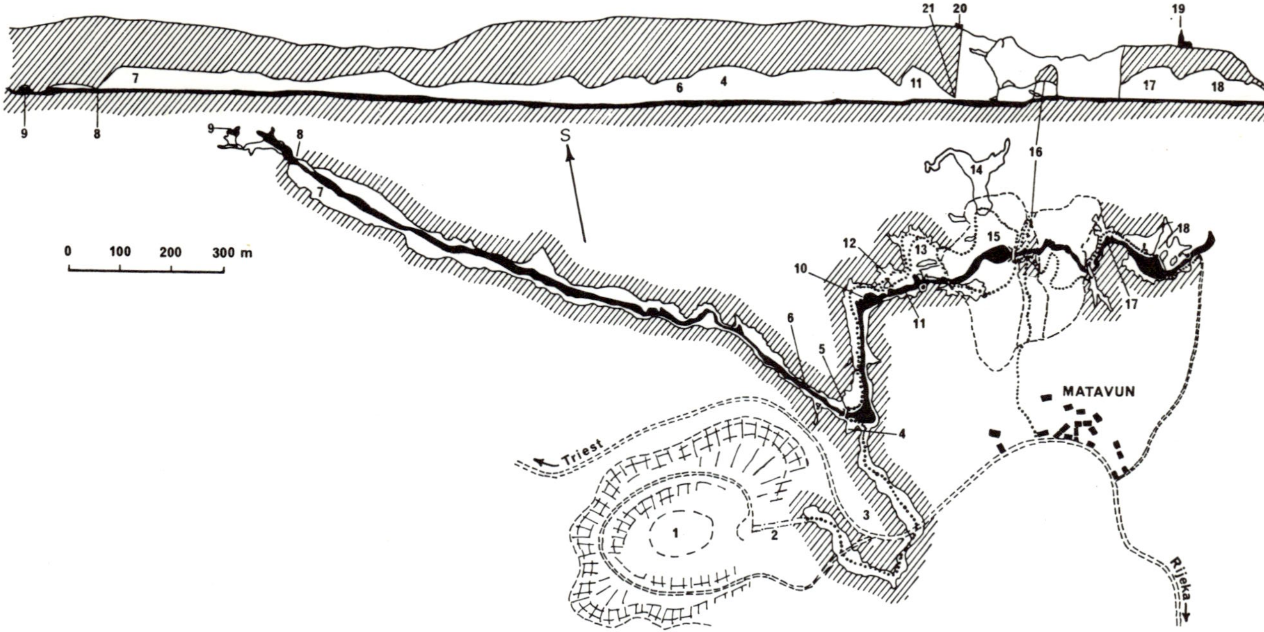

Škocjanske jame. Grundriß und Aufriß
1 Doline Globočak 2 Künstlicher Stollen 3 Stille Höhle 4 Müllerdom 5 Hankebrücke 6 Hankekanal 7 Martelsaal 8 Siphon 9 Toter See 10 Charonsee 11 Rudolfdom 12 Brunnenhöhle 13 Schmidlsaal 14 Tominchöhle 15 Große Doline mit See 16 Naturbrücke 17 Mariničhöhle 18 Mahorčičhöhle 19 Škocjan 20 Aussichtswarte 21 Ponor der Reka Punktierte Linie: Touristenweg

Ein kleines Museum enthält Funde aus der Höhle, die schon Steinzeitmenschen als Unterschlupf diente.

»In der Höhle von Postojna kann der Höhlenforscher alles sehen, was sein Herz begehrt, die *Höhlen von Škocjan* (Škocjanske jame, Höhlen von St. Kanzian) aber haben nicht ihresgleichen in der Welt.« Zu diesem treffenden Ausspruch kam der französische Speläologe Norbert Casteret bei seinem Besuch des jugoslawischen Karstes 1955. In der Tat, der Anblick des unterirdischen tosenden Flusses Reka in einem Höhlencañon mit bis zu 100 m hohen steil abfallenden Wänden ist so gewaltig, daß der Betrachter angesichts dieses urweltlichen Naturereignisses ähnlich wie beim Erlebnis eines feuerspeienden Vulkans bis ins Innerste seiner Seele getroffen wird. Ein Besuch der unterirdischen Reka-Schluchten soll schon Dante Alighieri (1265–1321) zur Darstellung des ›Inferno‹ in seiner Divina Commedia angeregt haben (Farbt. 8, Abb. 3, 5).

Der Reisende erreicht die Höhlen von Škocjan auf der Autostraße von Postojna nach Koper, kurz hinter Divača (Eisenbahn- und Busverbindung). 1 km abseits der Straße erreicht man das Dorf Matavun mit der Geschäftsstelle der Höhlen. Der den Massen-

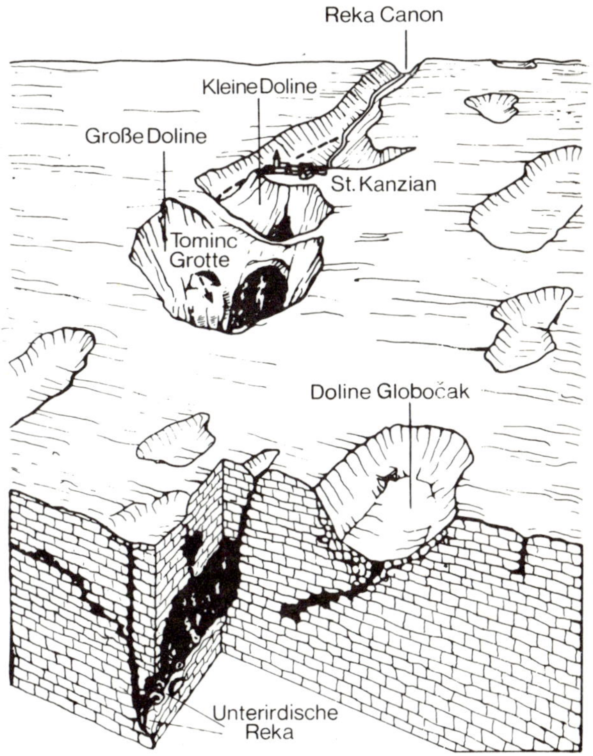

Karstlandschaft bei Škocjan (St. Kanzian), Slowenien. Das Blockbild zeigt im Hintergrund die Reka-Schlucht, unterhalb des Ortes die beiden Einsturzdolinen mit der Naturbrücke, im Vordergrund der Höhlen-Cañon (nach G. Wagner)

tourismus scheuende Individualist wird dankbar dafür sein, daß die Höhlen von Škocjan bisher noch nicht vom Fremdenverkehr überlaufen sind; somit erlebt er das Höhlenabenteuer viel unmittelbarer.

Die 5 km langen Höhlen sind ein Werk des Flusses Reka, der am Snežnik (Schneeberg) entspringt, zunächst auf undurchlässigem Flyschboden fließt, sich aber von Vreme abwärts in die Kreidekalke einschneidet. Diese Einschneidung begann am Ende des Pliozäns im Zuge einer Heraushebung des Gebietes. In einer steilwandigen Schlucht erreicht die Reka das Dorf Škocjan, verschwindet unter diesem in einer Steilwand, tritt unterhalb in zwei gewaltigen Einsturzdolinen nochmals zutage und fällt schließlich am Fuße einer 160 m hohen, fast lotrechten Wand (Aussichtswarte!) endgültig über Schnellen und Wasserfälle in die Tiefe. Bis zum Toten See können ausgerüstete Höhlenforscher dem unterirdischen Fluß etwa 5 km folgen (der Tourist nur bis zur Hanke-Brücke, Farbt. 8, Abb. 3), dann verschwindet er in unzugänglichen Höhlenwegen in der Tiefe. Färbeversuche haben gezeigt, daß das Wasser der Reka erst nach 35 km unter dem Namen Timavo in den Karstquellen bei Duino im Triester Golf wieder an die Oberfläche kommt. Bei besonders starkem Hochwasser kann der Abflußsiphon im Toten See die Fluten nicht bewältigen, so daß sich die beiden Einsturzdolinen zu einem mächtigen See verwandeln, der tief in die unterirdische Klamm der Reka hineinreicht.

In den Höhlen sind mehrere Entwicklungsphasen zu erkennen. Den ältesten Horizont bilden die Stille Höhle (Tiha jama), 70 m unter der Erdoberfläche, mit tropfsteinreichem Eingangsteil (Paradies) und dem 118 m langen, 25 m hohen und 35 m breiten Großen Saal mit seiner Decke voll weißer Stalaktiten, und die Brunnenhöhle, in der das durch die Decke sickernde Wasser bis zu 80 cm tiefe, konvex nach außen vorspringende Kalksinterbecken geschaffen hat (Abb. 4). Die konvexe Form der Becken erklärt sich aus der radialen Ausbreitung des Wassers unterhalb des Überfließpunktes im Rande des jeweils höheren Beckens. In der zweiten Phase entstanden die Tominc-Höhle und der Schmidl-Saal. Erstere, Behausung des jungsteinzeitlichen Menschen, besitzt eine große Erdpyramide, die zeigt, wie hoch der Fluß die Höhle mit Lehm ausgefüllt hat, bevor dieser im Zuge der archäologischen Ausgrabungen entfernt wurde. Der nach dem Wiener Speläologen A. Schmidl benannte Saal, durch dessen gewaltiges Tor das Tageslicht strömt, ist ein ehemaliger Ponor der Reka, die aber später ihren Lauf 35 m tiefer verlegt hat. Diesen tiefsten wasserführenden Horizont bildet das heutige Flußbett als dritte Phase der Höhlenbildung.

Istrien, Schauplatz einer bewegten Geschichte und zahlreicher Kultureinflüsse

Koper – Piran – Poreč – Rovinj – Beram – Hrastovlje – Pula

Die Halbinsel Istrien mit ihren unzähligen Badebuchten und dem kristallklaren Wasser ist heute Mittelpunkt des Tourismus in Jugoslawien. Die meisten Besucher verlassen ihren Felsenstrand, haben sie ihn einmal für zwei oder drei Wochen erobert, nicht mehr. Dabei leben sie in enger Nachbarschaft mit einer bewegten Geschichte, die ihre Spuren in eindrucksvollen Kulturdenkmälern hinterlassen hat. Besonders an der Westküste, häufig kaum 10 km von manchem Badeort entfernt, warten künstlerische Kostbarkeiten auf ihre Entdeckung durch den Besucher. Viele verbergen sich allerdings in einer trostlosen, schweigenden Karstlandschaft, hinter ausgedörrtem, abweisendem Buschwerk, hinter Steinen und Staub. Abseits von der Hauptverkehrsstraße Koper – Pula – Rijeka kann das Abenteuer auf den scharfkantigen Schotterstraßen für Fahrer und Wagen zu einer Zerreißprobe werden.

Die günstige geographische Lage der Halbinsel war in der Vergangenheit Segen und Fluch zugleich. Istrien stand einerseits Handel und Kultur offen, andererseits überfielen immer wieder feindliche Eroberer das Land und mußten schon bald wieder neuen Eroberern weichen. So löste über zwei Jahrtausende lang eine Herrschaft die andere ab, und jede hinterließ ihre Spuren, wenn auch oft nur in Ruinen und Bruchstücken. Die handeltreibenden und seetüchtigen Illyrer waren die ersten, die der sicherlich schon seit vorgeschichtlicher Zeit besiedelten Halbinsel Istrien ihren kulturellen Stempel aufdrückten. Sie wohnten in befestigten Siedlungen, die sie größtenteils auf Berggipfeln errichteten und mit Ringmauern aus massiven behauenen Steinblöcken umgaben. Der Expansion der Römer mußten sie aber im Jahre 177 v. Chr. unterliegen, und ihr Schicksal war häufig das von Sklaven auf den neuen römischen Latifundien. Unter römischer Herrschaft erlebte Istrien eine wirtschaftliche Blütezeit. Die Landwirtschaft war hochentwickelt; Gewerbe, Manufakturen und Handel blühten, vor allem Olivenöl, Wolle, Austern und Holz waren Istriens Exportgüter nach Italien. Große Monumentalbauten der Kaiserepoche in Pula sowie verschwenderisch mit Mosaiken geschmückte Stadt- und Landvillen zeugen noch heute vom Glanz und Reichtum jener Kulturepoche. Nach dem Untergang des Weströmischen Reiches fiel Istrien in die Hände des Germanenfürsten Odoaker (476), doch schon im Jahre 538 n. Chr. wechselte der Besitzer abermals. Byzanz verwaltete jetzt Istrien zusammen mit Venedig von Ravenna aus. In jener Zeit entwickelte sich mit dem großartigen Bauwerk der Basilika von Poreč eine neue sakrale Kunst (Abb. 28, 29). Auf die byzantinische Zeit folgten im 6. Jahrhundert die Einfälle der Slawen. Diese drangen auch noch weiter vor, als Istrien zur Zeit Karls des Großen unter fränkische Herrschaft kam. In der neu entstandenen Grafschaft wurde das Feudalsystem eingeführt und die Rechte der Munizipien beschränkt. Slawen wurden auf enteignetem Grund und Boden der Städte angesiedelt. In Nordistrien ließen sich Slowenen nieder, während die Kroaten über Ostistrien nach Süd- und Mittelistrien vorstießen. Im Kampf gegen raubgierige Sarazenen stützten sich die istrischen Städte im 9. und 10. Jahrhundert auf die Hilfe Venedigs. Doch diese Abhängigkeit nutzte die erstarkende Handelsrepublik und Seemacht aus und bemächtigte sich schließlich ganz Istriens von Koper an der Westküste bis Plomin an der Ostküste. Nur die selbständige Grafschaft Pazin in Mittelistrien fiel laut Erbfolgevertrag im Jahre 1364 den Habsburgern zu. Seitdem blieb Istrien zwischen Venedig und Österreich aufgeteilt. Das Mittelalter war eine Epoche intensiver architektonischer Tätigkeit. Die Städte ließen Paläste für Bürgermeister, Kapitäne und Rektoren errichten oder bauten an ihren Befestigungsanlagen. Gleichzeitig entwickelte sich eine größere Anzahl kleiner Städte und Dörfer, neben denen größere oder kleinere Kirchen und Kapellen gebaut wurden, mit überraschend innig-naiven Fresken bodenständiger Künstler (Abb. 37–39). Die bedrückenden Verhältnisse, in denen Istrien später zur Zeit der Türkeneinfälle, der Seuchen und der venezianisch-österreichischen Kriege leben mußte, spiegelten sich auch in einer nachlassenden Kraft seiner Architektur und Kunst. Die Freskomaler besaßen nicht mehr jenen inspiratorischen Geist früherer Künstler. Die Barockzeit beschränkte sich auf das Einführen ihrer Stilelemente in frühere architektonische Strukturen. Die folgende Zeit nach Venedigs Untergang im Jahre 1797, die Herrschaft unter Österreich und zeitweise unter dem napoleonischen Regime und schließlich die italienische Okkupation zwischen den beiden Weltkriegen war für die Entwicklung der Kunst in Istrien nicht mehr entscheidend.

Wir beginnen in Koper unsere venezianische Istrienreise und fahren anschließend über Izola, Piran und Poreč nach Rovinj. In allen diesen Städten ist der fünfhundertjährige Einfluß Venedigs unübersehbar, sei es in den Stadtpalästen, Patrizierhäusern und Loggien, in den Glockentürmen, für die der Campanile auf dem Markusplatz Venedigs Vorbild war, sei es in Kirchen der venezianischen Gotik und des venezianischen Barocks oder in Burgen und Burgtoren, die noch heute das Herrschaftssymbol des Markuslöwen tragen (vgl. Fig. S. 15).

Koper, heute ein wichtiger Handelshafen Sloweniens und Konkurrent von Triest, wechselte im Verlauf seiner Geschichte mit seinen Herren auch seinen Namen. Die Griechen nannten ihre Gründung Egida; in der Römerzeit hieß die Stadt Caprea, während des Byzantinischen Kaiserreichs Justinianopolis. Der lateinische Name Caput Histriae in venezianischer Zeit entwickelte sich zum italienischen Capodistria, bis die Slowenen 1945 der Stadt wieder den alten slawischen Namen Koper (nach dem römischen Caprea) zurückgaben.

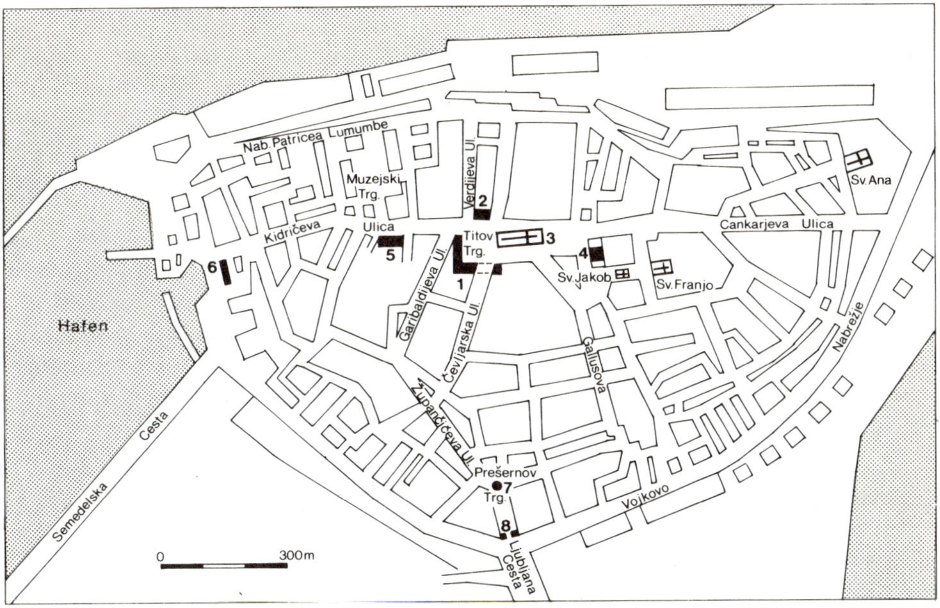

Stadtplan von Koper 1 Prätoren-Palast 2 Loggia 3 Kathedrale 4 Fontico, ehemaliger Getreidespeicher, 14. Jh. 5 Palast Belgramoni-Tacco 6 Tavern, ehemaliger Salzspeicher, 15. bis 16. Jh. 7 Venezianischer Brunnen 8 Stadttor, 16. Jh.

Die Altstadt lag einst auf einer Insel, die heute durch zwei Steindämme mit dem Festland verbunden ist. Mittelpunkt der Stadt ist der Titov trg mit dem Prätoren-Palast an seiner Südseite, in dem heute das Gericht untergebracht ist (Abb. 43). Der in venezianischer Gotik erbaute Palast aus dem 13. Jh. bestand zunächst aus zwei Gebäuden, die durch eine Loggia verbunden waren. Eines dieser Gebäude war die Residenz des Bürgermeisters, das zweite Sitz des venezianischen Statthalters. Im 15. Jahrhundert wurden beide Gebäude zu einem einheitlichen Renaissancepalast verbunden. In die Fassaden des Palastes wurden Wappen und Inschriften, Büsten und der Markuslöwe als Hoheitszeichen Venedigs eingemauert. Eine neue Loggia als Versammlungsplatz der Patrizier bauten im Jahre 1462 Nicola da Pirano und Tommaso da Venezia in venezianischer Gotik an der Nordseite des Platzes. Die dreischiffige gotische Kathedrale aus dem 13. Jahrhundert mit Renaissanceteilen aus dem 16. Jahrhundert steht an der Ostseite des Platzes. Im Innern hängen fünf sehenswerte Gemälde von Vittore und Benedetto Carpaccio; weiterhin ist der Sarkophag mit den Gebeinen des Schutzheiligen der Stadt, des hl. Nazarius, sehenswert. Von den vielen weiteren Kirchen und Patrizierhäusern ist der Palast Belgramoni-Tacco aus dem 16. Jahrhundert einen Besuch wert. Er beherbergt u. a. eine archäologische Sammlung mit Funden aus Koper und Istrien von der illyrischen bis zur slawischen Besiedlung. Lebendige italienische Stadtatmosphäre erleben wir beim Durchqueren der Čevljarska ulica mit ihren malerischen Häusern. In der Nähe des Stadttores stoßen wir auf einen hübschen venezianischen Brunnen in Brückenform.

Izola ist in seiner topographischen Ortslage mit Koper zu vergleichen, doch bietet es baulich und künstlerisch weniger. Die schönsten Bauwerke, die Paläste Manzioli, Lovisato und Besenghi degli Ughi, stammen aus der Epoche der venezianischen Regierungszeit.

Höhepunkt unserer venezianischen Istrienreise ist das Hafenstädtchen *Piran*, mit seinem malerischen alten Hafen, den engen Gassen und graziösen Balkonen ein Kleinod an der Adria-Küste (Farbt. 11). Immer wieder lohnt sich ein erneutes Durchstreifen der Gassen und ein geruhsames Verweilen auf den Türmen und Zinnen seiner Wehrmauer, die eine großartige Aussicht gewährt. Künstler der Vergangenheit haben hier gelebt und geschaffen, und auch heute ist das Städtchen wieder ein Treffpunkt vor allem impressionistischer Maler.

Der Überlieferung nach wurde Piran von Flüchtlingen gegründet, die während der Völkerwanderung aus dem zerstörten römischen Aquileia geflohen waren. Die weitere Geschichte ähnelt derjenigen der anderen istrischen Städte. Unter venezianischer Oberhoheit erkämpfte sich Piran seine Selbstverwaltung und lebte lange Zeit von einer gut entwickelten Fischerei, vom Salz seiner Salinen, von Landwirtschaft und Seehandel. Auf dieser festen Grundlage konnte Piran auch sein lebhaftes Kulturleben aufbauen.

Der Mittelpunkt der Stadt ist der Tartinijev trg hinter dem alten Hafen mit dem Standbild des Violinvirtuosen Guiseppe Tartini, der in Piran geboren wurde. Rund um den Platz stehen Häuser aus verschiedenen Epochen. Am auffälligsten ist ein roter Palast im Stil venezianischer Gotik aus dem 15. Jahrhundert mit einem reizenden Eckbalkon. Im Wappen stehen in venezianischer Mundart die Worte »Lassa pur dir« (»Laß die Leute nur reden«), ein Hinweis auf die menschlichen Schwächen, mit denen zu allen Zeiten gelebt werden muß. Zahlreiche Kirchen, allen voran der Komplex der St. Georgs-Kirche (crkva svetog Jurja) mit Campanile und polygonalem Baptisterium haben dem aufmerksamen Besucher ihre Kunstschätze zu bieten.

Portorož, 3 km von Piran entfernt, besitzt mit seinen Sandstränden, seinen Hotelpalästen und einer reichen Mittelmeerflora den Charakter eines eleganten Seebades und ähnelt darin dem älteren, aus der österreichischen Kaiserzeit stammenden Kurort *Opatija* bei Rijeka, den wir auf unserer Fahrt entlang der Ostküste Istriens kennenlernen können. Beide Orte besitzen keine historischen Kunstdenkmäler.

Das Städtchen *Poreč*, das ehemals römische Colonia Julia Parentium, das noch heute in seinem Straßengrundriß an jene antike Zeit erinnert, besitzt in der Euphrasius-Basilika mit ihren Säulen, Marmorplatten und den reichen Mosaiken ein Kunstwerk von hohem Rang, eines der am besten erhaltenen Beispiele der gesamten frühbyzantinischen Architektur (Abb. 28, 29).

Der erste kirchliche Bau an dieser Stelle war das sogenannte Oratorium des lokalen Märtyrers Maurus vom Beginn des 4. Jahrhunderts, das auf antiken Bauten errichtet

Eckbalkon des roten venezianischen Hauses in Piran, 15. Jh.

wurde, wahrscheinlich ein unauffälliger Bau, der zur Zeit der Christenverfolgungen keinen Verdacht erregen durfte. Zu diesem Oratorium gehört die älteste Schicht des Mosaikbodens mit der nachträglich eingefügten Abbildung eines Fisches, der ein altchristliches Symbol darstellt. Nach dem Mailänder Edikt von 313 konnten die Christen ihre ersten Kirchen bauen, und so entstand gegen Ende des 4. Jahrhunderts oder zu Anfang des 5. Jahrhunderts die sogenannte ›Erste Basilika‹. Dabei wurde das frühere quadratische Oratorium nach Westen und Süden erweitert. In der ersten Hälfte des 5. Jahrhunderts entstand auf den Fundamenten der ersten Basilika ein neuer Gebäudekomplex, die ›präeuphrasianische Basilika‹. Er umfaßt die heute noch sichtbaren Fundamente, Bodenreste und Mauerteile einer dreischiffigen Basilika, die noch keine Rundapsis im Osten besaß. Hinzu kam auf der Westseite ein offener Hof, an den sich die Taufkapelle, ein zentraler oktogonaler Bau mit Rundgang, anschloß, von dem heute nur noch das Oktogon erhalten geblieben ist.

Auf den Fundamenten dieser Kirche ließ Bischof Euphrasius von Poreč, ein temperamentvoller und aufrührerischer Schismatiker, Mitte des 6. Jahrhunderts die jetzige prunkvolle dreischiffige Basilika errichten, noch heute ein unvergeßliches Erlebnis der Schönheit und Harmonie. Die neue Basilika endet in drei Apsiden, von denen die

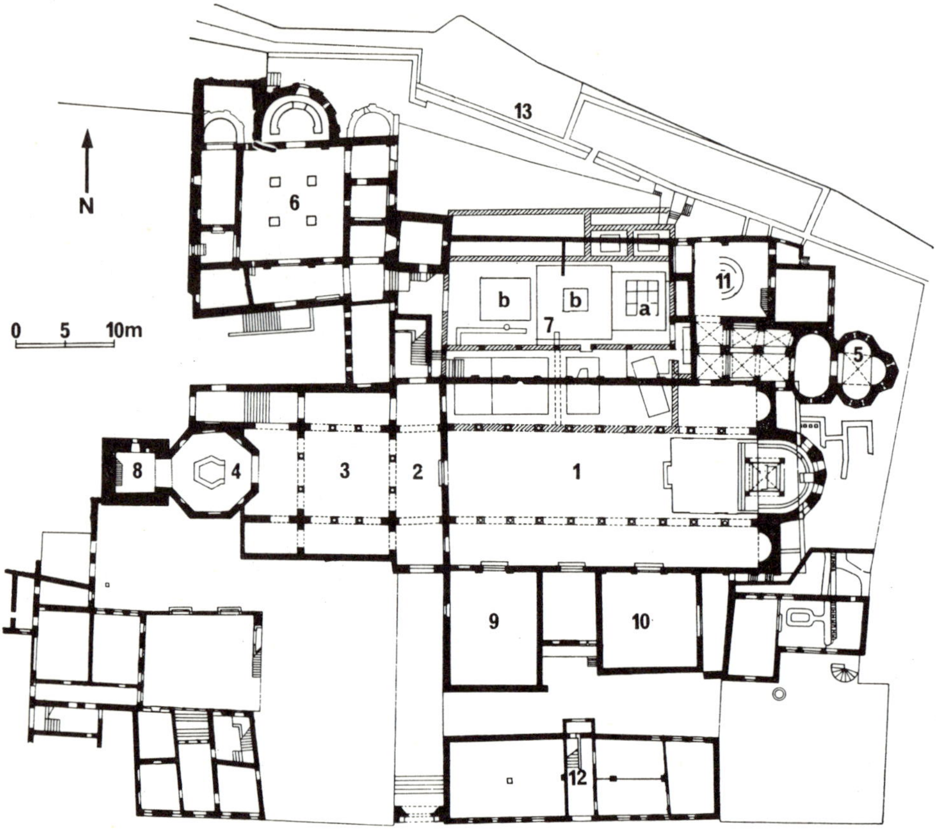

Poreč, Euphrasius-Basilika
1 Basilika des Euphrasius 2 Vorraum 3 Atrium 4 Baptisterium 5 Memorialkapelle 6 Konsignatorium 7 Oratorium des hl. Maurus a Mosaiken aus dem 3. Jh. b Mosaiken aus dem 4. Jh. 8 Glockenturm 9, 10 Kapellen 11 Sakristei 12 Domherrenhaus 13 Überreste der mittelalterlichen Stadtmauer

Mittelapsis stark ausgebuchtet ist, außen polygonal, innen jedoch halbkreisförmig. Diese fortschrittliche Grundrißform entsprach der Forderung nach einem neuen Kultzentrum. Den Raum der Basilika teilen zwei Arkadenreihen; die Säulen haben drei Varianten byzantinischer Kapitelle und sind äußerst fein bearbeitet. In den nördlichen Arkaden blieb die originale Stukkatur mit geometrischen und pflanzlichen Motiven und eingeflochtenen Tierdarstellungen erhalten. Der Boden der Basilika war mit Bodenmosaiken dekoriert, die aber durch spätere Bestattungen in der Kirche fast völlig zerstört sind.

Besonders wertvoll sind die erhaltenen Wandmosaiken, die den oberen Teil des Triumphbogens und die Konchen der Mittel- und Seitenapsiden schmücken. Sie sind mit den gleichzeitig entstandenen Mosaiken von Ravenna nahe verwandt und entstammen wahrscheinlich dem Kreise derselben Werkstätten. Die byzantinische Mosaiktechnik zeichnet sich durch ungewöhnlichen Reichtum an Farbnuancen aus, was der Verwendung von Perlmutt, Halbedelsteinen und Marmor zu verdanken ist. Hinzu kommt der feierliche Goldgrund. Iva Perčić betont, daß die Mosaiken in der Euphrasius-Basilika einige Übergangselemente enthalten, die in der Kunst des 6. Jahrhunderts noch relativ häufig auftreten, weil der Prozeß der ikonographischen und formellen Festlegung noch im Gange ist. Das gilt besonders für realistische Elemente und für den Porträtcharakter einiger Gestalten. So besitzt auch die Komposition der Mittelapsis mit der Darstellung der Muttergottes Übergangscharakter, weil das Grundthema die Glorifizierung Christi ist, das sich später zu einer Glorifizierung der Muttergottes verändert. Das beweist die für Christus bestimmte Krone, welche die Hand Gottes über die Häupter hält. Die Mosaiken an der Triumphbogenwand (Abb. 29) zeigen den jugendlichen (hellenistischen) Christus auf einer Weltkugel sitzend. Auf dem offenen Buch befindet sich die Inschrift »Ego sum lux vera.« Zu beiden Seiten stehen je sechs Apostel, die lediglich durch Inschriften ihrer Namen individualisiert sind. Auf der Innenseite des Apsisbogens reihen sich dreizehn runde Medaillons mit Märtyrerbüsten. Im Scheitel des Bogens ist Christus in der symbolischen Darstellung des Lammes abgebildet. Die Mosaiken in der Apsiskonche gliedern sich in zwei Zonen, die durch eine in Mosaik ausgeführte Widmungsinschrift von Bischof Euphrasius getrennt sind, der darin die Baufälligkeit der präeuphrasianischen Kirche erwähnt. Der Gottesmutter und Christus zu beiden Seiten stehen große Engel. Auf der rechten Seite treten drei anonyme Märtyrer hinzu, links dagegen sind mit individuellen Gesichtszügen der Erzdiakon Claudius in weißer Tunika mit einem kostbar eingebundenen Buch, daneben in purpurnem Umhang Bischof Euphrasius mit dem Modell seiner Kirche sowie der Märtyrer Maurus dargestellt. Die kleine Figur mit den zwei Kerzen ist laut Inschrift Euphrasius, der Sohn des Claudius. Die untere Zone des Mosaiks, geteilt von vier Fenstern, zeigt links die Szene Mariä Verkündigung, rechts Mariä Heimsuchung. In der Erregung der kleinen Dienerin, die einen Vorhang beiseiteschiebt, ist die Neugier menschlichen Wesens verallgemeinert. In den übrigen drei Feldern sind ein Engel, Zacharias und Johannes der Täufer abgebildet. Die Konchen der Seitenapsiden waren ehemals auch mit Mosaiken geschmückt. Heute sind nur die oberen Zonen erhalten mit Kompositionen des jugendlichen Christus, der mehrere Heilige krönt. Mosaiken schmückten auch das Äußere der Kirche, nämlich die Giebelmauern der West- und Ostfassade. Die Apostel im unteren Teil des westlichen Giebels wurden vor dem Ersten Weltkrieg restauriert (Abb 28).

Aus dem 13. Jahrhundert stammen die Veränderungen im Altarraum. Dabei wurde das Bodenniveau gehoben und über dem Altar ein neues Ziborium errichtet, das mit Mosaiken aus venezianisch-byzantinischen Werkstätten dekoriert wurde. Zur Euphrasius-Basilika gehört noch ein ganzer Komplex von Sakralbauten, von denen das mit einem Säulengang umbaute Atrium und das benachbarte Baptisterium architektonisch besonders gut gelungen sind. Von dem erst im 16. Jahrhundert entstandenen Glockenturm hat man einen guten Überblick auf die Gesamtanlage (Abb. 28).

Rovinj, das jugoslawische St. Tropez, ist ein weiteres malerisch gelegenes Küstenstädtchen mit anziehendem heiteren Fluidum. Hier wollen wir unseren Reiseabschnitt mit vorzugsweise venezianischen und byzantinischen Kulturdenkmälern beenden. Die Häuser der Altstadt drängen sich dicht auf einer früheren Felseninsel zusammen, die erst im 18. Jahrhundert mit dem Festland verbunden wurde (Abb. 41, 42). Rovinj erstreckt sich längs eines waldreichen Ufers in der Nachbarschaft einer üppigen subtropischen Vegetation. Die Vergangenheit ist ähnlich stürmisch wie die der anderen istrischen Küstenstädte. Schon im Mittelalter ein wichtiges Handels-, See- und Fischereizentrum, entwickelte sich Rovinj unter den Österreichern zur größten Hafenstadt an der istrischen Westküste. Seine Bedeutung ließ im 19. Jahrhundert aber wegen des schnellen Aufschwungs von Triest und Pula nach.

Innerhalb der alten Stadtmauern hat Rovinj sein historisches Stadtbild fast unberührt erhalten. Die engen Gassen wirken ausgesprochen italienisch-mediterran. Wichtigstes Baudenkmal der Stadt ist die dreischiffige St. Euphemia-Kirche aus dem Jahre 1736 mit dem 60 Meter hohen Campanile. Von seiner Höhe genießt man einen herrlichen Ausblick auf die Stadt und den Archipel von Rovinj.

Neben den byzantinischen Mosaiken in Poreč und dem römischen Amphitheater in Pula sind die spätgotischen Fresken der kleinen Friedhofskapelle Sv. Marija na Škriljinah bei *Beram* von 1474 und die etwas jüngeren aus dem Jahre 1490 in der romanischen Kirche von Hrastovlje östlich von Koper das bedeutendste Werk der künstlerischen Vergangenheit Istriens. Dank der unmittelbaren Wirkung dieser im Grunde naiven Malerei, dem ausgezeichneten Erhaltungszustand und der Reichhaltigkeit der Kompositionen, vor allem aber dank dem Interesse für die heimischen Meister Vincent aus Kastav (Beram) und Johannes aus Kastav (Hrastovlje) wurden die beiden Kunststätten zum Inbegriff der istrischen Wandmalerei.

Sv. Marija na Škriljinah bei Beram. Grundriß und ikonographisches Programm
Beschreibung der einzelnen Szenen (von Radovan Ivančević)
Der Großteil der Szenen behandelt Themen aus dem Leben Marias und Christi, was bedeutet, daß sie die Menschen, Kleidung und die Landschaft Palästinas im 1. Jahrhundert darstellen sollten. Aber wie fast die gesamte bildende Kunst mit christlicher Thematik zeigen auch die Fresken von Beram hauptsächlich die damalige Wirklichkeit. Außer Christus und den Aposteln, die antik gekleidet sind, sind alle übrigen Gestalten auf den Bildern in zeitgenössische spätgotische oder Renaissance-Kostüme gekleidet. Anstelle römischer Legionäre sieht man auf den Bildern mittelalterliche Ritter; anstelle antiker Architektur mittelalterlich befestigte Städte.
1, 2 Zwei Heilige 3 Pflanzenornament (oberhalb der Nische für das liturgische Gerät) 4 Mariä Geburt (zeitgenössisches Interieur) 5 Darstellung Marias im Tempel (auf dem Altar ein venezianisches spätgotisches Triptychon) 6 Verlobung Marias und Josephs (der jüdische Rabbiner ist wie ein Bischof gekleidet. Die Werber, deren Stäbe nicht wie der Josefs blühen, brechen diese übers Knie) 7 Heimsuchung: Begegnung Marias und Elisabeths (in zeitgenössischer Kleidung)

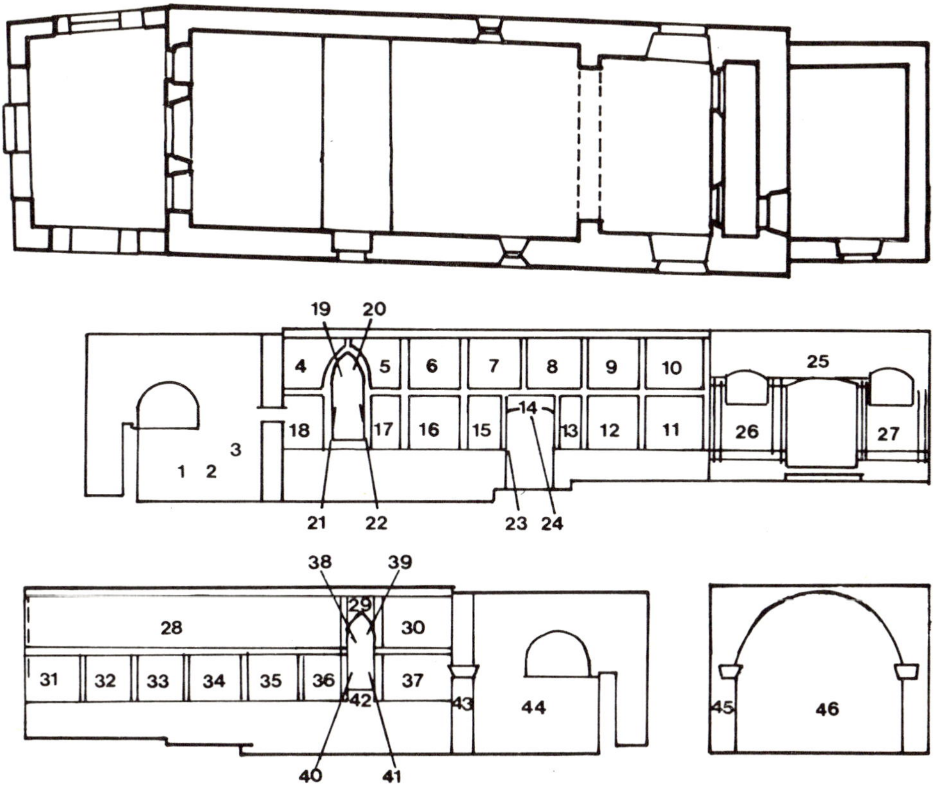

8 Mariä Verkündigung (naiv dargestellt mit der Gestalt des Kindes, die aus dem Munde Gottes und der Taube des Hl. Geistes auf Maria zufliegt) 9 Christi Geburt 10 Aufopferung Jesu im Tempel 11 Ermordung der unschuldigen Kinder (das Volk hat dem Herodes auf der linken Seite die Augen ausgekratzt) 12 Flucht nach Ägypten 13 Hl. Sebastian (von Pfeilen durchbohrt) 14 Inschrift (Übersetzung aus dem Lateinischen): »Zur Ehre unseres Herren J(esus) Christus, amen, und der gepriesenen Jungfrau Mutter Maria und im Namen aller Heiligen ließ dies Werk die Gemeinde Beram durch die Bruderschaft der seligen Jungfrau Maria malen. Dieses malte Meister Vincent aus Kastav und beendete es im Monat November, acht Tage nach St. Martin – im Jahre des Herrn Tausendvierhundertvierundsiebzig« 15 Hl. Michael (wägt Seelen und kämpft mit dem Teufel) 16 Christus als Knabe unter den Schriftgelehrten im Tempel (sie zerreißen die alten Schriften, als sie seine Weisheit erkennen) 17 Taufe Christi 18 Hl. Evangelist Johannes (der Kelch mit der Schlange stellt das Gift dar, mit dem sie ihn zu töten versuchten) und der hl. Florian (der Feuerlöscher) In der Fensternische: 19 u. 20 König David und ein alttestamentlicher Prophet 21 u. 22 Hl. Ursula und hl. Katharina In der Türnische: 23 Groteske Figur 24 Pflanzenornament 25 Prozession oder Totentanz (von rechts nach links: der Tod als Dudelsackbläser über einem geöffneten Grab und die Gerippe spielen und winken mit Sense und Bogen, führen paarweise den Papst, den Kardinal und den Bischof, den König und die Königin, Wirt, Kind, den alten Krüppel, den Ritter und den Kaufmann heran; letzterer trägt seine Ware auf einem Stab und zeigt vergeblich auf das auf dem Tisch liegende

Geld, mit dem er sich loskaufen will) 26 Adam und Eva mit dem Baum der Erkenntnis (beschädigt) 27 Fortuna dreht das »Glücksrad« (beschädigt) 28 Anbetung der Hl. Drei Könige (das Gefolge des ersten Königs ist morgenländisch gekleidet, die übrigen in italienischer Art; Bläser, Trommler und Lautisten, Fahnenträger und Falkner; ein kleiner Diener löst dem knienden König die Sporen; im unteren Streifen unterhalb des Zuges von links nach rechts: Siedlung mit Äckern, ein See mit Enten und Schiffen, der Hundetreiber stößt ins Horn und hetzt die Hunde auf einen Hasen; der Hahn führt den Fuchs zum Galgen, Hunde fallen einen Bären an; Pfau und Fuchs als Gäste beim Storch) 29 Die österreichischen Wappen 30 Das Letzte Abendmahl (Judas hält das Säckchen mit den Silberlingen, um die er Christus verraten hat; Christus wäscht Petrus die Füße, ein Bauernhandtuch vorgebunden) 31 Versuchung Christi durch den Teufel (die Szene müßte sich in der Wüste abspielen) 32 Hl. Apollonia, hl. Leonhard und hl. Barbara mit Attributen 33 Der hl. Martin, Ritter teilt seinen Mantel mit dem Armen 34 Der hl. Ritter Georg tötet den Drachen und befreit die Prinzessin von Trapezunt 35 Einzug in Jerusalem 36 Gebet auf dem Ölberg (hier sind Weingärten abgebildet) 37 Der Judaskuß und die Ergreifung Christi (Petrus schnitt einem Diener ein Ohr ab, das Christus in der Hand hält, um es wieder anzuheilen) In der Fensternische die sogenannten »Lehrer« der Westkirche: 38 Der hl. Papst Gregor 39 Hl. Hieronymus 40 Hl. Augustin 41 Hl. Ambrosius 42 Pflanzenornament 43 Hl. Stephan (blutig und mit Steinen als Attribut, denn er wurde gesteinigt) 44 Propheten des Alten Testaments: Daniel, Moses und Elias 45 Bordüre (Fragment) 46 Fragmente. Auf der Stirnseite um die Türe Fragmente von Fresken mit der Datierung 147?

Die Marienkirche (Sv. Marija na Škriljinah) liegt im Innern Istriens westlich von Pazin, 1 km nordöstlich des Dorfes Beram (Schlüssel zur Kirche in Beram). Der langgestreckte Grundriß mit rechteckigem Schiff und quadratischem Altarraum ist recht einfach. Über dem First ruht auf typisch istrianische Art ein zweiteiliger offener Glockenturm. Die Innenwände der Kirche bedecken zwei Bildreihen mit rechteckigen Feldern. Hauptthema sind Szenen aus dem Leben Marias und Christi (Abb. 39), dazu kommen Gestalten einzelner Heiliger und symbolisch-allegorische Darstellungen. Besonders eindrucksvoll ist der obere Teil der Westwand mit einem 8 m langen Totentanz. Der Trost des einfachen Volkes, aus dessen Reihen wohl auch der Künstler stammte, liegt in der Gewißheit, daß der Tod alle gesellschaftlichen, sozialen und wirtschaftlichen Ungerechtigkeiten auszugleichen vermag. So nimmt in der Rangliste der Personen, die von fröhlich beschwingten Skeletten geführt werden, die Priesterschaft die erste Stelle ein, gefolgt vom Adel und schließlich vom dritten Stand, was einer Projektion der Lebenshierarchie entspricht. Wahrscheinlich aus Aberglauben ist der Bauer als der häufigste Besucher dieser Kirche nicht im Totentanz dargestellt worden, vielleicht wollte der Künstler ihn auch nicht ständig mit seinem zukünftigen Schicksal konfrontieren.

Die Fresken von Beram zeigen Einflüsse aus dem slowenischen und österreichischen Kunst- und Kulturkreis einerseits (z. B. der reiche Faltenwurf am Gewand der Muttergottes im spätgotischen ›weichen Stil‹), zugleich aber auch italienische Einflüsse (z. B. der Gewandtypus einiger Adliger, ein typisches venezianisches Triptychon auf dem Altar in der Darstellung Marias im Tempel); daneben verflechten sich hier verschiedene Stile: Idealismus (Madonna) und Realismus (Bethlehemitischer Kindermord). Die Illusion räumlicher Tiefe wird auf den Bildern noch nicht gemeistert, noch immer bewegen sich die Gestalten reliefartig auf einer schmalen Bühne. Einzige Ausnahme ist ein diagonales Netz von Pflastersteinen in der Szene mit dem hl. Martin, später ein häufiges Renaissancemerkmal. Allerdings wird doch durch einzelne Bildelemente (Türme, Fahnen, Beine, Musikinstrumente), die den Bildrahmen sprengen, ein Versuch der Raumauffassung gemacht. Insgesamt aber herrscht noch immer das Gesetz von zeitlicher und räumlicher Simultaneität.

Auf der Suche nach der verlorenen Unmittelbarkeit und der Sehnsucht nach naiver Entdeckung der Welt sind wir nach Beram gekommen. Wir verlassen den Ort des Memento Mori und genießen auf der Fahrt durch Mittelistrien nordwärts nach Hrastovlje das irdische Glück eines fesselnden Ausblicks auf romantisch gelegene Bergstädte wie *Motovun* und *Buzet*. Vor allem ein Aufenthalt in Motovun, in dieser mittelalterlichen Stadt mit Wehrmauern und Türmen, vertieft das Erlebnis von Istrien, dessen herbe Landschaft wir vom Berggipfel betrachten können.

Die Dreifaltigkeitskirche Sv. Trojica in dem Dorf *Hrastovlje* gleicht einer Burg, denn das romanische Kirchlein aus dem 12. oder 13. Jahrhundert besitzt wegen der Türken, die plündernd durch das Land zogen, eine Wehrmauer aus dem 16. Jahrhundert (Abb. 40). Der Besucher, der die Anhöhe zur Kirche hinaufsteigt, nicht ahnend, was ihn erwartet, wird überrascht sein von den farbenprächtigen Fresken, die er auf den Wänden und Gewölben findet. Die erst nach dem Zweiten Weltkrieg entdeckten Fresken erinnern stilistisch stark an die von Beram. Auch hier gibt es einen Totentanz, diesmal auf der Südwand (Abb. 37). An der Nordwand ist ein großes Bild vom Zug der Heiligen Drei Könige zu studieren, mit interessanten Jagd- und Alltagsszenen. Auf dem Gewölbe aber erblicken wir die wohl einprägsamsten Bilder: die Entstehung der Welt, die Erschaffung Adams und Evas, der Sündenfall der Stammeltern und ihre Vertreibung aus dem Paradies, Kains Mord an Abel und der am siebenten Tage ruhende Weltschöpfer. Wieder überrascht das Maß an Realismus, der in den Szenen liegt. z. B. in der Darstellung Adams und Evas bei der Arbeit, die einen realen Ausschnitt aus dem alltäglichen Leben des istrischen Bauern wiedergibt (Abb. 38).

Wer sich nicht länger in Istrien aufhalten will, wird den Besuch von Hrastovlje schon bei seiner Fahrt von Ljubljana nach Koper einplanen oder den Ausflug von Koper aus unternehmen. Nach 12 km auf der Straße Koper – Ljubljana führt eine Straße rechts ab zum 4 km entfernten Dorf.

Die lebhafte Hafen- und Industriestadt *Pula* (47000 E. / 1971) an der Südspitze Istriens versetzt den Kunstreisenden nach der Beschäftigung mit den mittelalterlichen Denkmälern in die römische Kaiserzeit zurück. Nach dem intimen Kunstgenuß der istrischen Fresken folgen jetzt die antiken Monumentalbauten. Auf dem Hügel am Ende der Bucht von Pula, auf dem heute das venezianische Kastell aus dem Jahre 1630 steht, befand sich einst die befestigte Ringwallsiedlung der illyrischen Ureinwohner. Die römische Ansiedlung (Colonia Julia Pollentia Herculanea) unterhalb der Wallburg erhielt zwischen der Ermordung Caesars im Jahre 44 und der Schlacht bei Actium im

Pula. Triumphbogen der Sergier, um 30 v. Chr. Kupferstich Ende 18. Jh.

Jahre 31 v. Chr. den Rang einer Kolonie und unter Augustus Munizipalrechte. Als Verwaltungsmittelpunkt des römischen Istrien mit einer Einwohnerzahl von etwa 25 000 bis 30 000, als wichtiger Adria-Hafen und beliebtes Ferienziel römischer Patrizierfamilien erhielt Pula eine Reihe von Prachtbauten, die auch heute noch durch ihre Ausmaße Bewunderung hervorrufen.

Das Stadtareal war von der Land- und Seeseite mit Verteidigungsmauern umgeben, von denen noch ein großer Teil erhalten ist. Zum ältesten Teil dieser Stadtbefestigung gehört das Herkulestor mit einer Toröffnung von über 4 m. Der Torrahmen ist aus sorgfältig bearbeiteten Quadersteinen zusammengesetzt, am Quader des Bogenschlusses ist im Hochrelief ein bärtiger Kopf mit gekräuseltem Haar ausgemeißelt. Den Nordabschluß des erhalten gebliebenen Mauerzuges bildet ein Doppeltor. Den prächtigen Triumphbogen der Sergier (Abb. 26), der schon Michelangelo bei seinem Besuch von Pula zu Studien anregte, ließ auf eigene Kosten Salvia Postuma Sergi zum Andenken ihrer nächsten Verwandten erbauen, die hohe Stellungen im Verwaltungsdienst und im römischen Heer erlangt hatten. Der Triumphbogen hat aber nicht nur ehrenden, sondern auch sepulkralen Charakter. Das zeigen die dekorativen Elemente: Akanthusblätterwerk, Weinreben mit Trauben, Delphine, Sphinxe und Greife, welche die Zwikkel ausfüllen, vor allem aber die allegorische Darstellung des Adlers im Kampf mit einer Schlange auf der zentralen obersten Kassette des Gewölbes. Der Triumphbogen ist nur auf der Stadtseite mit Reliefs verziert, an der Gegenseite war nämlich das Stadttorgebäude angebaut.

Pula. Amphitheater, 1. Jh. n. Chr. Kupferstich Ende 18. Jh.

Den Mittelpunkt der römischen Stadt bildete das Forum, auf dem sich das gesamte öffentliche Leben abspielte. Auf drei Seiten war das Forum von Tempeln umgeben, von denen der westliche Augustus-Tempel, ein eleganter hoher und schmaler Bau, noch erhalten geblieben ist (Abb. 27). Er wurde zwischen den Jahren 2 v. Chr. und 14 n. Chr. erbaut und besitzt eine größere geschlossene Cella und eine offene Vorhalle mit sechs 8 m hohen Säulen mit korinthischen Kapitellen. In der Cella kann eine ständige Ausstellung mit auserwählten römischen Skulpturen aus Pula und Istrien besucht werden (Abb. 21). Von dem östlichen Forum-Tempel, der der Göttin Diana geweiht war, ist heute nur noch die hintere Wand zu sehen. Nach Grundrißgestalt und architektonischen Verzierungen zu urteilen glich er im Aussehen dem Augustus-Tempel.

Zur Veranstaltung von öffentlichen Theatervorstellungen dienten im antiken Pula zwei Theater, eines an den Osthängen des zentralen Hügels, das andere außerhalb der Stadtmauern. Nordöstlich, etwa 200 m vor den Mauern steht das monumentale Amphitheater mit elliptischem Grundriß (132,45 m x 105,10 m) und einer Wandhöhe von 30,45 m (Farbt. 12). Mit dem Bau wurde unter Kaiser Augustus begonnen, Kaiser Vespasian ließ ihn erweitern und kam damit einem Wunsch seiner in Pula geborenen Freundin Cenida entgegen. Das Theater bot 23 000 Zuschauern Platz; damit gehört es zu den größten und besterhaltenen im Römischen Weltreich überhaupt, vergleichbar mit denen von Arles und Verona. Durch die Hanglage war der Bau von zwei Geschossen auf der Landseite, dagegen von drei Geschossen auf der Seeseite notwendig. Das Innere der Arena ist weit weniger gut erhalten. Die heute fehlenden Sitzstufen können wir in den

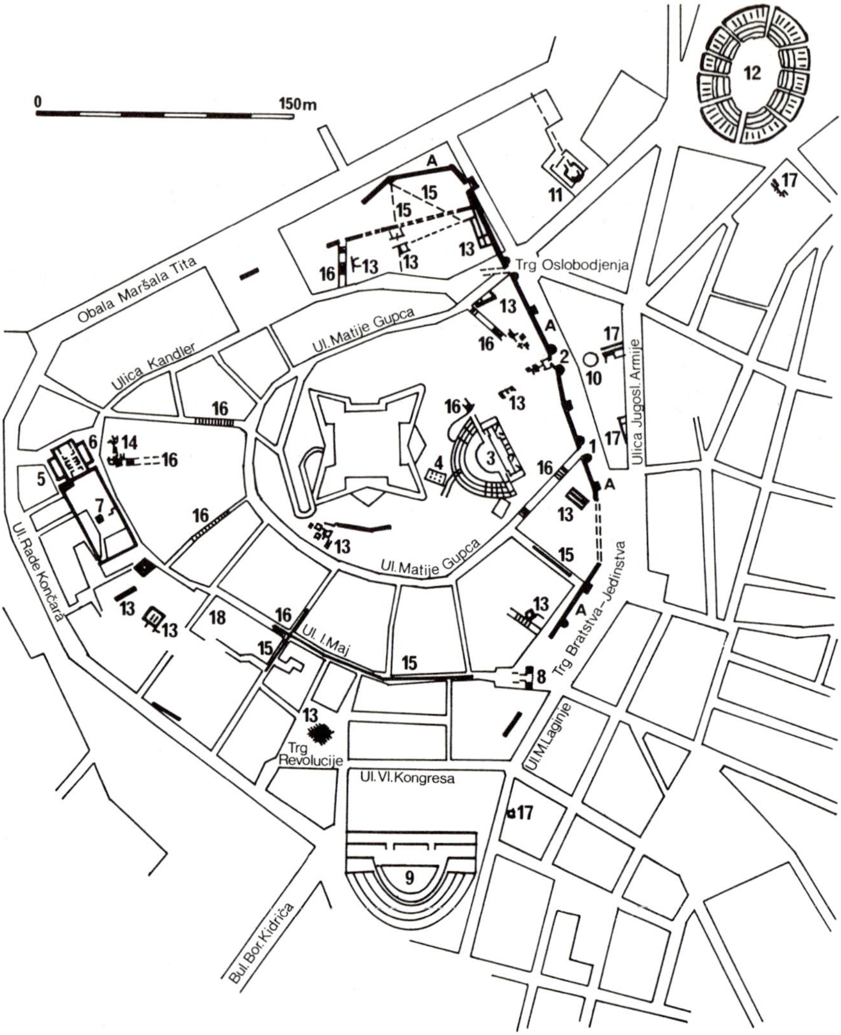

Stadtplan von Pula mit antiken Funden
A Verlauf der römischen Stadtbefestigungsmauern 1 Herkulestor 2 Doppeltor 3 Kleines Theater 4 Antike Zisterne 5 Augustustempel 6 Östlicher Forumtempel 7 Forum 8 Sergierbogen 9 Großes Theater 10 Fundamente des achteckigen Mausoleums 11 Süßwasserquelle 12 Amphitheater 13 Fundamente antiker Gebäude 14 Gebäude zur Ausübung des Kaiserkults 15 Antikes Kanalisationsnetz 16 Spuren von Straßen und Wegen 17 Antike Gebäude im Bereich des Suburbiums 18 Römisches Mosaik

Grundmauern des Domturmes von Pula wiederfinden. Schon im Jahre 1583 drohte die völlige Zerstörung des Amphitheaters, als der Rat der Republik Venedig beschlossen hatte, das Bauwerk Stein für Stein abzutragen, nach Venedig zu liefern, um es dort als rühmliches Wahrzeichen des Reichtums und der Macht neu zu errichten. Dank der Bemühungen des venezianischen Senators Gabriele Emo wurde dieser Plan nicht verwirklicht. Heute finden im Amphitheater statt ehemaliger Gladiatoren- und Raubtierkämpfe sommerliche Opern- und Konzertaufführungen, Folkloreveranstaltungen und Filmfestivals statt.

Die Karte Pulas zeigt noch eine Fülle antiker Funde, eine gute Sammlung bewahrt das Archäologische Museum von Istrien auf.

Die Plitvicer Seen

Die 16 Plitvicer Seen (Plitvička jezera) im gleichnamigen Nationalpark sind ein einzigartiges Naturschauspiel mit dem spezifischen Vorkommen der Karsthydrographie. Die Türkisfarbe der Seen, die vielen rauschenden Wasserfälle, die tiefen Wälder und saftigen Wiesen stehen im starken Kontrast zu den Erscheinungen des nackten Karstes der Küstenregion (Farbt. 6, 7, 18). Mit dem Auto sind die Seen auf guten Straßen zu erreichen, z. B. von dem adriatischen Küstenstädtchen Senj östlich über Otočac nach etwa 85 km oder von Zagreb 145 km in südlicher Richtung.

Von der Morphologie und der geologischen Entwicklung her können die Seen in zwei Abschnitte gegliedert werden. Die *Oberen Seen* (Prošćansko jezero, Ciginovac, Okrugljak, Batinovac, Veliko jezero, Malo jezero, Vir, Galovac, Milino jezero, Jezerce, Burgeti und Kozjak), miteinander durch zahlreiche Wasserfälle verbunden, sind von dichten Wäldern umgeben und liegen in einer Dolomitsenke. Die kleineren *Unteren Seen* (Milanovac, Gavanovac, Kaludjerovac und Novakovića brod), deren Steilufer nur spärlich mit verkrüppelten Eiben, Sumach und Bergahorn bewachsen sind, liegen im Kalkstein und entstanden durch Einsturz von Gewölbedecken unterirdischer Höhlen, durch die das Wasser der Oberen Seen abfloß. So gibt es in den steilen Uferwänden der Unteren Seen etwa 14 Höhlen.

Die größte Wassermenge erhalten die Seen von den Flüssen Bijela Rijeka und Crna Rijeka und von der Rječica. Das Wasser der Seen ergießt sich zusammen mit dem des Flusses Plitvica über den Wasserfall Sastavci in den Cañonfluß Korana. Von einer Aussichtskanzel, die man von der Brücke über die Plitvica auf einem schlecht markierten Fußweg erreicht, hat man einen großartigen Ausblick auf die Unteren Seen mit den größten und eindrucksvollsten Wasserfällen der Plitvicer Seen, Sastavci und Plitvica (Farbt. 6). Insgesamt fällt das Wasser vom obersten See bis zur Korana auf einer Länge von 7,2 km um 156 m und überwindet dabei die Kalksinterbarren, die sich von Ufer zu Ufer spannen und in einem biodynamischen Prozeß ständig an Höhe und Breite gewinnen. Mehrere Arten von Kalksinter (Travertin) kann man unterscheiden: 1. fester Travertin, gebildet von blaugrünen Algen oder Cyanophyceen, 2. poröser kratoneuronischer Travertin, gebildet von dem Moos Cratoneuron, 3. seltener der vom Moos Bryum gebildete Bryumtravertin und 4. der durch verschiedene Pflanzen entstandene

Übergangstravertin. Der Travertin ist aber nicht die einzige Kalziumkarbonatausscheidung. Hinzu kommen am Grunde der Seen weißer Kalkschlamm, der zusammen mit der Reflexion des Himmelslichtes die eigentümliche Färbung der Seen verursacht, und Inkrustationen, die als ein Produkt der Alge Schizothrix auf Baumstämmen, Zweigen und Blättern entstehen, die im Wasser schwimmen.

Die Plitvicer Seen liegen an der Grenze des maritimen zum kontinentalen Klimagebiet. Bei einer Jahresniederschlagsmenge von 1487 mm beträgt die mittlere Temperatur des kältesten Monats Januar — 2° C, die des wärmsten, Juni, + 19,3° C. Sommer wie Winter sind somit an den Seen stark ausgeprägt. Obwohl die meisten Touristen während der Sommermonate kommen, sind das frische Grün des Frühlings und der Farbenreichtum des Herbstes optisch und ästhetisch interessanter, und die Winterlandschaft mit den vereisten Wasserfällen und dem Schneemantel bildet ebenfalls ihren besonderen Reiz.

Fauna und Flora der Plitvicer Seen und des Nationalparks verdienen einen besonderen Hinweis. Berühmt sind die Seen wegen ihres Forellenreichtums (Angelerlaubnis durch die Verwaltung des Nationalparks), während die dichten Wälder, die sich vor allem aus Buchen, Tannen und Wacholder zusammensetzen – daneben kommen Ahorn, Erle, Esche, Föhre und Lärche vor – und zum Teil reine Urwaldzonen bilden, von Hirschen, Wildschweinen, Bären, Wölfen, Füchsen, Mardern u. a. bewohnt werden.

Ausgedehnte Spaziergänge auf landschaftlich reizvoll angelegten Gehwegen rund um die Seen, Besichtigungen der Karstquellen und der Täler der kleinen Flüsse, Erkundungen der zahlreichen Grotten und Forellenfischfang machen einen längeren Aufenthalt im Nationalpark zu einem erholsamen Erlebnis für den Menschen, der in der Natur eine Zuflucht vor der Hektik unseres technischen Zeitalters sucht.

Dalmatinische Städte - Zadar, Šibenik, Trogir

Von Rijeka, der größten Hafenstadt an der nördlichen Adria, brechen wir auf der ›Adria magistrale‹ benannten Autostraße nach Dalmatien auf, jenem als Höhepunkt einer Jugoslawienreise gepriesenen Küstenstreifen zwischen Zadar und Dubrovnik, wo eine der schönsten Küstenlandschaften Europas mit der kulturellen Vielfalt traditionsreicher Städte den Besucher in Begeisterung versetzen.

Zunächst berühren wir eine Reihe von historischen Siedlungen und Ferienorten des kroatischen Küstenlandes, den Hafen *Bakar* mit seiner alten Burg, die zwei Schlösser von *Kraljevica* aus dem 17. Jahrhundert und die gewaltige Uskokenburg Nehaj aus dem Jahre 1558, Wahrzeichen von *Senj.* Hier ist auch die Abzweigung ins Landesinnere zu den landschaftlich fesselnden Plitvicer Seen zu wählen (vgl. S. 122f.). Die Weiterfahrt am Fuße des Velebit-Gebirges durch eine faszinierende Karstlandschaft ist überwältigend (Farbt. 7, 18). Wie riesige Eisberge ragen die Inseln Krk, Rab und Pag aus dem tiefblauen Wasser und bieten ohne irgendeinen Hinweis auf Leben ein schaurig-schönes Bild. Und doch verbergen sich hinter diesen blendendweißen Steinen grüne einladende Föhrenwälder und mediterrane Fruchtgärten. In *Starigrad* können wir noch haltmachen, um das Naturschutzgebiet von Paklenica zu besuchen, eine wilde Karstlandschaft mit tiefen Schluchten, mächtigen Bergketten und schwer begehbaren Höhlen. Dann aber ist Zadar schon nahe genug und zieht uns in den Bann seiner jahrtausendealten Kulturdenkmäler.

Zadar entstand auf einer schmalen langgestreckten Landzunge und spielte schon in der Antike als Jadera eine wichtige Rolle. Von der reichen römischen Vergangenheit ist nicht mehr viel erhalten; lediglich die Anordnung der Straßen, Teile des Forums, Fundamente und Fragmente einiger Tempel blieben übrig. Als die Awaren Salona im Jahre 614 n. Chr. zerstört hatten, wurde Jadera Hauptstadt Dalmatiens. In der mittelalterlichen und frühneuzeitlichen venezianischen Epoche wurde Zadar mit starken Festungsmaueranlagen gegen seine Feinde, vor allem gegen die Türken versehen. Die Anlage von Zisternen (Platz der Fünf Brunnen, 1574) sicherte die Wasserversorgung der Stadt während der Belagerungszeiten.

Dieser kostspielige Aufwand zur Befestigung Zadars war nicht sinnlos, denn die Stadt hatte hinter ihren gewaltigen Mauern so manche Kunstschätze zu beschützen.

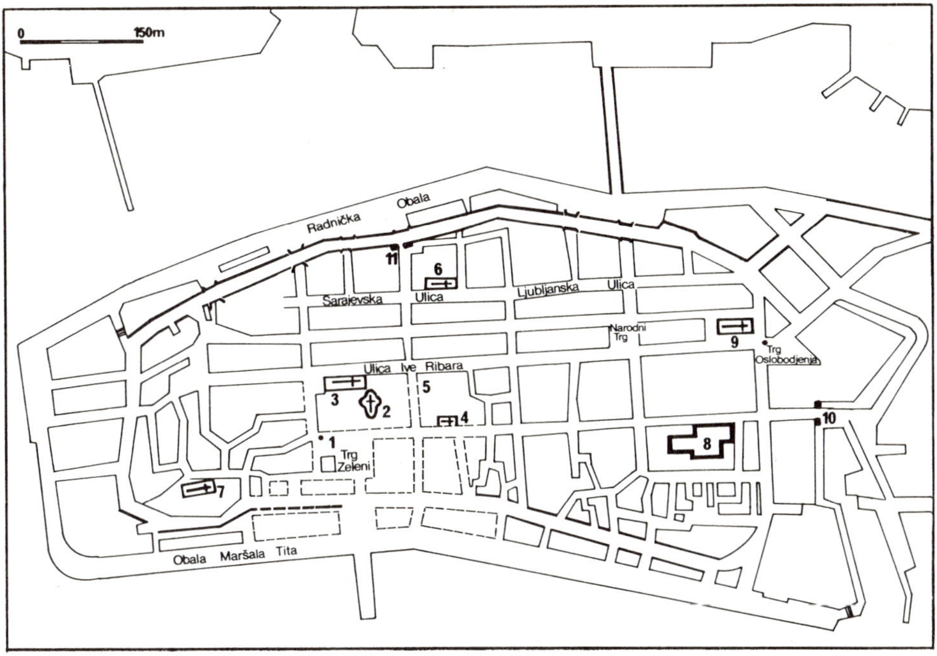

Stadtplan von Zadar
1 Ehemaliges römisches Forum 2 Sv. Donat 3 Sv. Stošija 4 Sv. Marija 5 Archäologisches Museum 6 Sv. Krševan 7 Sv. Franjo (Franziskanerkirche) 8 Dominikanerkloster 9 Sv. Šimun 10 Landtor 11 Seetor

Aus der frühchristlichen Zeit ist das bedeutendste vorromanische Bauwerk Dalmatiens erhalten geblieben: die St. Donat-Kirche (Abb. 46). Sie wurde zwischen 810 und 815 n. Chr. von dem später heiliggesprochenen Bischof Donatus auf dem ehemaligen Forum aus dessen Baumaterial (Inschriften, Säulen, Altäre) als innen stark gegliederter Zentralbau errichtet, wie er in der byzantinischen Kunst des 6. Jahrhunderts (San Vitale in Ravenna) und in der karolingischen Architektur (Aachener Palastkapelle) anzutreffen ist. Der kreisförmige Innenraum wurde einst von einer Kuppel mit hohem Tambour überdeckt, die auf sechs dicken Trapezoidsäulen ruhte. Die Kirche besitzt auf der Ostseite drei hohe halbkreisförmige Apsiden, die außen mit jeweils vier Blendarkaden geschmückt sind; vor dem Altar stehen zwei schlanke Säulen antiken Ursprungs, die zu den Säulengängen des ehemaligen Forums gehörten. Den Mittelraum umläuft ein Gang mit überdecktem Tonnengewölbe. Darüber liegt die Oberkirche, die wohl als Katechumenraum oder Matroneum gedient haben dürfte und die als Galerie zum Mittelraum hin ausgebildet ist. Anläßlich der Restaurierung im Jahre 1971 wurden in der Höhe des Matroneums an der Südwestseite früher zugemauerte Biforien geöffnet.

Obwohl Bischof Donatus als »genialer Dilettant« die »klassischen Maßstäbe der römischen, der byzantinischen und der romanischen Architektur heillos durcheinanderbrachte«[3] (Stephan Vajda), überzeugt die architektonische Konzeption durch ihre Einfachheit und Strenge.

Das schönste Beispiel romanischer Architektur in Zadar ist die Kathedrale der heiligen Anastasia (Sv. Stošija). Sie entstand während des 12. und 13. Jahrhunderts. Die Hauptfassade ist durch Blendarkaden mit einfachen oder Doppelsäulen in mehreren horizontalen Reihen reich gegliedert und ähnelt damit den romanischen Kirchen in Pisa oder Lucca. Den vertikalen Akzent unterstreichen die beiden kunstvollen Rosetten. Die drei Portale sind mit Säulen und Bögen, die Türumrahmung mit Pflanzenornamenten dekoriert. In der Lünette über dem Hauptportal befindet sich ein gotisches Relief von 1324, das die Gottesmutter mit Kind und zwei Heilige zeigt. Vor den Portalbögen sind Apostel- und Engelfiguren im Hochrelief ausgeführt. Von den Kunstwerken im Innern sind aufzuzählen: der Marmorsarkophag der heiligen Anastasia aus dem 9. Jahrhundert, das frühgotische Ziborium von 1332, das im Stil der venezianischen Gotik geschnitzte Chorgestühl von Mato Moronzon aus dem Jahre 1418 und ein Flügelaltar von Vittore Carpaccio aus dem Jahre 1480. Zuletzt sollte man noch den erst 1892 fertiggestellten Glockenturm besteigen (Abb. 46), von dem wir auf das römische Forum und auf das Meer mit den vielen Inseln hinabblicken.

Ein anderes kostbares Stück romanischer Baukunst ist die Kirche Sv. Krševan, deren Apsiden zu den harmonischsten Schöpfungen romanischer Architektur an der Küste gezählt werden. Die Altarapsis besteht aus einer Ziergalerie mit Bögen und Säulchen

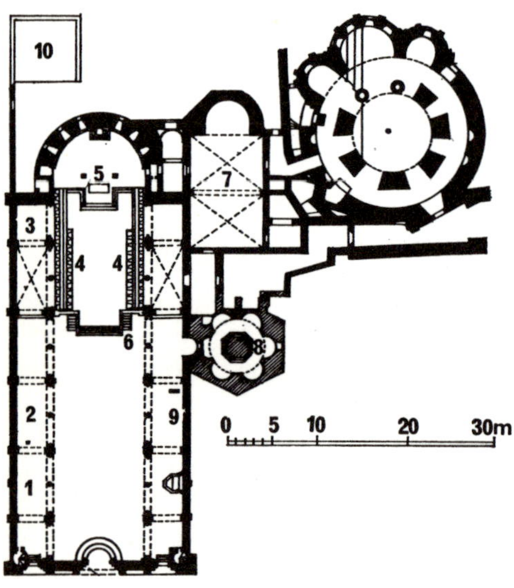

Zadar, Kathedrale Sv. Stošija und Kirche Sv. Donat
1 Altar des Wunders des hl. Dominik 2 Altar der Apotheose des hl. Dominik 3 Überreste von Wandmalereien und Sarkophag der hl. Anastasia 4 Chorgestühl 5 Ziborium 6 Eingang in die Krypta 7 Sakristei 8 Baptisterium 9 Altar des hl. Sakraments 10 Glockenturm

und einer Reihe mit Lisenen versehener Blendarkaden darunter. Die Hauptfassade dagegen ist weitaus schlichter.

Schließlich ist der romanische Glockenturm neben der Kirche Sv. Marija erwähnenswert, den laut einer Turminschrift der ungarisch-kroatische König Koloman zu Beginn des 12. Jahrhunderts errichten ließ.

Die Gotik hinterließ zwei Klosterkirchen, die franziskanische und die dominikanische; erstere wurde später im Barockstil renoviert. Hinzu kommt die gotische Kapelle des heiligen Simeon in der Himmelfahrtskirche (Sv. Marija Velika). Zu den schönsten gotischen Kunstwerken Zadars zählt jedoch der Silbersarg des heiligen Simeon, der auf dem Hauptaltar der Kirche Sv. Šimun aufbewahrt und von zwei bronzenen Barockengeln getragen wird. Elisabeth, die Gemahlin des ungarisch-kroatischen Königs Ludwig I. von Anjou ließ diesen Sarg zwischen 1377 und 1380 von dem milanesischen Goldschmied Francesco da Sesto und drei Gehilfen anfertigen. Der etwa 250 kg schwere vergoldete Kunstschatz ist mit Reliefdarstellungen aus der Legende des heiligen Simeon versehen. Als zentrale Komposition befindet sich auf der Vorderseite die Darstellung im Tempel, auf der Simeon den kleinen Jesus auf seine Arme nimmt (Abb. 45) – die Kopie einer Freske des damals schon berühmten Malers Giotto. Sehr expressiv ist auch die Gruppe der drei Stadtrektoren, die mit lebhaften Bewegungen von ihrem Traum sprechen, während drei Mönche mit geschürzten Kutten und zurückgeschlagenen Ärmeln die Reliquien des Heiligen ausgraben. Historisch wertvoll ist die Komposition mit der Darstellung des Einzugs des Königs Ludwig I. von Anjou in Zadar. – Überhaupt müssen wir feststellen, daß in keiner anderen jugoslawischen Stadt eine solche Zahl von Goldschmiedearbeiten von so hohem Alter und solchem künstlerischen Wert erhalten ist wie in Zadar. Eine reiche Sammlung sakraler Gegenstände (Reliquiare, Kirchengefäße und Beschläge von Heiligenbildern) befindet sich in der Schatzkammer der Kathedrale Sv. Stošija.

Lohnenswert ist schließlich ein Besuch des Archäologischen Museums und der Ausstellung kirchlicher Kunst in Zadar, wo u. a. seltene altkroatische Flachreliefbilder hängen, die vermutlich als Transennen des Presbyteriums dienten. Ein Relief zeigt die Geburt Christi (Abb. 44), die links mit einer beschädigten Verkündigungsszene beginnt, gefolgt von der Begegnung Marias und Elisabeths. Weiter erkennen wir Maria im Wochenbett, während das Jesuskind, das in einer Krippe oder Wanne liegt, von einer Wärterin betreut wird; über Marias Lager Rind und Esel, das Kind wärmend, hoch oben der Kometstern. Drei Hirten beten den neugeborenen Heiland an. Rechts nähern sich die Drei Könige mit Geschenken Maria und dem Kind. Ein zweites Relief zeigt die Flucht nach Ägypten.

Den allabendlichen Korso in Zadar sollten wir auf keinen Fall versäumen. Stephan Vajda hat ihn sehr treffend charakterisiert:

»Er hebt beim Sonnenuntergang an und überflutet flugs die innere Stadt. Ein scheinbar sinnloses Auf- und Abgehen, zwischen unsichtbaren Grenzen und magischen Punkten, eine tagtägliche Demonstration der Freude am Dasein, das hier, in der

Geschlossenheit der Gemeinschaft weder Vereinsamung noch Kommunikationsschwierigkeiten zu kennen scheint; eine schier kultische Prozession der offenen Blicke, der Neugier und der Freundschaft, ein mitreißendes Manifest der nördlich der Alpen bereits fragwürdig gewordenen Lebensform Stadt, die nicht trennt, sondern zusammenführt, die ihre Berechtigung beglückend unter Beweis stellt, indem sie die aus der Vergangenheit in die Gegenwart nahtlos hinüberreichende Selbstverständlichkeit des Menschlichen vermittelt, als Erkenntnis und Hoffnung, die wir alle, beinahe schon vergessen und verlernt, so sehr nötig haben.«[4]

In einer kleinen, geschützten Bucht 17 km nördlich von Zadar, bewahrt die ehemalige griechische Kolonie Aenona, späteres Munizipium des römischen Liburnien, die Überreste der Vergangenheit, darunter Teile des Forums und eines geräumigen Amphitheaters sowie Fundamente eines Diana-Tempels. Unter ihrem slawischen Namen *Nin* war die Siedlung Zentrum und Residenz kroatischer Fürsten, Könige und Bischöfe. Die einheimische, altkroatische Architektur, die in diesem Gebiet zwischen dem 7. und 11. Jahrhundert blühte, hinterließ uns in der Kreuzkirche (Sv. Križ) ein kostbares Zeugnis ihrer baulichen Eigenart. Diese »kleinste Kathedrale der Christenheit«, die Ende des 8. oder Anfang des 9. Jahrhunderts als Hof- und Grabkapelle entstand, hat einen kreuzförmigen Grundriß und zwei Apsiden, über der Vierung eine Kuppel. Die bauliche Lösung dieser Kuppel erfolgte mittels Trompen und halbkreisförmiger Tonnengewölbe, die in Halbkalotten auslaufen. Die schlichte Westfassade wird durch drei Blendarkaden und ein Glockentürmchen aufgelockert. In der Nähe von Nin erhebt sich auf einem Hügel Sv. Nikola (Abb. 47). In dieser ebenfalls kreuzförmigen Anlage gliedern Gurtbögen den Hauptraum und überkreuzen dessen Kuppel. Diese wurde später während der Türkenkriege in einen Beobachtungsturm mit Zinnen umgewandelt.

Die kleinen altkroatischen Zentralkirchen, die wir z. B. auch auf der Insel Krk (Sv. Donat) und in Split (Sv. Trojica) finden, haben vermutlich ihre Wurzeln in der mittelmeerischen Rundhütte mit Kragkuppel und Kegeldach, die aus geschichteten Steinen ohne Mörtel errichtet wurde und die man in Dalmatien ›bunje‹, in Istrien ›kašuni‹ nennt.

Auf unserer Weiterfahrt nach Süden wird die lange Reihe ehemaliger griechischer Kolonien und römischer Munizipien durch eine mittelalterliche Stadt unterbrochen, die ihren Ruhm der Kathedrale verdankt: *Šibenik.*

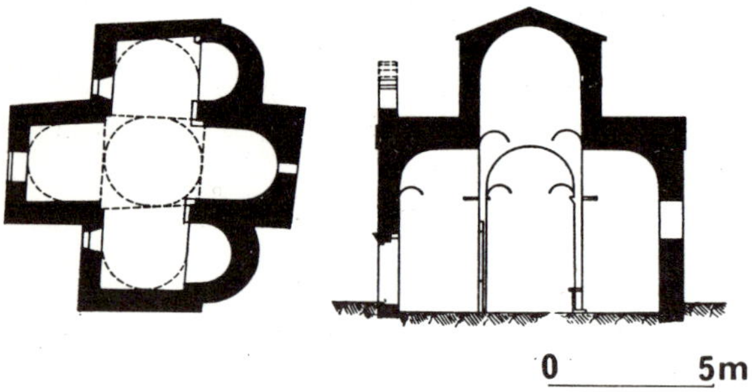

Nin. Grundriß und Aufriß der Kirche Sv. Križ

48 SPLIT Blick vom Marjan-Berg auf die Stadt mit dem Diokletian-Palast im alten Stadtkern

49

50

5

49–51 SPLIT Diokletian-Palast (295–305 n. Chr.), einer der größten und besterhaltenen Palastbauten der antiken Welt

◁

49 Porta Aurea, Nordtor

50 Porta Argentea, Osttor

51 Südmauer des Palastes an der Seeseite

52 Das Prothyron auf der Südseite des Peristyls, im Vordergrund Skulpturengruppe auf dem Sockel des Glockenturms der Kathedrale

53 Ostseite des Peristyls mit Eingang zum Mausoleum Diokletians. Rechts eine ägyptische Sphinx aus Granit (15. Jh. v. Chr., Neues Reich)

56 Kelleranlage des Palastes ▷

57 Inneres des Mausoleums. Zwischen den beiden Kranzgesimsen ein Rundfries mit Jagdszenen, Porträts von Kaiser Diokletian und seiner Gattin Prisca u. a. ▷

58 Geißelung Christi. Detail des Altars Sv. Staš von Juraj Dalmatinac, 1448 Kathedrale von Split ▷

59 Byzantinisches Kapitell der Kanzel Kathedrale von Split ▷

60 Einzug in Jerusalem. Detail der Holztür der Kathedrale von Andrija Buvina, Anfang 13. Jh. ▷

54 Oktogonales Diokletian-Mausoleum mit Portikus, das nach einigen Umbauarbeiten im späten 7. Jh. als Dom geweiht wurde. Der Glockenturm wurde im 13. Jh. begonnen, doch erst 1908 vollendet

55 Hl. Petrus. Skulpturenschmuck am unteren Turmteil der Kathedrale aus dem späten 13. Jh.

56

57

58

59

60

61 Antikes SALONA bei Split. Ruine der Manastirine-Basilika aus dem 4. Jh.

62 Sarkophagfragment mit zwei Musen. 1. Hälfte 3. Jh. Archäologisches Museum, Split

63 Mosaik vom Palast eines Gouverneurs in Salona. 2. oder 3. Jh. n. Chr. Archäologisches Museum, Split

54 Sarkophag mit dem Guten Hirten aus Salona. 1. Hälfte des 4. Jh. n. Chr. Archäologisches Museum, Split

55 Sarkophag mit dem Mythos von Hippolytos und Phaidra aus Salona. Ende des 3. Jh. n. Chr. Archäologisches Museum, Split

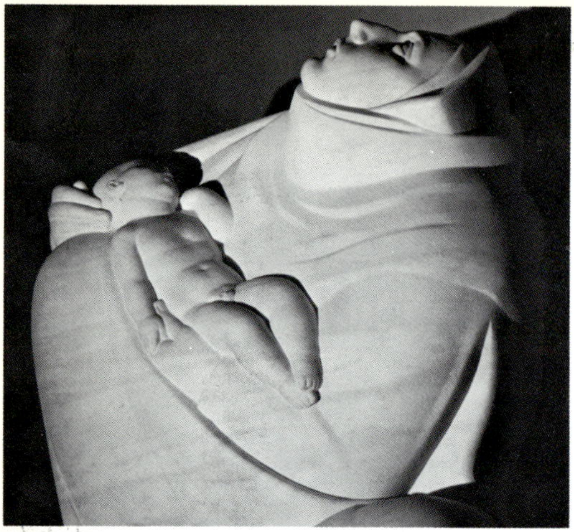

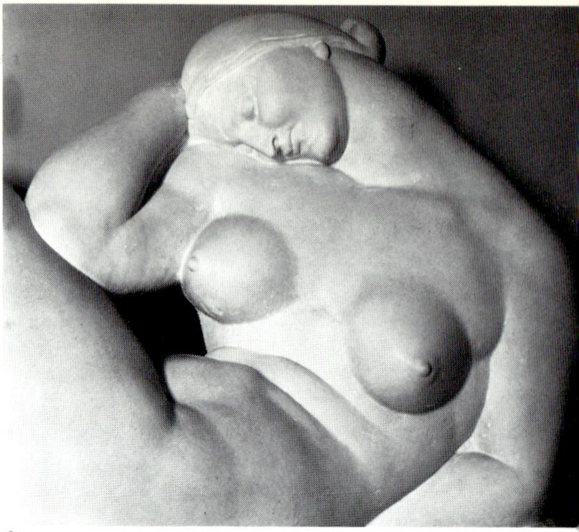

66 68 67 69

70 71

72 TROGIR Detail vom Westportal der Kathedrale von Meister Radovan, 1240

◁

66–71 Ivan Meštrović (1883–1962), berühmtester jugoslawischer Bildhauer dieses Jahrhunderts, Skulpturen in der Galerie Meštrović und Schnitz-Basreliefs mit Zyklus aus dem Neuen Testament in der Kapelle von Kaštelac, Split

66 Gelöbnis einer Mutter. Marmor, Höhe 106 cm, 1927

67 Träumerei. Marmor, Höhe 88 cm, Breite 188 cm, 1927

68 Kyklop. Bronze, Höhe 249 cm, 1933

69 Vestalin. Bronze, Höhe 128 cm, 1917

70 Hiob (Detail). Bronze, Höhe 122 cm, 1946

71 Kreuzabnahme. Holz, Höhe 173 cm, Breite 130 cm, 1917

73 TROGIR Glockenturm der Kathe drale, 1405–1598, mit Elementen vo Gotik, Renaissance und Barock

74 TROGIR Renaissanceuhrturm und Loggia von 1471

75 TROGIR Westportal der Kathedral von Meister Radovan, 1240. Der pla stische Schmuck zählt zu den Haupt werken mittelalterlicher Bildhauer kunst

76 ŠIBENIK St. Jakobus-Dom (Sv. Ja kov). Hauptfassade im Renaissancesti von Nikola Firentinac (Niccolò Fio rentino), einem Schüler Donatellos 1477 ▷

77 Krka-Fälle bei Šibenik. Durch die Ausfällung von Kalk aus dem Wasser haben sich die Kalksinterbarren gebildet

78 Karrenfelder im nackten Karst des Adriatischen Küstensaumes. Nur Ziegen und Schafe finden hier ihre Nahrung ▷

79 Lesesteinmauern bei Šibenik. In mühevoller Arbeit haben die Weinbauern der kargen Landschaft etwas Boden für ihre Reb stöcke abgetrotzt. Das Gitternetz aus Kalksteinen verhindert die Bodenerosion während der regenreichen Wintermonate ur strahlt im Sommer Wärme zur Reifung der Reben ab

80 Ablaufendes Regenwasser hat den Kalkstein gelöst und messerscharfe Rillenkarren entstehen lassen ▷

78
79

80

81 PRIMOŠTEN Malerisch auf einer Halbinsel gelegenes Seebad

82 MAKARSKA Aufstrebendes Seebad am Fuß des steil aufsteigenden Biokovo-Gebirges

3 HVAR Dom im Renaissance- und Barockstil, 16.–18. Jh., rechts Arsenal aus dem Jahre 1612

4 Die ›Jadran‹, das Flaggschiff der ›Jadrolinija-Schiffe‹, legt im Hafen von Hvar an

85 Gasse in KORČULA mit Blick auf den St. Markus-Dom (Sv. Marko)

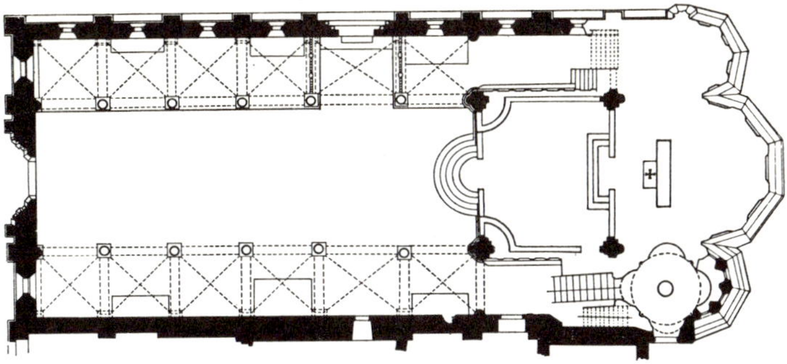

Šibenik, Grundriß der Kathedrale

Das dem heiligen Jakob (Sv. Jakov) geweihte Gotteshaus ist das größte und schönste Bauwerk der Renaissance in Dalmatien (Abb. 76). Die ersten Bauarbeiten an der Kathedrale, die als dreischiffige Basilika mit drei Apsiden und einer Kuppel geplant war, begannen unter italienischen Baumeistern im Jahre 1431. Nach einer kurzen Unterbrechung übernahm 1444 der berühmte Baumeister und Bildhauer Juraj Dalmatinac aus Zadar die weitere Gestaltung. Er baute die Kathedrale im gotischen Stil bis zum Scheitel der Seitenschiffe, weiterhin alle Apsiden mit dem charakteristischen Rundfries der 74 gemeißelten Porträtköpfe von Bürgern der Stadt und das Baptisterium unterhalb der Südapsis. Nach Dalmatinac' Tode führte sein nicht minder berühmter Zeitgenosse Niccolo Fiorentino (Nikola Firentinac), ein Schüler Donatellos, ab 1477 die Arbeiten am Bau weiter. Er vollendete die Seitenschiffe und schuf die kühne und schlanke Kuppel mit oktogonalem Tambour über der Vierung, außerdem das außergewöhnliche steinerne Tonnengewölbe, zu dem weder Holz noch Dachziegel verwendet wurden, und schließlich die Kleeblattfassade. Fiorentino, der sich lange in Dalmatien aufhielt und mit einheimischen Meistern zusammenarbeitete, ist verantwortlich für den Durchbruch einer neuen Kunstepoche: In dieser Kathedrale von Šibenik besitzt Dalmatien die harmonischen Formen der toskanischen Renaissance. Nach Fiorentinos Tod 1505 vollendeten Bartolomeo del Mestre und sein Sohn Giacomo die Kirche, unterstützt von dem Steinmetzen Ivan Mastičević aus Zadar, der die große Rosette an der Westfassade meißelte.

Vor der Weiterfahrt nach Trogir sollte der geographisch interessierte Reisende die *Krka-Fälle* bei Skradin (Farbt. 15, Abb. 77, vgl. S. 24, 295) aufsuchen oder einen Bootsausflug zu den *Kornati-Inseln* machen, etwa 125 größere und kleinere Inseln und Felsriffe, die zum großen Teil baumlos, nur mit dürftigem Gras bewachsen sind und keine Dauersiedlungen besitzen (Farbt. 13, vgl. auch Abb. 78–80).

Die Stadt *Trogir,* die von allen dalmatinischen Orten ihre mittelalterlichen Merkmale am besten bewahrt hat, erwartet uns auf einem Inselchen zwischen dem Festland und der Insel Čiovo und ist über eine Steinbrücke zu erreichen. Ptolemäus kannte die Siedlung als dorische Kolonie Tragurion, (– was so viel wie ›Ziegendorf‹ bedeutet – die Gegend war nämlich reich an Ziegen von illyrischen Hirten), Strabo nannte das römische Munizipium Tragurium. Später teilte Trogir das Los der übrigen dalmatinischen Städte und lebte unter byzantinischen, slawischen, venezianischen und österreichischen Herren.

Die Griechen, die Trogir vermutlich schon im 4. Jahrhundert v. Chr. von der Insel Issa (Vis) aus gründeten, hinterließen uns ein kleines Meisterwerk antiker Kunst, das marmorne Relief des Kairos, Gott des günstigen Augenblicks. Ein unbekannter Künstler schuf nach einem später verlorengegangenen Original von Lysipp diese Kopie des schlanken Jünglings mit gelocktem Haar und mit Flügeln, der in der Hand die Waage hält, Symbol des unbeständigen menschlichen Glücks.

Wir beginnen unseren Stadtrundgang im Norden am Renaissance-Landtor und gelangen durch enge malerische Gassen zum Stadtplatz. Hier erhebt sich an seiner Nordseite das berühmteste Bauwerk der Stadt, die dem heiligen Laurentius (Sv. Lovro) geweihte Kathedrale aus dem 13. bis 15. Jahrhundert (Abb. 72, 73, 75). Sie erhielt den Grundriß einer dreischiffigen Basilika mit drei halbkreisförmigen Apsiden und einer Vorhalle, über deren südlichem Abschluß sich der Glockenturm erhebt, der im 14. Jahrhundert in gotischem Stil begonnen und Ende des 16. Jahrhunderts im Geist der Renaissance und des Barocks vollendet wurde (Abb. 73). Von außerordentlichem Wert ist das von Meister Radovan und seinen Gehilfen gemeißelte romanische Portal von 1240, das als ein Höhepunkt sakraler Baukunst in Jugoslawien und in Europa erachtet wird. Das Portal flankieren zwei Löwen, auf denen die nackten Statuen von Adam und Eva stehen (Abb. 75, 72). In den Bogenläufen erkennen wir Szenen der Verkündigung, der Huldigung der Drei Könige und einige charakteristische Szenen aus dem Leben Christi. An den Außenpfeilern sind Apostel- und Heiligengestalten, auf den Mittelpfeilern Genreszenen dargestellt, die die einzelnen Monate symbolisieren, auf den kleinen Innensäulen Bilder des unaufhörlichen Kampfes des Guten mit dem Bösen, symbolisch im Ringen des Menschen mit wilden Tieren festgehalten. Am Ende der Vorhalle liegt die Taufkapelle, ein Werk von Andrija Aleši aus Durazzo von 1466–67, mit kassettierter Decke und einer Skulptur Johannes' des Täufers. Im halbdunklen Innern ziehen uns einige außergewöhnliche Kunstwerke an: eine romanische Kanzel aus dem 13. Jahrhundert mit reich verzierten Kapitellen, ein gotisches Chorgestühl von Meister Budislavić von 1440 und ein Ziborium von Meister Maurus aus dem 14. Jahrhundert, das romanische und gotische Stilmerkmale aufweist. Im Jahre 1468 begann der uns bereits vom Dom in Šibenik bekannte Niccolo Fiorentino mit dem Renaissancebau der Kapelle des heiligen Johannes Ursini. Die mit Reliefs und Heiligenfiguren verschwenderisch ausgestattete Kapelle mit kostbarer Kassettendecke, einem beachtenswerten Hochrelief der Marienkrönung im Giebelfeld und silbernen Hängeleuchtern zählt zu den wertvollsten Renaissancedenkmälern der dalmatinischen Kunst. Die Werke von Fiorentino sehen wir auch in der romanischen Kirche St. Johannes der Täufer (Sv. Ivan Krstitelj), und zwar die Beweinung Christi, sowie in der St. Dominikus-Kirche das Grabmal des Trogirer Patriziers Ivan Sobota. Der Künstler arbeitete auch in der Stadtloggia am Hauptplatz gegenüber der Kathedrale. Hinter der Loggia (Abb. 74) steht die

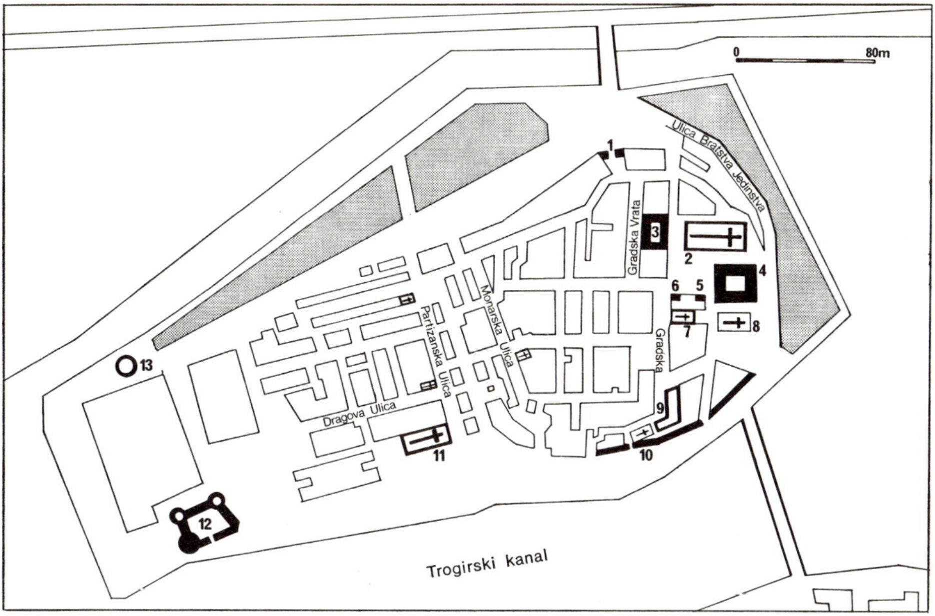

Stadtplan von Trogir
1 Landtor 2 Kathedrale Sv. Lovro 3 Palast Ćipiko 4 Rathaus 5 Uhrturm 6 Loggia 7 Sv. Barbara 8 Sv. Ivan Krstitelj 9 Benediktinerkloster 10 Stadttor mit Loggia 11 St. Dominikus-Kirche 12 Kastell Kamerlengo 13 Wehrturm Sv. Marko

kleine dreischiffige St. Barbara-Kirche aus dem 9. oder 10. Jahrhundert. In dem kuppellosen Bau ist das halbkreisförmige Tonnengewölbe der Altarapsis als Trompenkoncha ausgeführt, eine architektonische Besonderheit dalmatinischer Kirchen. Der Palast Ćipiko schließt die Westseite des Hauptplatzes ab. Sehr schön ist die Fassade mit den großen Triforien in venezianischer Gotik gestaltet, auch ein Blick in den Innenhof dieses prächtigen Profanbaus ist empfehlenswert. Gehen wir vom Hauptplatz in südlicher Richtung weiter, so erreichen wir das Seetor von 1593 mit der kleinen Loggia. Eine malerische Aussicht auf die Stadt bietet sich dem Reisenden von dem Hafenkai jenseits des Kanals von Trogir. Den Abschluß unseres Rundgangs bilden das ehemals mit den Stadtmauern verbundene Kastell Kamerlengo und der runde Wehrturm des hl. Markus (15. Jh.).

Von Trogir geht es entlang der sogenannten ›Riviera der sieben Kastelle‹ nach Split. Auf Wunsch der Venezianer baute der Adel von Trogir im 15. und 16. Jahrhundert zum Schutz gegen Türken und Seeräuber dreizehn Kastelle, von denen sieben als Ruinen erhalten sind.

Salona und der Diokletian-Palast in Split

Wachstum und Größe der Stadt Split sind eng verbunden mit dem Niedergang der benachbarten antiken Stadt Salona, die heute unter dem Namen Solin nur noch ein unansehnlicher Industrievorort der größten Stadt Dalmatiens ist. Anfänglich war Salona Militärlager und Hafen des illyrischen Stammes der Delmaten und zog schon bald das Interesse der griechischen Kolonisten von Issa auf sich. Salonas wirtschaftliche Blüte blieb selbstverständlich auch den ehrgeizigen römischen Eroberern nicht verborgen, welche die Stadt im Jahre 78 v. Chr. einnahmen. Unter der Regierung des Kaisers Augustus wurde Salona politisches Zentrum der römischen Besitzungen in Dalmatien mit einer Einwohnerzahl von über 50000. Diese Mindestzahl schätzte der Archäologe Frane Bulić, der Erforscher des antiken Salona. Bevor Salona im Jahre 614 n. Chr. unter dem Ansturm der Awaren und Slawen dem Erdboden gleichgemacht wurde, schenkte sie dem Römischen Weltreich einen bedeutenden Kaiser, Caius Aurelius Valerius Diocletianus (284–305 n. Chr.), dem wir im Diokletian-Palast in Split das größte antike Baudenkmal der östlichen Adria-Küste verdanken.

Im Ruinenfeld von Salona sind heute die Überreste der Befestigungsanlagen, des Forums, des Theaters und des Amphitheaters (18000 Plätze), der Thermen und Tempel zu sehen. Zu diesen Zeugen einer glänzenden Vergangenheit kamen im 4. Jahrhundert frühchristliche Denkmäler hinzu: Basiliken, Paläste des Klerus, Baptisterien, Mausoleen, Grabgewölbe und Sarkophage. In der Nähe der großen dreischiffigen Basilika in Manastirine (Abb. 61) wurden reich geschmückte Sarkophage gefunden mit Darstellungen des Guten Hirten (Abb. 64) und des Mythos von Hippolytos und Phaidra (Abb. 65), die heute zusammen mit anderen außergewöhnlichen Einzelstücken römischer und altchristlicher Kunst, mit Stelen, Bildkeramiken und Epigraphendenkmälern, Gegenständen aus Bronze, Glas und Knochen, Gold- und Silberschmuck, Emailerzeugnissen und Kameen, Mosaiken (Abb. 63) und Skulpturen im Archäologischen Museum in Split aufbewahrt werden.

Während Salona seinen Aufstieg und seine Blütezeit erlebte, gab es an der Stelle des heutigen Split nur einen unbedeutenden illyrisch-griechischen Hafen mit dem Namen Aspalathos. Schwefelheilquellen und die Nähe Salonas, seiner Geburtsstadt, sicherlich auch die günstige strategische Lage in der Mitte des Weltreiches bewegten Kaiser

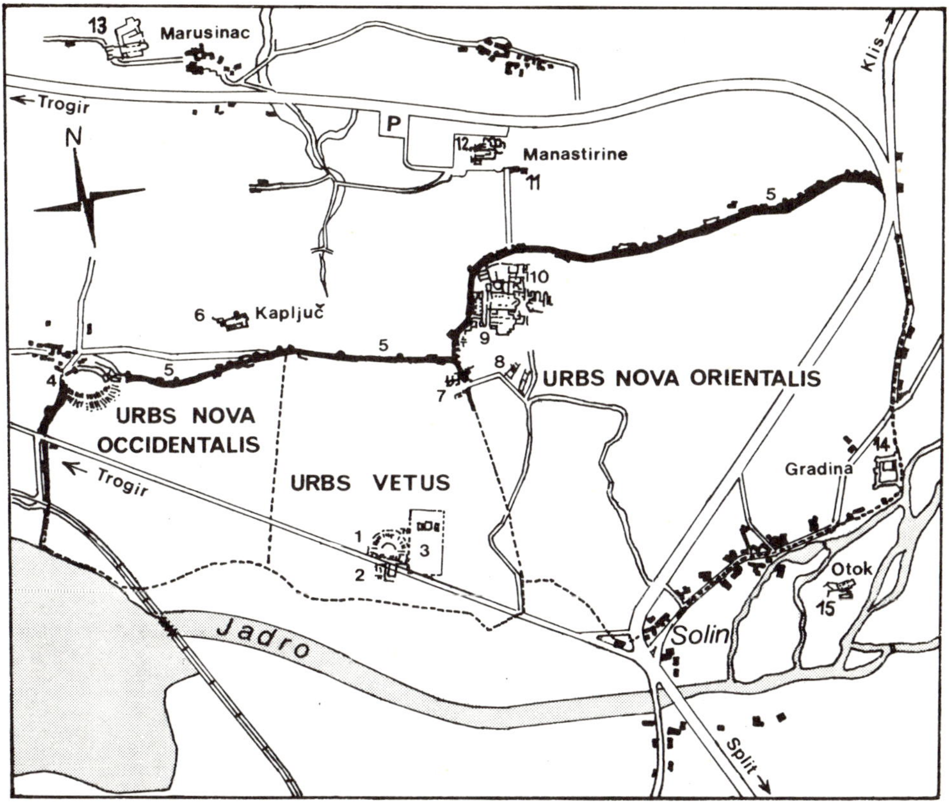

Plan des antiken Salona
1 Theater 2 Tempel 3 Forum 4 Amphitheater 5 Stadtwälle 6 Basilika der Fünf Märtyrer und Friedhof Kapljuč 7 Stadttor (Porta Caesarea) 8 Fünf Brücken 9 Komplex der städtischen Basiliken 10 Thermen 11 Tusculum 12 Basilika und Friedhof Manastirine 13 Basiliken und Friedhof Marusinac 14 Mittelalterliche Festung Gradina 15 Insel Gospin otok

Diokletian, sich an der Küste von Aspalathos einen geräumigen und luxuriösen Palast als Alterssitz erbauen zu lassen, in den er sich nach seiner Abdankung im Jahre 305 zurückzog und wo er bis zu seinem Tode im Jahre 316 lebte. Zuvor hatte er noch die einschneidendste Reform, die Teilung des Römischen Reiches in zwei Territorien und die Idee einer Viererregierung (Tetrarchie) verwirklicht, welche die beiden Imperatoren verpflichtete, Mitherrscher und Nachfolger zu haben.

Das Bauwerk, das etwa innerhalb von zehn Jahren zwischen 295 und 305 n. Chr. entstand, ist trotz der vielen übernommenen Stilelemente in seiner architektonischen Gesamtanlage einmalig (215 m Länge, 180 m Breite, ca. 30000 qm Gesamtfläche, Abb.

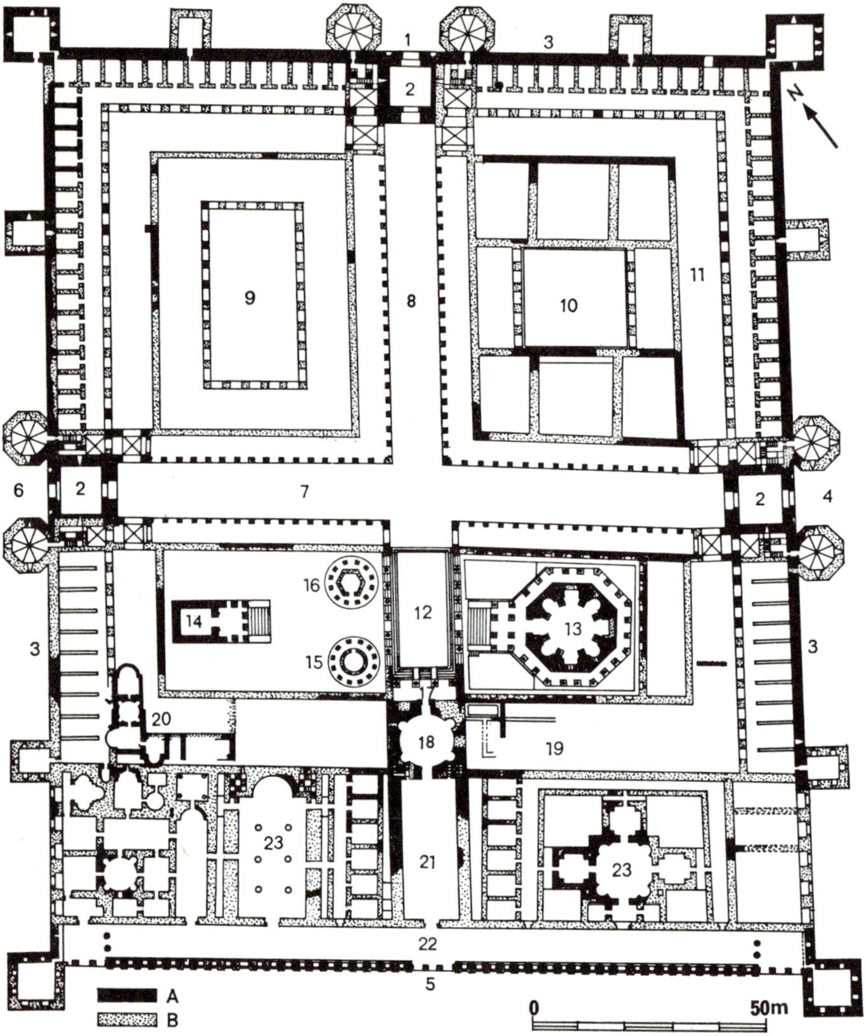

Split, Diokletian-Palast
A Erhaltene Teile B Rekonstruktionen (nach G. Niemann und J. Marasović) 1 Porta Aurea 2 Abwehrzwischenraum (Propugnaculum) 3 Mauern mit Wehrtürmen 4 Porta Argentea 5 Porta Aenea 6 Porta Ferrea 7 Hauptquerstraße (Decumanus) 8 Hauptlängsstraße (Cardo) 9, 10 Reste des nordwestlichen und nordöstlichen Gebäudes 11 Bögen an der Ostgasse 12 Peristyl 13 Mausoleum Diokletians (Kathedrale) 14 Jupiter-Tempel (Baptisterium) 15, 16 Kleine Rundtempel 17 Prothyron 18 Vestibulum 19 Reste des Hauses mit Mosaiken 20 Reste der Thermen 21 Mittelsaal 22 Große Galerie 23 Gemächer der Kaiserwohnung

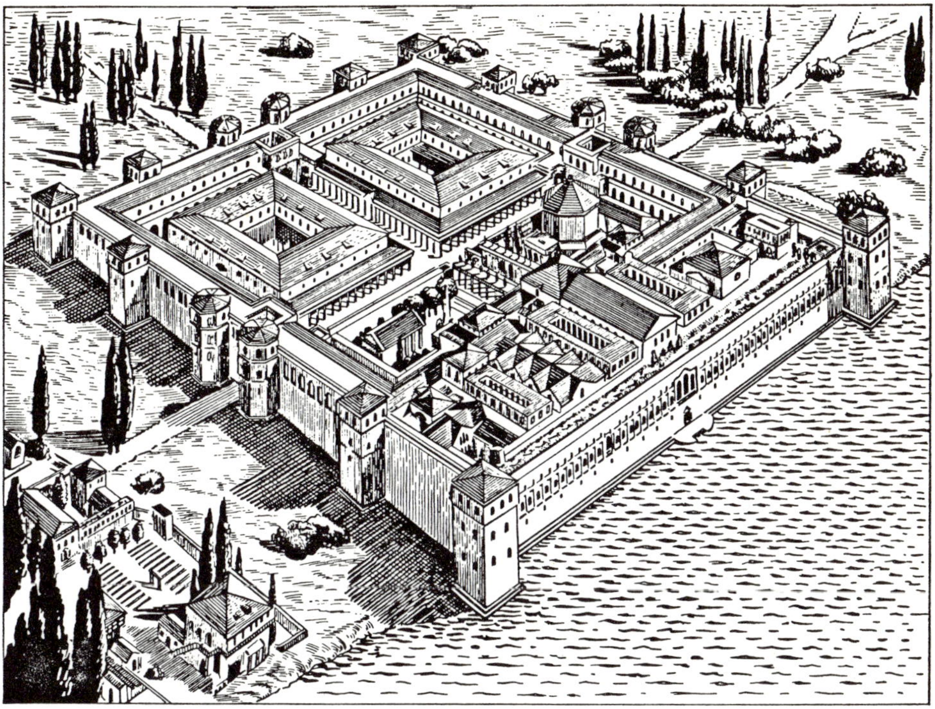

Diokletian-Palast. Rekonstruktion von E. Hébrard und J. Zeiller

49–54, 56, 57). Das hängt mit den Anforderungen zusammen, die der Palast erfüllen sollte. Außer den Wohnräumen für Diokletian, seine Familie und die Ehrengarde waren keine Räume für die Staatsverwaltung oder Beamtenschaft vorgesehen; notwendig aber waren Tempel und Mausoleum, Gebäude für die Dienerschaft und die Wachen und selbstverständlich eine starke Verteidigungsanlage, denn der Palast lag außerhalb des befestigten Salona und mußte vor den Angriffen barbarischer Eindringlinge geschützt werden. Der dem Meer zugewandte Südtrakt diente als kaiserliche Residenz, zu der auch das Mausoleum und der Jupiter-Tempel hinzugerechnet werden. Nach Art der römischen Villa rustica war die gesamte Südseite des Palastes, die unmittelbar an das Wasser grenzte, im Obergeschoß mit Loggien und Arkaden meeroffen. Schiffe legten an der Palastmauer an, und der Kaiser konnte sie durch das Südtor besteigen. Der von Westen nach Osten verlaufende Decumanus trennte den kaiserlichen Wohnkomplex vom Nordteil mit den zwei symmetrisch angelegten Gebäuden für die kaiserliche Garde und die Dienerschaft. Hier blieb der Charakter eines Castrums noch deutlich bewahrt. Hinzu kamen die zwei Meter dicken Mauern mit starken vierkantigen

Ecktürmen; sechs weitere Türme bewachten die zwischen den Toren befindlichen Bollwerkstrecken, und schließlich waren die Tore selbst – mit Ausnahme des Südtores – mit je zwei oktogonalen Türmen bewehrt.

Die vor den Awaren und Slawen flüchtenden Einwohner von Salona entkamen zum Teil auf die Inseln, andere suchten hinter den mächtigen Mauern des ehemaligen Kaiserpalastes Schutz. Im Verlauf der Jahrhunderte schufen die neuen Bewohner und deren Nachkommen durch Um- und Anbauten aus den ehemaligen Kaisergemächern ihre Wohnräume. Wo ehedem der Kaiser im Säulengang der Südfassade promenierte, da lebten jetzt Handwerker und Kaufleute hinter den zugemauerten Arkaden. Cardo und Decumanus wurden zu städtischen Hauptstraßen, das Peristyl zum Hauptplatz und die Palasttore zu Stadttoren. Schließlich sprengte die wachsende Stadt den Rahmen der alten Palastmauern und entwickelte sich an der Küste entlang und ins Hinterland hinein. Die Stadt teilte im Mittelalter und in der Neuzeit das Schicksal der anderen dalmatinischen Städte; auch hier herrschten die Byzantiner, Venezianer, Habsburger, Napoleon und die Italiener. Heute ist Split (183 000 E. / 1971) ein äußerst lebendiges Zentrum der Industrie und des Handels und ein Umschlagplatz des Fremdenverkehrs.

Wir betreten den Diokletian-Palast von der verkehrsreichen Palmenallee Titova obala (Abb. 51) durch das Südtor, die Porta Aenea (Bronzetor). Links vom Tor ist der

Split. Peristyl im Diokletian-Palast, Ansicht um 1800, Kupferstich

Split (Spalato). Diokletian-Palast und Hafen, Ansicht um 1800, Kupferstich

Eingang zu den Kellerräumen, die noch teilweise erforscht und freigelegt werden (Abb. 56). Diese ebenerdigen Säle mit zumeist vollständig erhaltenen überwölbten Räumen gehören zu den größten erhaltenen Baukomplexen, die von der gewölbten Architektur der spätrömischen Epoche geblieben sind. Die Bedeutung der Kellerräume für die Palastkonstruktion bestand darin, daß sie die Hangneigung gegen das Meer ausgleichen, die Last des Obergeschosses tragen und wegen der unmittelbaren Nähe des Meeres für die Isolation sorgen mußten. Besonders aufschlußreich sind dem Archäologen die erhaltenen Kellerräume aber deshalb, weil sie in Anordnung und Gestalt genau den zerstörten Gemächern des kaiserlichen Obergeschosses entsprechen.

Unter dem ehemaligen Vestibulum führt eine Treppe zum Peristyl (Abb. 52, 53). Diese offene zentrale Halle, deren Längsseiten von einer Reihe miteinander durch Bogen verbundener Säulen eingefaßt sind, besitzt einen ausgesprochen repräsentativen Charakter, der durch die feierliche Architektur des Prothyrons noch verstärkt wird. Das Prothyron mit seinem sanften dreieckigen Giebel über den schlanken Granitsäulen mit kunstvollen korinthischen Kapitellen war der formale und inhaltliche Akzent des gesamten Palastes. An dieser Stelle erschien die göttliche Person des Kaisers, dem die Architektur des Prothyrons einen würdigen räumlichen Rahmen verlieh, wenn die Untertanen im Peristyl ihren Kaiser anbeteten. Durch das Prothyron gelangen wir in das Vestibulum, einen runden, mit einer Kuppel überwölbten Raum, von dem aus man einst die kaiserlichen Gemächer betrat, die heute aber sämtlich zerstört sind.

Fast den ganzen Raum östlich des Peristyls nimmt das ehemalige Mausoleum ein, ein achteckiger Bau, der mit einer offenen Säulenhalle umgeben ist (Abb. 54). Der runde Innenraum (Abb. 57) besitzt zwei Reihen korinthischer Säulen sowie einen Fries mit Jagdszenen und dem geflügelten Kopf des Hermes Psychopompos, der die Seelen in die

Unterwelt führt. Auf der Ostseite des Frieses halten Erosgestalten in Medaillons die Porträts des Kaisers und seiner Gemahlin Prisca. Den Grabcharakter des Bauwerks betont auch die ägyptische Sphinx (15. Jh. v. Chr.) unter einem östlichen Säulenbogen des Peristyls (Abb. 53). In christlicher Zeit wurde das Mausoleum in eine Domkirche umgebaut. Außer der im Mittelalter hinzugefügten Eingangshalle, über der sich der romanische Glockenturm erhebt (Abb. 54), blieb das Mausoleum samt einem großen Teil seines Schmuckes bestehen. Zu den bedeutendsten Kunstschätzen der Kathedrale gehört die kostbare Schnitzarbeit der Holztüre von Andrija Buvina (1214) (Abb. 60), die steinerne romanische Kanzel, getragen von sechs Säulen mit byzantinischen Kapitellen (13. Jh.) (Abb. 59) und der Altar des hl. Anastasius (Sv. Staš) von Juraj Dalmatinac (1448) mit der hervorragenden Reliefdarstellung der ›Geißelung Christi‹ (Abb. 58).

Steigen wir die Treppen der Kathedrale hinab, so blicken wir geradeaus in eine schmale Gasse, an deren Ende der ehemalige Jupiter-Tempel liegt, der später in ein Baptisterium umgewandelt wurde und im Laufe der Zeit seine Vorhalle mit ihren sechs Säulen einbüßte. Aber auch ohne sie zeigt der Tempelraum (cella) die harmonischen Proportionen und eine Fülle von Verzierungen, so das reichgestaltete Portal mit üppigem Rankenschmuck, Vögeln und Kinderbildnissen am Türrahmen. Im Innenraum kommt die Fülle des plastischen Schmucks auf dem Kassettengewölbe und dem vorspringenden Kranzgesims noch stärker zur Geltung.

Von den drei großen Toren der Landseite ist das der ehemaligen Stadt Salona zugekehrte Haupttor im Norden (Porta Aurea) am dekorativsten (Abb. 49). Der Eingang konnte durch Torflügel und Fallgitter doppelt verschlossen werden. Neben und über dem rechteckigen Tor befinden sich Nischen, in denen einst Statuen standen. Das gilt auch von den noch erhaltenen vier Steinpostamenten über den oberen Rundbögen, wo mit Sicherheit Statuen der beiden Imperatoren und der beiden Cäsaren (Tetrarchie) aufgestellt waren. Das westliche Tor (Porta Ferrea) wurde von der Außenseite, mit Ausnahme des Eingangs, völlig durch Gebäude des mittelalterlichen Split verbaut. Das östliche Tor (Porta Argentea) war seit dem Mittelalter vermauert und wurde erst 1946 freigelegt. In seinem Schatten spielt sich heute buntes Markttreiben ab (Abb. 50).

Innerhalb des Diokletian-Palastes besuchen wir noch in der Gasse Žarkova ulica den spätgotischen Papalić-Palast (Städtisches Museum) aus der Mitte des 15. Jahrhunderts mit seinem stilvollen Innenhof, weiterhin den Agubio- und den Cindro-Palast, den schönsten Barockpalast der Stadt (17. Jh.). Beide stehen am ehemaligen Cardo bzw. Decumanus. Jenseits der Porta Ferrea erreichen wir auf dem Narodni trg mit seinem dominierenden Rathaus den beliebtesten Treffpunkt der Bevölkerung mit allabendlichem Korso.

Von mehreren sehenswerten Museen und Galerien sollen hier vor allem das Archäologische Museum (vgl. S. 123), das Museum kroatischer archäologischer Denkmäler und die Galerie Meštrović genannt werden. Ivan Meštrović (1883–1962), weltberühmter jugoslawischer Bildhauer, arbeitete in Wien und Paris und wurde besonders von Rodin und Bourdelle beeinflußt. Seine großformatigen Skulpturen sind von ungewöhnlicher Ausdruckskraft (Abb. 66–70). In der Nähe der Galerie Meštrović steht das Kaštelet.

In dem ehemaligen Kastell der Familie Capogrosso-Kavanjin aus dem 17. Jahrhundert hat Meštrović nach 1939 eine eigene Kirche für seine Holzreliefs mit dem Zyklus des Lebens Christi erbauen lassen (Abb. 71).

Zum Abschluß unseres Aufenthaltes in der Stadt Diokletians besteigen wir den Marjan-Berg und genießen von oben einen großartigen Blick auf die Stadt, den Hafen, die umrahmende Bergkette und das Meer (Abb. 48).

Schiffsreisen zu den Inseln Rab, Hvar und Korčula

Schon aus weiter Ferne grüßen den Schiffsreisenden die vier schlanken Glockentürme der Stadt *Rab*. Diese Wahrzeichen eines auf schmalem Felsrücken gebauten städtischen Kleinods werden uns während des Aufenthaltes auf dieser meistbesuchten Kvarner-Insel immer wieder ein Gefühl von Vertrautheit und Geborgenheit vermitteln, wenn wir uns ihnen in tuckernden Booten von den zahlreichen Badebuchten nähern (Farbt. 4).

Rab (ital. Arbe), ein früherer Stützpunkt der römischen Flotte, war vom Mittelalter bis ins 19. Jahrhundert Bischofssitz und eine freie Kommune. Der wirtschaftliche Aufschwung der Stadt endete mit dem Fall Venedigs im Jahre 1797, und erst seit Anfang des 20. Jh. konnte sich Rab als Luftkurort und Seebad wieder wirtschaftlich erholen.

Drei parallele Straßen erleichtern uns einen Rundgang, wobei zielloses Durchstreifen und Verweilen sehr reizvoll sind. Am Hafen fallen uns zunächst die Stadtmauern auf, denen wir bis zum Trg Maršala Tita folgen. Am Rande des Platzes steht der romanisch-gotische Rektoren-Palast (13. Jh.), der in der Renaissance umgebaut wurde. An der Stadtloggia (1509) vorbei wandern wir hinauf zur Oberstraße; hier liegen die Kirchen der Stadt mit ihren Glockentürmen. Der größte freistehende Turm mit zwei-, drei- und vierbogigen romanischen Fenstern aus den Jahren um 1200 lohnt eine Besteigung. Er ist eines der edelsten romanischen Bauwerke der östlichen Adria und gehört zur Kathedrale Sv. Marija Velika, deren Renaissanceportal eine spätgotische Pietà schmückt. Im Innern der dreischiffigen Basilika, die 1177 geweiht wurde, fallen die Säulenreihen mit frühromanischen Kapitellen ins Auge, weiterhin das Ziborium am Hauptaltar, das Reliquarium des heiligen Christophorus aus vergoldetem Silber und ein spätgotisches geschnitztes Chorgestühl von 1445. Weitere schöne sakrale Baudenkmäler in Rab sind die Kirche Sv. Andrija, ebenfalls mit einem wohlproportionierten romanischen Glockenturm, und das Benediktinerkloster mit der Kirche Sv. Justina aus dem 16. Jahrhundert mit Renaissance-Altar. Ein Nebenaltar zeigt das wertvolle venezianische Gemälde ›Tod des heiligen Joseph‹ aus der Schule Tizians. Die Renaissance hat in der Gasse Ivo Lola Ribar den monumentalen Palast Dominis-Nimira mit reichem Portal- und Fensterschmuck, Familienwappen und einem in die Nordwand eingebauten Jupiterkopf aus römischer Zeit hinterlassen, außerdem den Kleinen Palast Nimira aus der Übergangszeit von Gotik zur Renaissance (16. Jh) mit Wappen im Tympanon des reichgeschmückten Portals.

Durch die Stadtmauer gelangen wir in den Park Komrčar, der mit seinen Aleppo-, Strand- und Schwarzkiefern, mit Steineichen, Wacholdern und Zypressen zu den schönsten Parkanlagen an der östlichen Adria-Küste zählt und wo wir für einige Zeit die wohlbekannte Karstlandschaft vergessen. Auch die gefürchtete Bora (vgl. S. 16) können wir auf Rab erleben. Sie fegt mit schweren Böen durch die Gassen und verwandelt so manches gemütliche Straßencafé in wenigen Augenblicken in ein Schlachtfeld. Doch der Spuk verschwindet so rasch und jäh, wie er gekommen ist, und das Leben auf der Sonneninsel geht seinen gewohnten Gang (s. S. 319).

Eine Tagesreise von Rab entfernt hat sich *Hvar,* die Stadt auf der 70 km langen schmalen Insel, für unseren Empfang vorbereitet: An der Kaimauer drängeln sich winkend die Einheimischen und Touristen unter den üppigen Palmen, von der Höhe grüßen die alten Wehrmauern aus dem 12. bis 16. Jahrhundert, das Fort Španjola, Fort Napoleon und die Festung Baterija (Abb. 84). Bald nachdem wir das Schiff verlassen haben, stehen wir auf dem großen Renaissanceplatz, den die Kathedrale aus dem 16. bis 17. Jahrhundert mit ihrem edlen Campanile beherrscht (Abb. 83). Die Fassade mit Elementen der Hochrenaissance ist derjenigen der Kathedrale von Šibenik sehr ähnlich, während der Glockenturm in der Art seiner Gliederung an Rab erinnert. Vor der Kathedrale steht das alte venezianische Arsenal, das zu Beginn des 14. Jahrhunderts entstand, im 16. Jahrhundert umgebaut und Anfang des 17. Jahrhunderts erneuert wurde. Im Obergeschoß wurde das Theater eingerichtet, das älteste im Land. Schon die Griechen hatten einst die Schauspielkunst nach Hvar gebracht, wo sie bis heute eine traditionsreiche Pflegestätte erhielt und mit dem Schaffen einer Reihe älterer kroatischer Dramatiker verbunden ist. Das dritte beachtenswerte Baudenkmal und zugleich Wahrzeichen der Stadt ist die vom Anfang des 16. Jahrhunderts stammende Stadtloggia im Renaissancestil, von der angenommen wird, daß sie nach Entwürfen von Michele Sammicheli erbaut wurde. Der gleich daneben stehende Uhrturm war einst Teil der Wehrmauer des alten Rektoren-Palastes. Etwas außerhalb der Stadt besuchen wir das Franziskanerkloster mit Kirche und Renaissancekreuzgang (15. Jh.). In der Kirche hängen einige gute Bilder, so eine Kreuzigung von Leandro Bassano, ein Flügelaltar von Francesco di Santa Croce und eine ›Stigmatisation des heiligen Franziskus‹ von Jacopo Palma d. J.

Nicht nur der Kunstwerke wegen kommen die Fremden nach Hvar. Die Insel darf für sich die größte Zahl von Sonnenstunden in Jugoslawien verbuchen, so daß die Saison acht Monate dauert. Das Klima ist hier so mild, daß die Hotelbesitzer für einen Wintertag mit Nebel oder Temperaturen um den Nullpunkt keine Bezahlung nehmen. Die Insel ist mit üppiger Vegetation, mit duftender Macchie, Lavendel und Rosmarin, fruchtbaren Weingärten und Olivenhainen gesegnet.

Schon im 4. Jahrhundert v. Chr. schätzten die griechischen Kolonisten die paradiesischen Vorzüge. An der Stelle der ehemaligen griechischen Siedlung Pharos liegt heute die Ortschaft Stari Grad. Die griechische Kolonie Dimos nahm später bereitwillig Flüchtlinge aus Salona auf und entwickelte sich zur Stadt Hvar. Ebenso wie in den übrigen dalmatinischen Städten kamen und gingen die fremden Herrscher. Während der venezianischen Herrschaft aber erreichte Hvar als wichtiger Hafen auf dem Wege venezianischer Schiffe nach Osten seinen wirtschaftlichen und kulturellen Höhepunkt (s. S. 25 f.).

Auch die Stadt *Korčula* (Farbt. 17, 19, 20) auf der gleichnamigen Insel, zwei Schiffsstunden von Hvar entfernt, lag als strategisch wichtiger Punkt an diesem stark befahrenen venezianischen Schiffahrtswege, und so erlangte die Stadt ebenfalls eine wirtschaftliche und militärische Machtstellung zwischen dem 13. und 16. Jahrhundert. In jener Zeit erhielt sie ihre Kathedrale sowie zahlreiche Paläste, dazu Mauern und Wehrtürme, die sie aber nicht vor den zahlreichen Eroberern schützen konnten. Die Griechen nannten die waldreiche, schwarzgrüne Insel ›Korkyra melaina‹, die Römer übersetzten das mit ›Corcyra nigra‹, woraus sich das venezianische ›Curzola‹ und das slawische ›Korčula‹ entwickelten.

Die Bewohner Korčulas haben bis in die Gegenwart ihre traditionellen Berufe als Steinmetzen und Schiffsbauer bewahrt: der Reichtum an Bauholz und Baustein bildete dazu die natürliche Voraussetzung.

Vom Ende des 15. Jahrhunderts stammt der Text des Ritterspiels Moreška (Abb. 199, 200), das in jener Zeit in den Mittelmeerländern sehr beliebt war, heute aber nur noch auf Korčula gespielt wird. An der Spitze ihrer Heere kämpfen der weiße und der schwarze König um ein Mädchen. Sieben Spielfiguren des Kampfspiels zeigen in dramatischer Steigerung Gewandtheit und Wucht des Kampfes, der im Sieg des weißen Königs seinen Höhepunkt erreicht. Die Moreška von Korčula ist damit eine von vielen Varianten des ritterlichen Kampfes um eine Frau. Grundlage des Konflikts ist der Gegensatz zwischen Türken und Arabern, der zur Zeit ihrer Kämpfe im 16. und 17. Jh. deutlich hervortritt.

Korčulas mittelalterlicher Stadtgrundriß zeigt im Straßennetz eine wohlüberlegte Anpassung an klimatische Verhältnisse. Die engen Gassen durchziehen die Stadt in leichtem Bogen. Damit brechen sie die Winde, die über die Insel Pelješac einfallen. Gleichzeitig nehmen die Gassen durch ihren West-Ost-Verlauf viel Sonnenlicht in den Morgen- und Abendstunden auf, verhindern aber den Einfall der intensiven Mittagssonne.

Genauso wie Rab und Hvar lädt auch Korčula mit seinen Stränden, Wäldern und dem sicheren Sonnenschein den Besucher zu einem längeren Ferien- und Badeaufenthalt ein. Stille Badeorte sind das Fischerdorf Lumbarda und an der Südküste insbesondere der ›Pinienstrand‹ Pupnatska luka (Farbt. 16) oder die Buchten von Zavalatica oder Brna (s. S. 324).

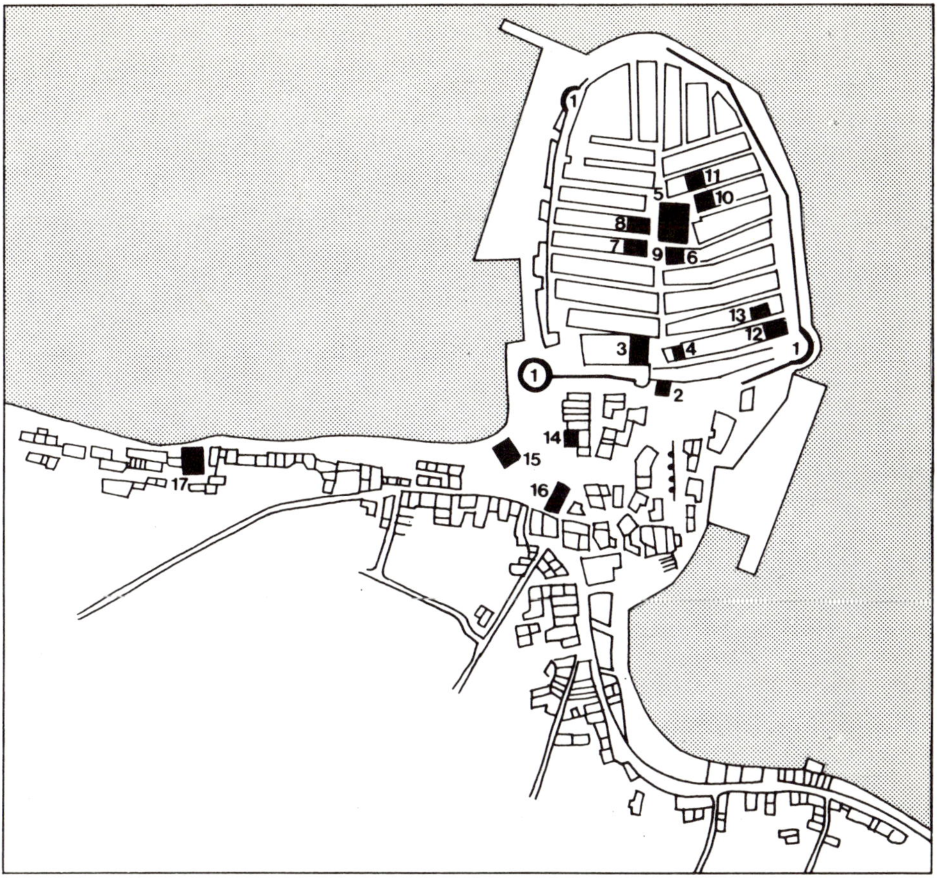

Sehenswürdigkeiten der Stadt Korčula

1 Stadtmauer und **Stadttürme**

2 Mittelalterlicher **Stadtturm** (13.–14. Jh.) mit moderner Treppenanlage. (Das ältere, kleinere Stadttor steht westlich davon und wird heute nicht mehr benutzt.) Auf der Rückseite des Stadttores über dem Durchgang ein barocker Triumphbogen zu Ehren des venezianischen Feldherrn Leonardo Foscolo.

3 Rathaus, ein Renaissancebau von 1520, 1866 aufgestockt und ausgebaut. Das Erdgeschoß ist eine offene Loggia mit Arkaden (ehemals für Gerichtsprozesse).

4 St. Michaelskirche, 15. Jh., mit Barockfassade aus dem 17. Jh. Rathaus und Kirche stehen an der kleinen Piazza, welche eine besonders harmonische architektonische Einheit bildet; schlanke Steinsäule von 1569 (Farbt. 20).

5 Kathedrale Sv. Marko am städtischen Hauptplatz, wertvollstes Bauwerk der Stadt, Anfang des 13. Jh. bis 16. Jh., im Mischstil von Romanik, Gotik und Renaissance (besonders gut an Fassade und Glockenturm zu erkennen). Ein viertes Kirchenschiff wurde der dreischiffigen Basilika im 16. Jh. angebaut. Im Innern besonders sehenswert: die Monstranz über dem Hauptaltar, ein Meisterwerk von Marko Andrijic, einem der Architekten des Doms; ein großer Altarkelchdeckel, dem heiligen Markus gewidmet, mit den Heiligen Bartolomäus und Hieronymus (ein Werk des Venezianers Jacopo Tintoretto). Von Leandro Bassano stammt das Gemälde der Heiligen Dreifaltigkeit.

6 Abtpalast im Renaissance- und Barockstil. In der Abteischatzkammer Sammlungen von Steindenkmälern, Gemälden, Statuen, Reliquienschreinen, Handschriften und Möbeln. Hervorzuheben das Polyptychon der Gottesmutter des spätgotischen Malers Blaž Jurjev aus Trogir.

7 Renaissancepalast Gabriellis, heute Stadtmuseum mit reichem Material zur Stadtentwicklung. Im Lapidarium eine Abbildung der ältesten Steininschrift Jugoslawiens, des Tafelfragments aus Lumbarda aus dem 3. Jh. v. Chr.; außerdem Fundstücke aus vorgeschichtlicher und griechisch-römischer Zeit, Entwicklung des Schiffbaus, Ritterspiel Moreška, Material zur kulturhistorischen Entwicklung u. v. a.

8 Renaissancepalast Arneri, heute eine Ruine; im geräumigen Innenhof Brunnen mit Familienwappen.

9 Hauptplatz mit einer Säule von 1515, Schandpfahl mit Spuren von Ketten

10 Kirche des hl. Petrus aus dem 11. Jh.

11 Haus mit Marco Polo-Turm. Einer lokalen Tradition zufolge soll der berühmte Entdekker in Korčula geboren sein. Historisch belegt ist nur seine Gefangennahme durch die Genueser während einer Seeschlacht gegen die Venezianer im Jahre 1298 in den Gewässern um die Insel.

12 Allerheiligenkirche im Barockstil, durch einen geschlossenen Gang über der Straße mit dem Gebäude der gleichnamigen Bruderschaft verbunden. (In Korčula bildeten sich im Mittelalter mehrere Bruderschaften, d. h. Vereinigungen von Volksanhängern, die sich in venezianischer Zeit für Volksvertretungen einsetzten, die den Vertretungen der Adligen gleichberechtigt sein sollten.) Im reichen Kircheninneren steinerne Renaissance-Monstranz über dem Hauptaltar; eine barocke hölzerne Pieta aus dem 17. Jh., hölzerne Kassettendecke von 1663 und Polyptychon von Blaž Jurjev.

13 Gebäude der Allerheiligenbruderschaft. Wandrelief aus dem 14. Jh. zeigt die um ein Kreuz versammelten Mitglieder der Bruderschaft. Im Saal eine wertvolle Sammlung mit neun kretischen Ikonen, welche von Korčulaner Matrosen nach dem Kandischen Krieg (1645–69) mitgebracht worden waren (Muttergottes Eleusa, 14. Jh.; Christus Pantokrator, 15. Jh.).

14 Touristenbüro

15 Autobusbahnhof

16 Apotheke

17 Gesundheitsdienst

Außerhalb der Altstadt stehen das alte Dominikanerkloster und die Kirche des hl. Nikolaus, auf der nahen kleinen Insel **Badija** Kirche und Kloster der Franziskaner aus dem 15. Jahrhundert.

Dubrovnik, eine freie Handelsstadt

> »Nicht nur aus der Ferne gesichtet, lag die Stadt wie die versteinerte Erinnerung vergangener Zeiten. Auch wenn du über die Zugbrücke in das Innere trittst, erlischt dies Gefühl nicht. Wie Traumwirklichkeit schimmern die steinernen Säulengeländer pathetischer Freitreppen, die schweren romanischen Wölbungen, die edlen Renaissancearkaden, die eleganten Spitzbögen gotischer Triforen, der prunkvolle Überschwang barocker Portale und die marmornen Reliefs versiegter Brunnen.«
>
> O. u. L. Bihalji-Merin[5]

Bucht von Kotor – Popovo-Polje

Dubrovnik (Ragusa) ist eine Stadt der Superlative, die selbst einen so eingefleischten Zyniker wie Bernard Shaw verleitete, von Dubrovnik als einem »Paradies auf Erden« zu sprechen. Worte reichen nicht aus, um dieses Erlebnis von Urbanität treffend genug wiederzugeben.

Ebenso wie Split entstand auch Dubrovnik als Zufluchtsort von Flüchtlingen. Diese kamen zur Zeit des großen Awaren- und Slawenansturms aus der nahegelegenen griechischen Kolonie Epidaurus (heute Cavtat) und gründeten auf einer Felseninsel eine neue Siedlung, die Rausa hieß. Daraus entwickelte sich der Name Ragusa, der in die Analen der Stadt einging. Slawen, die der Felseninsel gegenüber auf dem Festland siedelten, nannten ihren Besitz Dubrovnik nach dem Wort dubrava (Eichenhain). Die heutige Placa war damals noch ein Meeresarm zwischen den beiden Siedlungen, der aber im 13. Jahrhundert zugeschüttet wurde. Schon vorher hatten sich die Slawen und Romanen gegen die gemeinsamen Feinde verbündet und die unabhängige Republik Ragusa gegründet, die bis zum Jahre 1205 unter byzantinischer Oberhoheit stand. Mit einer starken eigenen Flotte und zahlreichen Handelsniederlassungen unterhielt Dubrovnik enge Beziehungen zu den slawischen Staaten auf dem Balkan, zu Kroatien, Bosnien und Serbien, und war Vermittler zwischen ihnen und den westlichen europäischen Staaten.

Während der venezianischen Herrschaft (1205–1358) versuchte Dubrovnik mehrmals vergeblich, das fremde Joch abzuschütteln, denn diese Abhängigkeit war so schmachvoll, daß sie nicht nur in der Entrichtung der Steuern bestand, sondern auch in der Verpflichtung, alljährlich zwölf Geiseln aus den Adelsfamilien als Unterpfand des Gehorsams nach Venedig zu entsenden. Venedigs größtes Ziel, Dubrovnik als Handelsmacht im Mittelmeerraum zu schwächen, gelang aber nicht. Im Jahre 1235 konnte Dubrovnik eine Selbstverwaltung durchsetzen. Der Große Rat, der ausschließlich aus Adligen mit lebenslänglicher Mitgliedschaft bestand, wählte alljährlich einen für die Gesetzgebung zuständigen Kleinen Rat und den Senat, der für die Verwaltung, die Rechtsprechung und die Außenpolitik verantwortlich war. Der Rektor, dem im wesentlichen Repräsentationspflichten oblagen, wurde für die Dauer von nur einem Monat gewählt. Diese Mandatszeit verbrachte er allein, ohne Familie, in seinen Gemächern im Rektoren-Palast, den er nur in wichtigen Staatsangelegenheiten verließ. Der Grundsatz »Obliti privatorum – publica curate« (Vergeßt das eigene Wohl, denkt an das öffentliche) ist noch heute einer Inschrift zu entnehmen, die in der oberen Galerie des Rektoren-Palastes über der Tür zum ehemaligen Palast des Großen Rates erhalten ist.

Der Krieg zwischen Ungarn und Venedig endete mit der Niederlage der mächtigen Republik, so daß im Frieden von Zadar (1358) Dubrovnik mit Dalmatien an Ungarn fiel. Die bis 1526 dauernde Oberhoheit bedeutete für Dubrovnik eine fast vollständige Unabhängigkeit. Der Verpflichtung einer alljährlichen Abgabe und der Lieferung von Schiffen im Kriegsfall konnte die Republik leicht nachkommen. Für eine wirkliche Kontrolle lag aber der ungarische Königssitz in Buda zu weit entfernt. Da auch der königliche Schutz unsicher war, mußte die Stadt selbst für ihre Verteidigung durch den Ausbau ihrer Befestigungsanlagen sorgen. So entstand dieses einmalige Befestigungssystem mit einer bis zu 6 Meter dicken und 25 Meter hohen Wehrmauer, deren Gesamtlänge fast zwei Kilometer beträgt (Umschlagvorderseite, Farbt. 22, Abb. 98). Drei mächtige runde und zwölf viereckige Türme, fünf Bastionen und Forts vor den Mauern (Fort Lovrijenac aus dem beginnenden 12. Jahrhundert und Fort Revelin aus den Jahren 1509–57) verstärken sie zusätzlich. Erbauer dieser großartigen Anlage waren italienische Festungsbaumeister. Der mächtigste und zugleich höchste Wehrturm der Stadt, der Minčeta-Turm, ist das Werk des Florentiners Michelozzo di Bartolomeo und des bekannten Juraj Dalmatinac, des Baumeisters der Kathedrale von Šibenik.

In diesen Jahrhunderten der ungarischen Oberhoheit führte Dubrovnik einen erbitterten Handelskrieg mit Venedig und stellte der Macht der slawischen Fürsten auf dem Balkan wirtschaftlichen Druck, Diplomatie, Intrigen und Geschenke entgegen, um seine Handelsfreiheit und sein Salzmonopol zu verteidigen. Als die Türken 1526 einfielen, konnte sich Dubrovnik durch geschickte Diplomatie und durch Tributzahlungen an den Sultan das Recht auf freien Handel sichern. Angesichts der zerstrittenen europäischen Großmächte bewahrte die Republik ihre Neutralität und erweiterte das Netz ihrer Handelskolonien im Mittelmeerraum. In der Stadt selbst fanden Humanismus und Renaissance einen fruchtbaren Boden. Bibliotheken und Hochschulen wurden gegründet, die Dubrovniker Malerschule mit Nikola Božidarević an der Spitze vollendete ihre Meisterleistungen (Abb. 96, 97), und eine eigenständige slawische Literatur setzte sich durch. Schon einige Zeit vorher hatte der Stadtstaat Vorbildliches geleistet, als er ein Altersheim und ein Waisenhaus gründete, einen öffentlichen Gesundheitsdienst einrichtete, Wasserleitungen und Kanalisation anlegte und sich überhaupt um eine weitsichtige Stadtplanung kümmerte.

Die Verlagerung des Seehandels vom Mittelmeer in die Ozeane und die zunehmende Bedeutung westeuropäischer Handelsflotten bereiteten den Niedergang des Kleinstaates vor. In dieser Zeit des wirtschaftlichen Zusammenbruchs wurde die Stadt 1667 von einem starken Erdbeben heimgesucht. In dieser Stunde der schwersten Not schlossen sich die Überlebenden zusammen und bauten ihre bis fast auf die Grundmauern zerstörte Stadt von neuem auf. Für weit über hundert Jahre hatte Dubrovnik noch einmal seine Freiheit und Wohlhabenheit gerettet und erlebte als einer der wichtigsten Häfen des Mittelmeerhandels einen erneuten Aufschwung. Erst im 19. Jahrhundert verlor die Stadt mit der napoleonischen Besetzung und der anschließenden österreichischen Herrschaft endgültig ihre Unabhängigkeit. Geblieben sind die steinernen Zeugen jener ruhmvollen Vergangenheit und ein heiteres Volk, das sich der Bedeutung seiner Kulturdenkmäler bewußt ist und dessen soziale Lebensformen von der gestaltenden Kraft der Mauern, Gassen und Plätze auch in Zukunft geprägt werden.

Nachdem wir den Wagen am besten weit vor den Stadtmauern abgestellt haben, betreten wir die Altstadt durch das Pile-Tor (Abb. 87). Über dem Innentor wacht der Schutzheilige der Stadt, St. Blasius (Sv. Vlaho), eine Statue von Meštrović. Hinter dem Pile-Tor führen links steile Treppen auf die Bastionen hinauf. Dieser Spaziergang auf den gewaltigen Stadtmauern rings um die geschützten Häuser, mit dem Blick auf die Klippen und die Brandung sollte auf keinen Fall versäumt werden. Hinter dem Pile-Tor steht auf einer Erweiterung der Placa der Große Onofrio-Brunnen, ein kuppelüberwölbtes sechzehnseitiges Sammelbecken am Endpunkt der alten Wasserleitung, die der neapolitanische Baumeister und Wasserbauingenieur Onofrio della Cava 1436 anlegte. Hinter dem Brunnen steht das Gebäude des ehemaligen St. Klara-Klosters, gegenüber erhebt sich die einschiffige Erlöserkirche (Sv. Spas), die von Petar Andrijić aus Korčula zwischen 1520 und 1528 erbaut wurde. Sie besitzt eine schöne Fassade im Stil der lombardischen Renaissance mit einer Rosette und einem dreiteiligen Giebel. Obwohl sie gewisse Stilmerkmale der Gotik bewahrt, ist der Einfluß der Kathedrale von Šibenik unleugbar (Abb. 88).

Kirche und Kloster der Franziskaner schließen sich unmittelbar an. Der romanische Kreuzgang ist wohl der schönste an der gesamten östlichen Adria-Küste, ein Werk des heimischen Bildhauers Mihoje Braikov aus Bar (Abb. 94, 95). Er wurde im 3. Jahrzehnt des 14. Jahrhunderts angelegt und besteht aus Hexaforien mit Doppelsäulen und in Form von stilisierten menschlichen Köpfen, Drachen und anderen Fabeltieren gestalteten Kapitellen. Hohe, schlanke Säulen mit Blattkapitellen weisen aber schon auf die Gotik hin. Das Kloster besitzt eine Apotheke von 1317, die zu den ältesten in Europa gehört, und eine reiche Sammlung von Büchern, illuminierten Kodizes und alten Handschriften.

Die Placa, die fast 300 m lange Promenadenstraße der Altstadt, wird an beiden Seiten von architektonisch einheitlichen Häusern im einfachen Barockstil gesäumt, die alle nach dem katastrophalen Erdbeben von 1667 entstanden (Farbt. 21). Am Ende mündet die Placa in die Luža, den Mittelpunkt des öffentlichen Lebens der Altstadt. Hier steht die Roland-Säule mit dem Standbild des legendären Helden, mittelalterliches Symbol einer freien Handelsstadt. An der Südseite des Platzes hat der Venezianer Marino Gropelli zwischen 1706 und 1715 die barocke St. Blasius-Kirche (Sv.

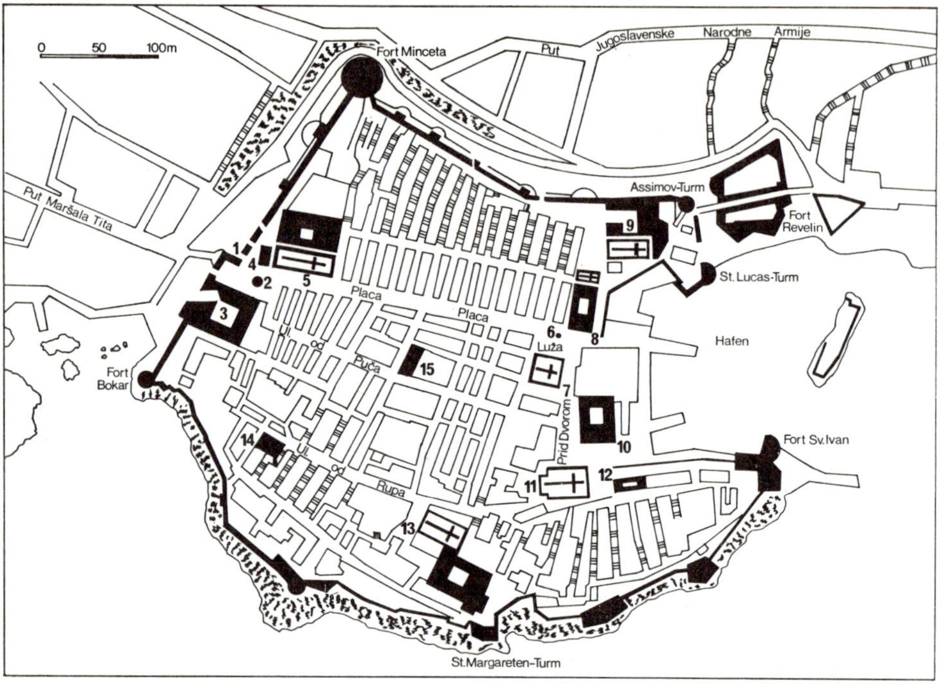

Stadtplan von Dubrovnik
1 Pile-Tor 2 Großer Onofrio-Brunnen 3 St. Klara-Kloster 4 Erlöserkirche (Sv. Spas) 5 Franziskanerkloster 6 Rolandsäule 7 St. Blasius-Kirche (Sv. Vlaho) 8 Sponza-Palast 9 Dominikanerkloster 10 Rektorenpalast 11 Dom 12 Bischofspalast 13 Jesuitenkirche 14 Rupe (ehemaliges Kornhaus) 15 Serbisch-orthodoxe Kirche

Vlaho) gebaut (Abb. 93). Sie ist dreischiffig und besitzt einen quadratischen Grundriß und eine ovale Kuppel; die Fassade ist mit vier korinthischen Wandsäulen, einem Barockportikus und einer Lünette auf dem Giebel dekoriert. Die vergoldete Silberstatue des Schutzheiligen am Hochaltar hält ein Modell der Stadt in der Hand, das ein ziemlich getreues Abbild aus dem Mittelalter ist.

Den Nordrand des Platzes nimmt die Sponza ein, ein sehr elegant wirkender Palast mit Stilmerkmalen der Gotik und Renaissance (Abb. 92). Nach Plänen von Paskoje Miličević wurde er zwischen 1516 und 1521 erbaut, die Arkaden stammen von den Meistern Nikola und Josip Andrijić aus Korčula. Das Gebäude war einst Zollamt und Münzamt der Stadt, diente jedoch auch als Versammlungsort für die Akademie, als Waffenlager und Getreidespeicher. Der Palast war so solide gebaut, daß er das große Erdbeben fast unversehrt überstand und dadurch die reichen Goldvorräte der Republik sicher verwahrte. An den Sponza-Palast schließt sich im rechten Winkel die Glöcknerloge an, unter der ein Durchgang zum östlichen Stadttor und zum Stadthafen (Umschlagvorderseite) hindurchführt. Hier hingen früher die Glocken zur Einberufung des Stadtrats und zum Sturmläuten. Der danebenstehende Uhrturm von 1929 steht an der Stelle seines Vorgängers aus dem 15. Jahrhundert (Farbt. 10). An ihn schließt sich die ehemalige Hauptwache an, die 1490 in gotischem Stil erbaut wurde und im Jahre 1707 ein Barockportal nach Entwürfen von Marino Gropelli erhielt. Vor einer Nische in der Fassade können wir uns am Kleinen Onofrio-Brunnen erfrischen, dessen figurale Dekorationen von Pietro di Martino da Milano gegen Mitte des 15. Jahrhunderts modelliert wurden (Abb. 92). Das ehemalige Rathaus neben der Hauptwache (1490) brannte im 19. Jahrhundert ab und wurde durch das 1864 errichtete Gemeindehaus ersetzt.

Endlich stehen wir vor dem schönsten Bauwerk Dubrovniks, dem Rektorenpalast, in dem die Regierung der Republik ihren Sitz hatte (Abb. 89–91). 1435 war der alte Palast durch eine Pulverexplosion zerstört worden; den neuen von Onofrio della Cava traf 1463 das gleiche Schicksal. Der Florentiner Michelozzo fertigte die Pläne für den Wiederaufbau des Palastes im Renaissancestil an, den anschließend sein Landsmann Salvi di Michiele in Angriff nahm. Besonders prunkvoll ist die Loggia mit sechs Archivolten im Renaissancestil. Das Atrium des Palastes überrascht mit schönen Arkaden und einem repräsentativen Treppenaufgang. Eine Büste zeigt den Reeder Miha Pracat, der sein riesiges Vermögen der Stadt schenkte; es ist das einzige Denkmal, das man im alten Dubrovnik einer bestimmten Person gesetzt hat. Der Rektorenpalast enthält heute das Kulturhistorische Museum, in dem wir uns über das Leben in der ehemaligen Republik orientieren können.

Die Domkirche (Velika Gospa) mit der monumentalen Barockfassade entstand 1671 bis 1713 anstelle der durch das Erdbeben zerstörten Vorgängerin. Im Innern sind zahlreiche Gemälde sehenswert, vor allem Tizians ›Mariä Himmelfahrt‹ über dem Hochaltar, außerdem ein kostbares flämisches Triptychon. Die Schatzkammer enthält mit 138 Reliquiaren verschiedenster Art aus Gold und Silber den reichsten Domschatz Dalmatiens, darunter ein Reliquiar mit Schädelknochen des heiligen Blasius in Form einer byzantinischen Krone. Im Südteil Dubrovniks finden wir noch einige weitere besuchenswerte Bauten: das Bischöfliche Palais, den Barockbau der Jesuitenkirche von Andrea Pozzo, das ehemalige Kornhaus (Rupe), heute Archäologisches Museum, die serbisch-orthodoxe Kirche und das Ikonenmuseum mit Werken byzantinischer, italokretischer, russischer und serbischer Schulen.

Zum Abschluß besuchen wir in der Nordostecke der Stadt das Dominikanerkloster, das im Laufe des 14. und 15. Jahrhunderts entstand. Der schöne Kreuzgang mit Triforien und zweierlei gotischen Rosetten zeigt den sanften Übergang von der Gotik zur Renaissance. Diese für Dubrovniks Kunstdenkmäler so charakteristische Verquickung der Stile finden wir auch am Südportal der Kirche wieder. In der Kirche hängen kostbare Gemälde, so die ›Heilige Magdalena‹ von Tizian sowie wertvolle Arbeiten der Dubrovniker Malerschule. Zeigt das Polyptichon von Lovro Dobričević (1448), das Matke Junčić in Holz schnitzte (Abb. 97), im Gold des Hintergrunds, im Faltenwurf und in der Ornamentik der Gewänder, auch in der gewundenen Gestalt des heiligen Michael noch Einflüsse der Spätgotik, so waren die Jahre zwischen 1480 und 1520 die Glanzzeit der Dubrovniker Malerei, in der die Renaissance endgültig die gotisch-byzantinische Malerei ablöste. Die bekanntesten Maler dieser Schule sind Nikola Božidarević und Mihajlo Hamzić. Die Heiligen auf dem Triptychon von Hamzić haben trotz der vielen Einzelheiten des Lebens und der handwerklichen minuziös ausgeführten Brokatstoffe und Gewänder etwas von starrer Unbeweglichkeit und gläubiger Naivität. Zarter und sanfter sind dagegen die Gestalten von Božidarević. Voll irdischer Lieblichkeit erscheint uns die märchenhafte Madonna, schwerelos der Engel der Verkündigung (Abb. 96). Unterhalb des Gradac-Parks von Dubrovnik, am Rande des Meeres erhebt sich die kleine Kirche von Danče, in der weitere sehenswerte Arbeiten der berühmten Dubrovniker Maler aufbewahrt werden (s. a. Farbt. 32, 36).

Zwei Tagesausflüge von Dubrovnik aus werden hier beschrieben. Der erste ist ein eintägiger Schiffsausflug in die Bucht von Kotor (Boka Kotorska), der zweite ein wenig bekannter mit dem Wagen in das geographisch interessante Popovo-Polje (s. Seite 167f.).

Die *Bucht von Kotor* in Montenegro, im Land der Schwarzen Berge, ist ein überwältigendes Landschaftserlebnis. Hier fehlt die mediterrane Heiterkeit der dalmatinischen Küsten, statt dessen tauchen steile Berge ernst und schweigsam in das dunkle Wasser der fjordähnlichen Bucht. Wir fahren an der Insel Sveti Djordje vorbei, dieselbe, die, eingetaucht in das Grün von Pinien und Zypressen, mit ihrer altertümlichen Kirche und dem Friedhof Arnold Böcklin zu seinem Bild ›Die Toteninsel‹ inspiriert hat (Farbt. 24). *Perast* grüßt mit seinem Glockenturm herüber. Diese Stadt, die zwischen 1650 und 1800 ihre seetüchtige Flotte bis in die Ostsee schickte, deren Patrizierhäuser aus der Renaissance- und Barockzeit an den glänzenden wirtschaftlichen Aufschwung erinnern, ist heute eine tote Stadt mit öden Gassen und leeren Palästen, wo uns blinde Fenster anstarren und Unkraut die ehedem blühenden Gärten überwuchert.

Am Ende der Bucht erreichen wir das stark befestigte *Kotor* (Cattaro), überragt vom Lovćen (1749 m), zu dem bis vor wenigen Jahren nur eine steile serpentinenreiche Schotterstraße hinaufführte, die man wohl oder übel bezwingen mußte, um nach Cetinje ins montenegrinische Hinterland zu gelangen. Die einstige griechische Kolonie Kotor stand wie so viele andere Städte des Balkans unter der Herrschaft von Byzanz, anschließend unter dem Fürstentum Diokleia bzw. Zeta, gehörte zeitweise zum mittelalterlichen serbischen Staat der Nemanjiden und war im Besitz der ungarisch-kroatischen Könige, Venedigs und Österreichs. Wir betreten die Stadt durch das Seetor und erreichen bald die stolze St. Tryphonius-Kathedrale (Sv. Tripun) (Abb. 99). Von einer früheren Kirche sind nur noch das Ziborium und die mit einem dreifachen Flechtbandornament verzierten Altarschranken erhalten. Die heutige Kirche, eine dreischiffige Basilika mit zwei Türmen, wurde auf den Fundamenten der alten Kirche errichtet und 1166 geweiht. Sie besitzt nur eine Apsis und an der Westfassade einen überwölbten

Portikus, flankiert von den zwei im 17. Jahrhundert vollendeten Türmen. Im Altarraum der Kirche steht ein aus der Mitte des 14. Jahrhunderts stammendes Ziborium, das in vollendeten Proportionen gestaltet wurde (Abb. 100). An der Nord-, West- und Südseite des Architravs befinden sich Reliefs mit Darstellungen aus dem Leben des hl. Tryphonius, der in der griechisch-orthodoxen Kirche als Märtyrer hohe Verehrung genießt. Die Schatzkammer enthält eine Reihe von Reliquien, darunter Arme, Beine und Kopf des hl. Tryphon.

Außer der Kathedrale besitzt Kotor noch in der kleinen St. Lukas-Kirche aus dem Jahre 1195 ein wichtiges Baudenkmal. Hier haben wir ein frühes Beispiel für den Kirchenbau der Raška-Schule (vgl. S. 29), den wir in Serbien noch an vielen Beispielen von Klosterkirchen studieren werden.

Der Reisende, der mit dem Auto Kotor aufsucht, macht meist nur eine kurze Rast. Ihn lockt ein Badeurlaub an den montenegrinischen Sandstränden zwischen Budva und Ulcinj oder die abenteuerliche Fahrt über den Lovćen-Paß ins wilde Montenegro. Der Schiffsausflügler dagegen kann auf seiner abendlichen Heimreise nach Dubrovnik miterleben, wie sich diese heroische Landschaft der Bucht von Kotor verwandelt, wenn die untergehende Sonne die Berge in ein rosafarbenes Licht taucht.

Das *Popovo-Polje* (Popenfeld) in der Herzegowina nördlich von Dubrovnik ist ein besonders schönes Beispiel für ein Karstphänomen dieser Art in Jugoslawien (Farbt. 10, Abb. 101). Obwohl es an Größe von einigen anderen Poljen übertroffen wird, ist es in seiner Physiognomie geradezu idealtypisch. Bei seiner Gesamtlänge von 65–70 km hat das Polje im westlichen Abschnitt nur eine Breite von 1–3 km, so daß die Eigenart dieser Karstlandschaft gut überschaut werden kann. Mit deutlichem Knick grenzt der ebene, von 4–5 m mächtigen Alluvionen bedeckte Poljeboden an die Karrenfelder der steilen Talflanken. Das Polje ist landschaftlich in drei Teile zu gliedern: in das Inundationsgebiet (Überschwemmungsgebiet) mit gewundenem, talartigem Verlauf, in das Gebiet der šuma (Wald) und in ein höher gelegenes Gebiet mit nach Nord und Süd ausgreifenden Seitentaschen.

Der tiefste Teil des Polje ist das Inundationsgebiet im Nordwesten. Kähne inmitten der Felder zeugen von den winterlichen Überflutungen, bei denen der See eine Tiefe bis zu 47 m erreichen kann. Im Sommer aber ist dieser Bereich des Polje bis auf einige versumpfte Stellen fast völlig trocken. Die alljährliche Inundation setzt mit den Herbstregen in der Zeit vom 1. bis 15. September ein, wenn die Ponore das Wasser der Trebišnjica, die das Polje durchfließt, nicht mehr vollständig ableiten können. Die Überflutung erfolgt so rasch, daß durchschnittlich nur jede fünfte Ernte sicher eingebracht werden kann. Doch da der Boden sehr ertragreich ist – es wird vorwiegend Mais angebaut –, werden die Felder trotzdem nicht aufgegeben. Die Qualität des Poljebodens ist sogar so hoch, daß die Bauern bis zu 30 km lange Wege zu ihren Parzellen nicht scheuen. Zwischen dem Inundationsteil des Popovo-Polje und dem Gebiet der šuma besteht ein Höhenunterschied von 4 bis 5 m. Die šuma ist ein riesiges, unregelmäßiges

Karrenfeld mit Buschwaldvegetation und zeigt kaum Bodenbedeckung. Dieses siedlungs- und anbaufeindliche Gebiet wird nur durch Schneiteln seines Eichenmischwaldes genutzt. Trebinje im östlichen Teil ist die größte Siedlung im Popovo-Polje. Hier macht die stärkere Bodenbedeckung wieder Getreideanbau möglich.

Der gewundene Verlauf des Popovo-Polje scheint die Theorie zu bestätigen, daß das Polje aus einem ehemaligen Flußlauf entstand, und zwar schon vor dem Pleistozän (vgl. S. 23 f.). Von Osten, aus dem Orjen-Gebirge, stammt das Material (Hauptdolomit), das ins Polje eingeschwemmt wurde und den Schwemmlandboden schuf. Auch aus dem Gebiet der Šuma wird heute immer mehr Material ausgeschwemmt und im Inundationsgebiet abgelagert; damit erweitert sich das Karrenfeld ständig, »die Steine beginnen zu wachsen«.

Es gibt mehrere Zufahrtsmöglichkeiten, das interessante Inundationsgebiet des Popovo-Polje kennenzulernen. So führt eine schmale, schwierig zu befahrene, aber sehr eindrucksvolle Schotterstraße von Slano an der Adria-Küste in steilen Kurven auf eine Höhe von 356 m und 14 km durch eine überwältigende Karstlandschaft nach Zavala. Die Zeit scheint hier stillzustehen, denn Fremde kommen kaum in dieses vergessene Bergland. Alte Frauen, die Ziegen und Schafe durch den Karst treiben, sind die einzigen Menschen, die dem Fremden auf der Strecke begegnen. In ihren Gesichtszügen spiegelt sich das Archaische dieser Landschaft wider (Abb. 102). Endlich öffnet sich die Bergkulisse, und tief unten leuchtet das Grün des fruchtbaren Polje kontrastreich zum weißen Karst; wir haben Zavala erreicht (Abb. 101). Im Gasthaus des Dorfes können wir uns erfrischen und einen Führer zu der naheliegenden Karsthöhle *Vjetrenica jama* (Abb. 103) bestellen (geöffnet vom 1. 5. bis 31. 10). Diese ist mit einer Ausdehnung von etwa 20 km eine der größten Grotten der Welt. Nur 10 km sind erforscht, 2 km beleuchtet und dem Besucher zugänglich. Erwähnenswert in Zavala ist auch ein mittelalterliches Kloster mit seltenen Fresken aus dem Jahre 1619.

Ein weiterer Weg, der auch als Rückfahrtsroute in umgekehrter Richtung von Zavala aus gewählt werden kann, führt von Dubrovnik über Trebinje entlang der Trebišnjica ins Polje. Trebinje im äußersten Süden der Herzegowina ist eine erste und überraschende Begegnung mit dem Orient, erinnern doch im gut erhaltenen Türkenviertel die Moschee des Osman-Pascha Resulbegović (1. Hälfte des 18. Jh.), der Uhrturm, Pulverturm und das Haus des Begs an die lange Herrschaftszeit der Eroberer zwischen 1466 und 1878. Wegen der Anlage eines Stausees und eines Wasserkraftwerks oberhalb der Stadt wurden die siebenbogige türkische Arslanagića-Brücke sowie die mit wertvollen byzantinischen Fresken (1619) ausgestattete Kirche des Klosters Dobrićevo abgetragen und an anderer Stelle in mühseliger Kleinarbeit von Wissenschaftlern und Arbeitern wieder aufgebaut. (16,8 km von Trebinje-Ortsausgangsschild in Richtung Foča; 600 Meter hinter Kilometerstein 156. Dort zweigt rechts eine schmale Straße zum Kloster ab.)

Mittelalterliche Grabsteine in Bosnien und Herzegowina

Die bedeutendste Nekropole mit mittelalterlichen Grabsteinen, die auch unter dem Namen Bogumilengrabsteine bzw. in der volkstümlichen und wissenschaftlichen Bezeichnung ›stećci‹ (Einzahl: stećak = stehender Stein) bekannt sind, finden wir in einer von Karstbergen eingerahmten Ebene bei *Radimlja,* 4 km nordwestlich des malerischen Ortes Stolac (Farbt. 16). Wir erreichen dieses wichtigste Zeugnis mittelalterlicher bosnischer Kunst und Kultur, »eine der bemerkenswertesten Stätten europäischer Kunstimagination« (O. Bihalji-Merin), wenn wir auf der Straße von Metković nach Mostar 3 km vor Počitelj rechts abbiegen und auf einer neuasphaltierten Straße 20 km nach Osten fahren. – Die grauen, teilweise mit Flechten überzogenen Steine haben in der Mehrzahl die Form von Sarkophagen und Truhen. Erinnert schon der Sarkophag mit Giebel und Satteldach an ein Haus, so wird die Deutung der Denkmäler als ›ewiges Haus‹ durch Säulen an den Längsseiten (z. T. stark vereinfacht als vertikale Vertiefung mit rundem Kopf) noch unterstrichen, wobei der Einfluß der romanischen Architektur des Küstengebiets als sicher gelten kann. Wenn man den Sarkophagen und hohen Truhen die gewöhnlichen Truhen, einen Reichtum an Steinplatten und vereinzelte Steinkreuze hinzufügt, so erhält man einen Überblick über die Formen fast aller Nekropolen der Herzegowina, die wie diejenige von Radimlja von den Wissenschaftlern einer eigenen Schule zugerechnet werden.

In der frühen Nachmittagssonne bringt das Spiel von Licht und Schatten die Figuren und Ornamente der monolithischen Grabmäler besonders gut zur Geltung. Die Ikonographie der gemeißelten Bilder im Flachrelief zeigt häufig Motive von Jagdszenen, mit Jägern zu Pferde oder zu Fuß, begleitet von Hunden und Falken. Immer wieder sind es Hirsche, seltener Bären und Wildschweine, die mit Bogen und Speeren erlegt werden (Abb. 106). Ein weiteres beliebtes Motiv ist der alte slawische Kolotanz, entweder gemischt getanzt oder nur von Frauen oder nur von Männern. Der Anführer im Kolo ist meist einer unter den Tänzern, vereinzelt reitet er auf einem Pferd oder Hirsch. Dieser Tanz der rasch stampfenden Füße und der von Arm zu Arm fortgepflanzten vitalen Bewegung ist noch heute in allen jugoslawischen Landschaften verbreitet und wird jeweils in den einzelnen Regionen abgewandelt (s. Fig. S. 306). Weitere Motive sind Ritterszenen als Duelle und Turniere, außerdem Familienszenen, unter denen besonders das Bild des Verstorbenen mit seinen beiden Kindern in seiner ekstatischen Ausdruckskraft ergreifend wirkt (Abb. 104). Unter den weiteren Motiven: einzelne menschliche Gestalten, einzelne Tierfiguren, feudale Embleme, auf symbolischen und dekorativen Darstellungen fallen immer wieder Männergestalten auf, die mit erhobener Hand eine magisch beschwörende Geste beschreiben, »vielleicht eine Haltung der Kommunikation mit den mythischen und chthonischen Mächten, die Haltung der Göttlichkeit, der Macht selbst«[6] (O. Bihalji-Merin). Pfeil und Bogen als heraldische Zeichen sind meist neben dem Kopf angebracht; zwischen dem Kopf und der erhobenen Hand erscheint stets der Kreis als Symbol der Sonne. Insgesamt ist diese rustikal und naiv wirkende Kunst der stećci mit der einprägsamen Zeichenhaftigkeit nur von einer Bedeutungswirklichkeit, nicht von der Naturwirklichkeit her zu interpretieren (Ft. 39, Abb. 105).

Auf einigen Denkmälern von Radimlja stehen Inschriften in der ›bosaničica‹ genannten alten bosnischen Schrift mit altkyrillischen Buchstaben, die von schriftkundigen Schreibern entworfen und anschließend von den ›Schmieden‹ zusammen mit figuralen und ornamentalen Bildern eingemeißelt wurden. In diesen Inschriften werden historische Ereignisse erwähnt oder bestimmte Sentenzen über Leben und Tod zum Ausdruck gebracht. Hier folgen einige Beispiele von Inschriften aus verschiedenen Gebieten der Herzegowina:

Hier liegt Vlać Vladisalić. Dies schrieb Semorad und meißelte Vuk für den Vater. (Boljuni, 15. Jh.)

Hier liegt Radivoj Drašćić. Ich war ein tapferer Held. Ich bitte euch, meine Ruhe nicht zu stören. Ihr werdet sein wie ich bin, doch ich kann nicht sein wie ihr seid. (Gornje Hrasno, 15.–16. Jh.)

Hier ruht Dragac. Als ich wünschte zu sein, hörte ich auf zu sein.

Dies ist das Kreuz des Radoje Mrkšić. Ich betete zu Gott und dachte an nichts Böses, als mich der Blitz tötete. (Djedići bei Trebinje, 15.–16. Jh.)

Neben der starken Konzentration von Nekropolen mit Grabmälern in der Herzegowina ist eine zweite in Ostbosnien im Raum von Ludmer festzustellen. Charakteristisch für Ostbosnien sind die stehenden Grabmäler, aufrechtstehende Platten, prismatische Formen und hohe Obelisken. An die Stelle figürlicher Darstellungen treten hier Motive aus der Pflanzenwelt und eindrucksvolle Spiralornamente; damit ist die ostbosnische Schule einfacher und bescheidener als die herzegowinische. In weiteren Gebieten Bosniens, Dalmatiens und Montenegros ist besonders der Einfluß der herzegowinischen Schule entscheidend gewesen.

Im Verbreitungsgebiet der stećci gibt es heute noch ungefähr 50000 erhaltene Denkmäler. Obwohl die Erforschung der Grabsteine sich bereits über ein ganzes Jahrhundert erstreckt und inzwischen ein typologisches Bild ihrer Formen und Verzierungen erarbeitet wurde, ist das Problem der Entstehung der stećci nicht endgültig gelöst; ebenso kann der Reliefschmuck noch nicht definitiv gedeutet werden. Schon Arthur Evans, der spätere Entdecker von Knossos, brachte 1875 die stećci mit der bogumilischen Lehre (Häresie) in Bosnien in Verbindung, die in Dokumenten des Mittelalters für dieses

Stećak mit Kreuzornament. Radimlja bei Stolac, Ostherzegowina

Gebiet verbürgt ist. Die früheste Nachricht über die vom Priester Bogumil ausgehende Bewegung findet sich in einem Sendschreiben des Patriarchen Theophylaktos von Konstantinopel aus dem 10. Jahrhundert an den bulgarischen Zaren Petar. Darin wird die bogumilische Häresie als Manichäismus vermischt mit Paulizianismus bezeichnet. Mani, ein um 240 in Persien geborener christlicher Priester, hatte die Lehren der Bibel und der alten persischen dualistischen Lehre des Zarathustra vermischt. Letztere basiert auf dem Prinzip, wonach das Gute und das Böse in der Welt einander gegenüberstehen; der Manichäismus negiert alles Weltliche und Diesseitige, Staat, Kirche und damit auch Steuern und Sakramente. Daher wurden die Anhänger der Häresie von Staat und Kirche verfolgt. Eine manichäische Sekte, jene der Paulizianer, bildete nach dem Fall ihrer Festung in Ostanatolien in Thrazien eine Kolonie, die wahrscheinlich der Ursprung der Bogumilenhäresie ist. Von dort verbreitete sich die Häresie in Bosnien-Herzegowina, von wo sie nach Italien (Katharer = Ketzer) und Frankreich (Albigenser) übergriff. Nach dem Höhepunkt in Bosnien-Herzegowina zwischen dem 12. und 14. Jahrhundert verlöschte das Bogumilentum im 16. Jahrhundert wahrscheinlich unter dem Druck der Osmanen.

Nach dem Zweiten Weltkrieg war Aleksandar Solovjev der konsequenteste Verfechter der bogumilischen Zugehörigkeit der stećci, weil er die Darstellungen auf den

Ornamentale Entwicklung einiger Symbole auf den mittelalterlichen Grabsteinen (nach M. Wenzel)

Grabsteinen geschickt in den Rahmen der manichäischen bzw. paulizianischen Dogmen einfügen konnte. Solovjev betont, daß die häufig vorkommenden halbmond- und sternförmigen Zeichen auf den stećci die Folge der esoterischen Lehre der bogumilischen Kirche seien, nach welcher Sonne und Mond himmlische Schiffe, Wohnstätte der gerechten Seelen vor dem Eingang ins Paradies sind. Obwohl die Bogumilen die realistische Darstellung der Kreuzigung verachteten, verehrten sie jedoch das Kreuzeszeichen selbst in drei Formen: in anthropomorpher und theomorpher Form, als gleicharmiges griechisches Kreuz und als Kreuz des Lichtes bzw. Kreuz des Sonnenkreises.

Der einseitigen Deutung Solovjevs als Grabsteine der Bogumilen widersetzte sich in neuerer Zeit eine Reihe von Forschern, darunter A. Benac, S. Radojčić, M. Wenzel u. a., die eine ausschließlich bogumilische These ablehnen, seit archäologische Forschungen bestätigen, daß sich die meisten Nekropolen um Ruinen mittelalterlicher Kirchen scharen. Diese Kirchen konnten aber nur christliche Kirchen sein, da die Bogumilen keine Kirchengebäude duldeten. Auf den Einfluß der Romanik bei den Säulenarkaden wurde bereits hingewiesen. Schließlich können Parallelen zwischen den figürlichen Darstellungen auf den stećci und entsprechenden Darstellungen auf mittelalterlichen Tapisserien aus West- und Mitteleuropa gezogen werden; Jagden, Turniere und Reigentänze sind typische Gestaltungsmotive für die westeuropäische Kunst des späten Mittelalters gewesen und wurden auch von den italienischen Renaissancemalern immer wiederholt. Im ganzen betrachtet setzt sich heute in der Wissenschaft immer mehr die Anschauung durch, daß die stećci nationales Eigentum des mittelalterlichen bosnischen Staates sind und nicht einfach mit der Bogumilensekte in Zusammenhang gebracht werden können, sie fanden zumindest in den Zentren der stećci bei allen Bewohnern Verwendung. So gesehen können dann die Sonnen- und Mondsymbole in einer ferneren slawischen Vergangenheit ihren Ursprug haben, als z. B. der zunehmende Mond im Volksglauben einen Fetisch darstellte, der seinen Einfluß auf die Gesundheit von Menschen und Tieren ausübte.

Moscheen und Basare in Mostar und Sarajevo

Počitelj an der Neretva, an der Straße von der dalmatinischen Küste nach Mostar und Sarajevo ist für den von der Adria kommenden Reisenden die erste überraschende Begegnung mit dem Orient, mit der Welt des Islam (Farbt. 27). Auf einer Anhöhe am linken Neretva-Ufer steht die mittelalterliche Burg (s. S. 175), die, zum erstenmal 1444 erwähnt, den Verkehr durch das Neretva-Tal beherrschte. Als Bosnien in die Hand der türkischen Eroberer gefallen war, ließ der ungarische König mit Unterstützung Dubrovniks die Burg als Bollwerk gegen die nach Westen vorrückenden Türken ausbauen. Paskoje Miličević, den wir schon als Baumeister der Republik Dubrovnik kennengelernt haben, leitete die Bauarbeiten zwischen 1465 und 1471. Dennoch gelang den Türken Ende des Jahres 1471 die Einnahme Počiteljs. Eine lebhafte Bautätigkeit entwickelte sich innerhalb der Mauern in der zweiten Hälfte des 16. Jahrhunderts, deren Zeugnisse wir heute in den renovierten Baudenkmälern dieses malerisch gelegenen Ortes bewundern können. Der Adlige Hadži Alija erbaute 1563 die nach ihm benannte Moschee mit einem besonders schönen Minarett. Über dem quadratischen Gebetsraum wölbt sich eine große Kuppel, über dem Vorbau drei kleinere. Architektonisch gehört die Hadži-Ali-Moschee zur Gruppe der klassischen Kuppelmoscheen. Husref Redžić sieht in der Entwicklung dieses Moscheentypus »die Suche nach den besten Proportionen von geschlossenem Kubus und offener Eingangshalle . . , der Höhe des Kubus, des Tambours und der Kuppel und schließlich die Suche nach der besten Beziehung von Volumen und Höhe des architektonischen Hauptkörpers und des Minaretts. Im Innern findet sich der Hauptschmuck an der Kuppel, den Pendentifs oder den Trompen, an der Gebetsnische (Mihrab), am Predigerstuhl (Mimbar), an der Galerie (Mahfil), den Fenstern und den Türen. Die einräumige Kuppelmoschee stellt eine sehr einfache architektonische Komposition dar, bei der der Innenraum als höchstes künstlerisches Ziel gilt und das Äußere direkt aus diesem abgeleitet ist. Es findet sich wohl kaum eine andere Komposition in der Architektur, bei der eine so große Übereinstimmung von Interieur und Exterieur erreicht wurde. Spärlich sind die Elemente der Konstruktion, der Raumgliederung und der Dekoration. Mimbar und Mahfil haben die Wirkung von Mobiliar und nicht die fester Bestandteile der Innenarchitektur. Der künstlerische Wert dieser äußeren und inneren Komposition liegt in der Klarheit und Einfachheit, in dem Gefühl für Maß und Proportion.«[7]

Der türkische Chronist Evlija Čelebija, der 1664 durch Počitelj reiste, erwähnt neben der Moschee weitere Bauwerke, die Ibrahim Aga, der Gutsverwalter des Großwesirs Ahmed Pascha Ćuprilić stiftete und die heute noch zum großen Teil erhalten sind: eine Volksküche (Imaret), die unentgeltlich bedürftige Einwohner mit Brot und Suppe versorgte, eine religiöse Elementarschule (Mekteb), eine Koranschule (Medrese), öffentliche Bäder (Hamam), ein Gasthaus (Han) und einen Uhrturm (Sahat Kula) (Farbt. 27).

Bevor wir in die Welt des Orients näher eindringen, sollen einige Bemerkungen zur geschichtlichen Entwicklung Bosniens und einige Hinweise zu den Kunstepochen vor dem Auftreten der Türken auf dem Balkan gemacht werden. Schon in vorgeschichtlicher Zeit war Bosnien dicht besiedelt. Berühmt geworden ist die neolithische Ansiedlung Butmir, wo die Archäologen schon Ende des 19. Jahrhunderts etwa 90 Wohngruben mit reichem Fund von Steinwerkzeugen und Waffen, Tierknochen und Reste von Pflanzennahrung fanden. Besonders wertvoll sind feinpolierte keramische Erzeugnisse, geschmückt mit vertikalen Spiralsystemen, die reliefartig aus der Gefäßoberfläche herausgeschnitten sind (Abb. 119). Milutin Garašanin weist darauf hin, daß sich dieses Ornament einige Jahrhunderte später, um die Mitte des 2. Jahrtausends v. Chr. in den monumentalen Gräbern der mykenischen Periode in Griechenland wiederfindet.

Im Zeitalter der Metallbearbeitung finden wir in Bosnien zunächst Vertreter der aeneolithischen Vučedol-Kultur (vgl. Abb. 15); später gegen Ende der Bronzezeit besetzten Illyrer die Gegend, deren Kultur in der sogenannten Hallstattperiode ihre höchste Blüte erreichte. Aus dieser Zeitspanne sind zahlreiche Exemplare von Eisen- und Bronzewerkzeugen und Waffen, Keramiken und Bronzeschmuck (Abb. 120) erhalten geblieben, die im Landesmuseum in Sarajevo ausgestellt sind. Dank des intensiven Handels finden sich Mitte des 1. Jahrtausends v. Chr. bei den Illyrern Kunstgegenstände, die sicher dem Bereich griechisch- und italisch-archaischer Kunst entstammen. Eine Besonderheit sind die japodischen Steinurnen mit archaischer Stilisierung der figuralen und ritualen Kompositionen (Abb. 116). Obwohl solche Erscheinungen an der Peripherie der griechischen Hochkultur zeitlich zurückbleiben (Beginn des 1. Jh.), sieht Marcel Gorenc darin nicht die Folge eines rückständigen Stils bzw. Praxis einer konservativen Umgebung. Es handle sich dagegen um ein Bedürfnis, die Begräbniszeremonie, die allerdings mit der Tradition breche, zu monumentalisieren. »Die Lösung dieser Aufgaben wurde jedoch nicht dem Zufall überlassen; sie wurde vielmehr durch eine künstlerische Bearbeitung erreicht, in deren Methoden die Kontinuität originaler Traditionen und eines wirklich autochthonen Stils fortlebte. Der Archaismus dieses Stils stellt weder eine Retardation noch eine Nachahmung des zeitgenössischen Griechenland oder Europa dar; vielmehr ist in ihm eine allgemeine Entwicklungsphase zu sehen, die sich in anderen Gebieten in dieser Form nicht erhalten hat.«[8]

Auch die römische Zeit, in der viele alte Stammeszentren reorganisiert und urbanistisch gestaltet wurden, hat ihre Spuren hinterlassen. Eine Grabplatte aus Zenica zeigt vier Personen im Moment ihres würdigen Auftretens vor dem Publikum (Abb.

Burg Počitelj an der Neretva

113). Mosaiken in einer Siedlung bei Stolac, eine Darstellung des Labyrinths mit dem Minotaurus und Embleme mit Personifikationen der Jahreszeiten sind wohl unter dem Einfluß der Ateliers von Salona entstanden (Abb. 114, 115). Auch der von den römischen Legionären weiterverbreitete, aus Persien stammende Mithras-Kult ist nach Bosnien eingedrungen. Ein Relief aus Konjic zeigt auf der Vorderseite einen geflügelten Jüngling bei der Opferung eines Stieres (Abb. 117). Blut und Mark des Stiers sind im Kult Ursprung der Erde und des Lebens. Der Kult, der in Konkurrenz zum frühen Christentum stand, war sehr beliebt, denn Mithras war der erfolgversprechende Siegesgott, und die Unterwerfung des Stiers stand symbolisch für die Macht des mit dem Körper vereinigten Geistes über die reine Materie. Die Rückseite des Reliefs zeigt die surrealistische Abwandlung des narrativen Mithras-Gastmahls (Abb. 118).

Zur Zeit der Völkerwanderung wurden die römischen Kolonien in Bosnien zerstört. Etwas später wanderten Serben und Kroaten ein, die das orthodoxe bzw. das römisch-katholische Christentum annahmen. Während sich die Anhänger der beiden Bekenntnisse in der Folgezeit befehdeten und ihren gegenseitigen Haß bis zum grausamen Bruderkrieg steigerten, konnte sich zwischen den Fronten das Bogumilentum ausbreiten (vgl. S. 169 ff.), dessen Gläubige aber unter den Verfolgungen der christlichen Konfessionen litten. Zwischen 1180 und 1203 wurde Bosnien unter dem Banus Kulin zum erstenmal ein selbständiger Staat. Kurz vor der türkischen Invasion um 1400 hatte Tvrtko, König von Bosnien, der einer Nebenlinie der serbischen Nemanjiden entstammt, die Adria-Küste von Kotor bis Split erobert. Doch sein Versuch, als König von Bosnien und Serbien das zerfallene Nemanjiden-Reich noch einmal unter seiner Hand mit Bosnien zu vereinen, war vergeblich. Bosnien war infolge der wieder einsetzenden Kämpfe zwischen den beiden christlichen Konfessionen zu schwach. In dieser Zeit lösten sich auch mehrere bosnische Feudalherren vom Staat. Einer von ihnen, Stjepan Vukčić, ernannte sich zum ›herceg‹ des südlichen Bosnien und gründete Herzegowina.

Die Türken als neue Herren boten den Bogumilen Schutz, allerdings mußten sie sich als Moslems betrachten. Um ihre Besitzungen zu behalten, wurden aus bosnischen Lehnsherren und Großgrundbesitzern bosnische Begs (Bey bedeutet ›hoher Herr‹), welche eine weiterbestehende Minderheit von orthodoxen und katholischen Christen unter die rechtlose Masse der Ungläubigen (rajah) einreihten und als Leibeigene betrachteten. Die Unterschiede in den Religionen haben sich in Bosnien-Herzegowina bis heute gehalten. So klassifiziert der kommunistische Staat einen ganzen Volksteil nicht nach seiner ethnischen Herkunft, sondern nach der Religionszugehörigkeit (vgl. S. 11). Der Sultan teilte damals das Land in Verwaltungsbezirke, sogenannte Sandschaks auf. Der Pascha von Bosnien als militärischer Befehlshaber, zugleich als Wesir auch oberster ziviler Statthalter des Sultans herrschte zunächst von Sarajevo, später von der Festung in Travnik aus.

Die rücksichtslose Ausbeutung der rechtlosen Bauern verschärfte in den folgenden Jahrhunderten den Haß gegen die mohammedanischen Begs und die sie begünstigenden türkischen Paschas und Wesire. Das Feudalsystem war so korrupt und unfähig, das

86 DUBROVNIK Bronzener Türklopfer am Portal des Rektoren-Palastes aus dem 15. Jh.

87 DUBROVNIK Das Pile-Tor gehört zu Befestigungsanlage aus der 1. Hälfte de 14. Jh. Die Statue über dem Tor stellt de Schutzpatron der Stadt, St. Blasius, dar

88 DUBROVNIK Großer Onofrio-Brunnen de neapolitanischen Baumeisters Onofrio dell Cava (1438) und Erlöserkirche (Sv. Spas mit Renaissancefassade von Petar Andriji aus Korčula, 1520

9 DUBROVNIK Rektoren-Palast, 1431 und 1463

o, 91 Renaissance-Kapitelle an den Säulen der Vorhalle des Rektoren-Palastes mit Blütenmotiven, Fabeltieren und Figuren

92 DUBROVNIK Sponza-Palast mit Stilmerkmalen der Gotik un Renaissance, 1516–21. Rechts Klei ner Onofrio-Brunnen von 1438

93 DUBROVNIK St. Blasius-Kirch (Sv. Vlaho), Barockbau des Vene zianers Marino Gropelli, 1706–1

94, 95 DUBROVNIK Romanischer Kreuzgang mit Zwillingssäulen und Kapitell im Franziskanerkloster, Werk des Meisters Miho aus Bar, 14. Jh.

96 Verkündigung von Nikola Božidarević (Detail), 1513. Sakristei der Dominikanerkirche in Dubrovnik

97 Detail eines Polyptichons von Lovro Dobričević, 1448. Sakristei der Dominikanerkirche in Dubrovnik

8 DUBROVNIK Stadtmauer mit St. Katharinen-Turm (links) und dem mächtigen Minčeta-Rundturm

9, 100 KOTOR Kathedrale St. Tryphon (Sv. Tripun), 1166. Die Türme wurden nach dem Erdbeben von 1667 im Renaissance- und Barockstil erneuert; Altarziborium, 14. Jh. (rechts)

101 POPOVO-POLJE in der Herzegowina. Mit scharfem Knick grenzt der fruchtbare ebene Poljeboden an die Karrenfelder der steilen Talflanken. In den Wintermonaten verwandelt sich das Polje in einen See

102 Alte Bäuerin im Karst

103 Sintervorhänge in der Karsthöhle VJETRENICA bei Zavala im Popovo-Polje

104 Vater mit Kindern. RADIMLJA bei Stolac, Ostherzegowina

104–106 Mittelalterliche Grabsteine (stećci) in Bosnien und Herzegowina

105 Die Nekropole von RADIMLJA ist mit ihren zahlreichen stećci die bedeutendste in Jugoslawien

106 Grabmal von Donja Zgošća, Landesmuseum, Sarajevo

107 MOSTAR Alte türkische Brücke, errichtet 1566 von Hajrudin. Etwa 20 m über dem Wasserspiegel überspannt ein einziger Bogen von 27 m Weite die Neretva

108 Mostars schönste Moschee, Karadjoz-Begova-Džamija, aus dem späten 16. Jh. Minarett mit reich verzierter Stalaktiten-Galerie

▷

◁
109 SARAJEVO Begova-Džamija. Die Moschee wurde 1530 unter dem Statthalter Gazi Husref Beg errichtet

110 SARAJEVO Muselmanischer Friedhof mit offenem Mausoleum am Alifakovac

111 SARAJEVO Türkischer Brunnen auf dem orientalischen Platz Baščaršija

112 SARAJEVO Svrzo-Haus, ein schönes Beispiel profaner türkischer Baukunst und Innenarchitektur aus der 2. Hälfte des 16. Jh. mit dem Lebensstil und Geschmack wohlhabender Kreise

114

115

113

116

117, 118 Relief einer kultischen Mithras-Szene, Vorderseite und Rückseite (Mithras-Gastmahl). Gefunden in Konjic, Höhe 52 cm, Breite 82 cm. 1. Hälfte des 4. Jh. n. Chr. Landesmuseum, Sarajevo

◁

113 Grabplatte aus der Römerzeit mit vier Verstorbenen, gefunden in Zenica, 4. Jh. n. Chr. Landesmuseum, Sarajevo

114, 115 Personifikation des Herbstes und des Frühlings. Mosaiken aus einer römischen Siedlung bei Stolac. 3. Jh. n. Chr. Landesmuseum, Sarajevo

116 Japodische Urne aus Ribići bei Bihać mit dem Relief von Frauen bei ritueller Zeremonie. Länge 115 cm, Breite 52 cm, Höhe 55 cm. Beginn unserer Zeitrechnung. Landesmuseum, Sarajevo

119 Vase mit spiralenförmiger Reliefdekoration aus Butmir bei Sarajevo. Ende des jüngeren Neolithikums, 3 Jt. v. Chr. Landesmuseum Sarajevo

120 Bronzefibel aus Jezerine Jüngere Eisenzeit, 4. Jh. v Chr. Länge 14 cm. Landesmuseum, Sarajevo

121 JAJCE Im waldreichen Bosnien sind die Hausdächer mit Schindeln bedeckt

Nationalbewußtsein der Südslawen gegen 1875 so stark geworden, daß Serben und Bosnier nach mehreren Aufständen gegen die Türken siegreich blieben. Doch die erhoffte Freiheit blieb aus. Statt dessen wurde Bosnien auf dem Berliner Kongreß 1878 den Österreichern als Mandatsgebiet zugesprochen. Der Unmut wächst, als die Österreicher 1908 Bosnien und Herzegowina widerrechtlich annektieren. Am 28. Juni 1914 kommt es zu der denkwürdigen Tat: Der junge Bosnier Gavrilo Princip erschießt in Sarajevo den österreichischen Thronfolger Erzherzog Franz-Ferdinand und dessen Frau und leitet damit den Ersten Weltkrieg ein. Doch mit dieser Tat ist der Weg zur Vereinigung der Südslawen frei.

Mostar, die Hauptstadt der Herzegowina, ist eine außerordentlich reizvolle orientalische Stadt, deren Panorama wir vom Ufer der Neretva oder von der modernen Brücke genießen (Umschlagrückseite, Farbt. 5). Schlanke Minaretts ragen über den roten Dächern empor und wetteifern mit dunklen Zypressen, unten strömt die smaragdgrüne Neretva zwischen den blendenden Felsen. Mit ihren Rebhängen, Obstgärten und Tabakfeldern liegt die Stadt wie eine Oase im Talkessel einer unwirtlichen Karstlandschaft. Die Temperaturen können im Sommer unerträglich ansteigen; wir bekommen den beginnenden kontinentalen Klimacharakter des inneren Jugoslawien zu spüren.

Mostar entstand im 15. Jahrhundert als Karawanenstation an der Straße von der Adria ins Landesinnere, eine Gründung des Adligen Radivoj Gost, der Höfling des Herzogs Stjepan Vukčić war. 1522 wird die Stadt Residenz der herzegowinischen Sandschak-Begs, und damit setzt ihre rasche Entwicklung ein. Das großartigste Baudenkmal Mostars ist die Alte Brücke (Stari most) (Abb. 107), die der Baumeister Hairuddin auf Geheiß Sultan Solimans des Prächtigen 1566 errichtete. Die Legende erzählt, daß sich Hairuddin nach Fertigstellung sein Grab schaufelte, weil ihm der Sultan den Tod angedroht hatte, falls die Brücke einstürzen würde. Doch 400 Jahre nach ihrer Entstehung steht die Brücke immer noch unversehrt, und die Jungen springen für ein Trinkgeld 20 Meter kopfüber in die Neretva-Fluten. Aus wohlgeformten Hausteinen gefügt, überspannt sie in einem einzigen kühnen Bogen mit einer Spannweite von 28 m den Fluß. Die beiden mittelalterlichen Türme wurden im Stil der orientalischen Architektur umgebaut und bilden nun zusammen mit den benachbarten Gebäuden das harmonische Bild.

Brücken aus der türkischen Zeit finden wir in Bosnien-Herzegowina an vielen Stellen. Berühmt geworden durch Ivo Andrićs Roman ›Die Brücke über die Drina‹ ist die monumentale Brücke in *Višegrad*, die mit elf Bögen Bosnien und Serbien verbindet. Baumeister ist kein Geringerer als der geniale Architekt Sinan, Lehrer von Hairuddin, der 1539 zum Hofarchitekten des Osmanischen Reiches ernannt worden war (Fig. S. 194).

Zurück nach Mostar, wo wir in der Karadjoz-Beg-Moschee von 1557 die größte und schönste Moschee in der Herzegowina finden, eine klassische einräumige Kuppelmoschee, deren Minarett mit einer Stalaktitengalerie reich verziert ist (Abb. 108). Unmittelbar neben der Moschee steht eine Medrese und im Moscheehof ein schöner

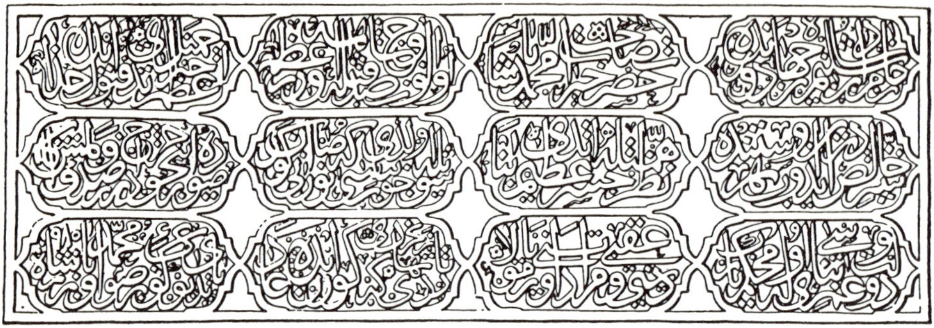

Kalligraphische Inschrift auf der Brücke des Mehmet-Pascha Sokolović über die Drina, Višegrad, 1577

Springbrunnen, der die islamische Architektur belebt. Diese Springbrunnen (Šadrvan) – ein ebenso schönes Beispiel steht bei der benachbarten Koski-Mehmed-Pascha-Moschee – bestehen aus einem niedrigen Bassin aus Steinplatten oder aus einem gemeißelten Sockel mit mehreren Becken, aus denen das Wasser jeweils in das tiefer gelegene Becken überfließt. Ein leichtes Holzdach auf Steinsäulen schützt das Brunnenbassin.

Orientalisches Händler- und Handwerkerleben herrscht im Kujundžiluk-Viertel, wo die Häuser zur Unterscheidung nicht mit Hausnummern, sondern in verschiedenen Farben gestrichen sind. Hier können wir in den alten Läden herumstöbern, türkische Kaffeeservice, Kannen, Schalen, Teppiche, Stickereien und vieles mehr kaufen. Doch es gehört schon einige Sachkenntnis dazu, die echt antiken Kostbarkeiten herauszusuchen.

Es wäre nicht gerecht, nur Mostars orientalische Stadtteile zu nennen. Am linken Neretva-Ufer liegen der im 19. Jahrhundert von den Österreichern ausgebaute katholische Teil der Stadt sowie moderne Ausbauten (58 000 E./1971).

Von Mostar aus ist ein Abstecher nach Südosten zur *Buna-Quelle* zu empfehlen. Das in Klüften, Dolinen und Schlucklöchern versickernde Wasser hat sich in Höhlenflüssen gesammelt und sprudelt in dieser kräftigen Karstquelle am Fuße einer gewaltigen Felswand zutage (Farbt. 38). Das Wasser ist sehr klar und reich an Forellen. Dicht neben der Grotte steht das ehemalige Derwischkloster (Tekija). Charakteristisch sind die mit einem dichten Holzgitter versehenen Fenster und die Veranda.

Durch das enge Neretva-Tal zwischen hohen Gebirgsstöcken und steil aufgefalteten Gesteinsschichten hindurch fahren wir ins grüne Bosnische Bergland zur Hauptstadt der Sozialistischen Republik Bosnien-Herzegowina, nach *Sarajevo* (290 000 E./1971). Sarajevo bildet den Höhepunkt jener seltenen Mischung orientalischer und okzidentaler Kultureinflüsse. Nachdem die Türken um 1435 die Stadt erobert hatten, förderten die Statthalter (Begs) ihren Ausbau. Sarajevo war Endpunkt der Kamelkarawanen aus Istanbul. Der bekannteste Stifter war Gazi Husref Beg, der die Stadt zwischen 1521–37 um eine große Moschee, eine Volksschule, eine theologische Schule, ein öffentliches Bad,

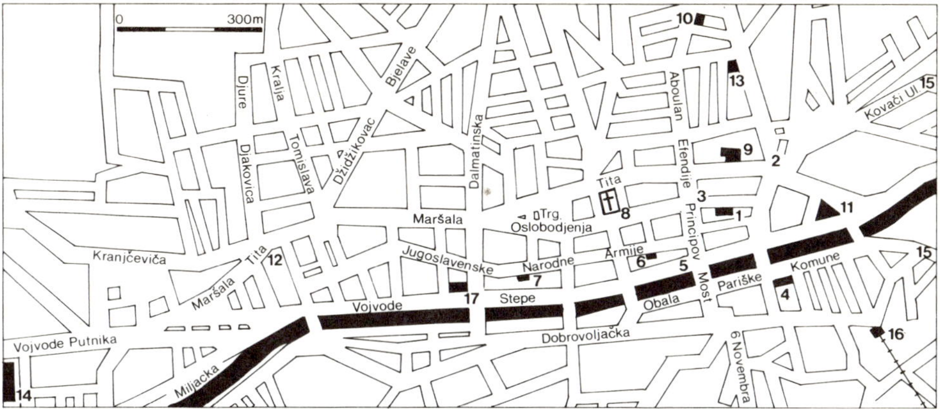

Stadtplan von Sarajevo 1 Gazi-Husref-Beg-Moschee 2 Baščaršija-Platz mit gleichnamiger Moschee, 1550 3 Ćaršija, Basarviertel 4 Kaiser-Moschee (Careva Džamija), 1565 unter Suleiman dem Prächtigen erbaut 5 Princip-Brücke, Schauplatz des Attentats auf Erzherzog Franz Ferdinand am 28. 6. 1914 6 Despić-Haus, typisches Beispiel eines bosnischen Wohnhauses einer angesehenen Bürgerfamilie im 18. und 19. Jh., mit zeitgenössischer Einrichtung 7 Synagoge, 16. Jh., Jüdisches Museum 8 Kathedrale, 19. Jh. 9 Alte Orthodoxe Kirche, Museum mit Ikonensammlung 10 Svrzo-Haus 11 Rathaus, 1896 während der Habsburgerzeit im ›maurischen‹ Stil erbaut 12 Ali-Paša-Moschee, 1561 13 Stadtmuseum, Sammlungen zur Stadtgeschichte vom Neolithikum bis zum Ende der Türkenzeit 14 Landesmuseum 15 Muselmanische Friedhöfe 16 Seilbahn zum Trebević (Bergstation in 1127 m Höhe), Aussicht auf Sarajevo und das Bosnische Bergland

eine Bibliothek, eine Armenküche, einen überdachten Basar, einige Gasthäuser und etwa zweihundert Läden vergrößerte.

In der malerischen orientalischen Altstadt, über die noch heute der Ruf des Muezzins hallt, besuchen wir die größte Moschee des Landes, die Gazi-Husref-Beg-Moschee von 1530, eine der ehemals 99 Moscheen in der Stadt (Abb. 109). Im Hof plätschert unter Bäumen ein Brunnen, an dem sich die gläubigen Moslems Hände und Füße reinigen, bevor sie barfuß das Gotteshaus betreten. Die Moschee stammt aus der Schule des Baumeisters Hayreddin, und besitzt eine Hauptkuppel und mehrere Halbkuppeln, eine Variante der klassischen Kuppelmoschee. Durch die Vorhalle gelangt der Besucher in den großen Innenraum, der mit kostbaren Teppichen belegt ist (Farbt. 28). Weil die islamische Kunst jede Abbildung der Gottheit und seiner Geschöpfe als Blasphemie wertet, hat sie als Gegengewicht einen Höhepunkt in der ornamentalen Kunst erreicht, in der Motive verschiedener Herkunft und Behandlung verwendet werden, angefangen von den vorgeschichtlichen symbolischen (Sonnenscheibe, Stern u. a.) bis zu zoomorphen (Drache), floralen (Blätter, Zypresse, Rose u. a.) und geometrischen (Quadrat, Sechseck u. a.) Motiven (Fig. S. 196). So bewundern wir an den Wänden Koransprüche in dekorativer arabischer Zierschrift, die meisterhaft profilierten Bögen und die Stalaktiten in den Gewölbezwickeln. Die ornamentalen Malereien stammen übrigens nicht aus der Zeit der Gründung. Diese gingen 1879 bei einem Brand verloren. Was heute zu sehen

Gemalte Wanddekoration in der Vorhalle der Aladža-Moschee in Foča, 1550

ist, stammt von Münchner Malern aus dem Jahre 1886. Der Moschee gegenüber steht die Gazi-Husref-Beg-Medrese (1537), die während ihres 400jährigen Bestehens die Hauptbildungsanstalt der bosnisch-herzegowinischen Moslems war. Aus einer Vorhalle gelangt man in zwölf aneinandergereihte rechteckige Zellen, die von kleineren mit Blei gedeckten Kuppeln überwölbt sind. Am Ende befindet sich der Unterrichtsraum mit einer großen Kuppel.

Wir werfen noch einen Blick zum großen viereckigen Uhrtum (Sahat kula) hinüber und wenden uns dann dem geschäftigen Treiben im Bezistan, dem überdachten Markt, und im Basarviertel Čaršija zu. Die malerischen Gassen werden zu beiden Seiten von Reihen hölzerner Läden begrenzt, hinter denen sich gemauerte Lagerräume befinden, um die Ware vor Feuer zu schützen (Farbt. 29). Hier kann man stundenlang den Kupfer- und Silberschmieden, den Schustern, Schneidern, Sattlern, Bäckern und Handwerkern noch einiger anderer Berufe bei der Arbeit zusehen. Auf dem Hauptplatz (Abb. 111) erreicht das geschäftige Treiben besonders an Markttagen (Mittwoch) seinen Höhepunkt. Hier wimmelt es dann von Menschen in bunten Trachten. Männer mit Turban oder Fez, Frauen mit Pluderhosen und dem Kopftuch, das Mund und Kinn verdeckt, tragen sehr malerisch zum orientalischen Gepräge bei (Farbt. 30, 31, 33, 37). Unbedingt sollten wir eines der typischen türkischen Kaffeehäuser besuchen.

Sarajevo bietet dem Besucher noch eine Reihe weiterer Moscheen zur Besichtigung an, außerdem das

Inschrift auf der Wand der Hadži-Sinan-Tekija in Sarajevo, in Form eines dekorativen Gefäßes stilisiert, 18. Jh.

Derwischkloster Hadži-Sinan Tekija, das Bad des Gazi Husref Beg, einige alte muselmanische Friedhöfe (Abb. 110), die alte serbisch-orthodoxe Kirche mit kostbaren Ikonen und einen jüdischen Tempel. Während der Inquisition waren zahlreiche spanische Juden nach Sarajevo gekommen, weil der Sultan ihnen Religionsfreiheit gewährte.

Einen Eindruck von der Wohnkultur während der türkischen Feudalzeit gewinnen wir im gut erhaltenen Svrzo-Haus. Das Haus besteht aus einem steinernen Erdgeschoß mit den Magazinräumen und einem vorkragenden Wohnobergeschoß aus ungebrannten Ziegeln und Holz. Typisch für dieses reichere Haus ist die Gliederung in eine Männer- und Frauenabteilung mit eigenen Innenhöfen. Die Zimmer sind niedrig und besitzen eine mit verschiedenen Motiven verzierte Holzdecke. Der Boden ist mit Kelims bedeckt, die Mitte der Zimmer bleibt frei. Tagsüber nimmt die Familie an einem niedrigen Tischchen ihre Mahlzeiten ein, nachts schläft sie auf Matratzen, die auf den Teppichen ausgebreitet werden. Das Bettzeug liegt tagsüber in den hölzernen eingebauten Wandschränken, die eine Zimmerwand einnehmen (Abb. 112). Wer sich intensiver mit der Kultur der türkischen Zeit beschäftigen will, dem sei ein Besuch der ethnographischen Abteilung im Landesmuseum Sarajevo empfohlen, wo auch die wertvolle archäologische Abteilung eingerichtet ist.

Wer von Sarajevo nach Zagreb reist, der wird die landschaftlich schöne Strecke über Travnik, Jajce und Banja Luka wählen. *Travnik* mit seiner mächtigen Festung und den zahlreichen Moscheen ist der Schauplatz von Ivo Andrićs Roman ›Wesire und Konsuln‹. Die alte bosnische Königsstadt *Jajce* oberhalb des Pliva-Wasserfalls lädt mit typischen bosnischen Häusern mit hohen Sattel- und Walmdächern und dem holprigen Pflaster zu einer orientalischen Entdeckungsreise ein (Abb. 121). In der Nähe bietet sich das idyllische Bild alter Wassermühlen an der Pliva (Farbt. 40). Schließlich erreichen wir durch die enge Vrbas-Schlucht die Stadt *Banja Luka*, in der wir zum letzten Mal eine Fülle bedeutender orientalischer Baudenkmäler finden, bevor wir im Pannonischen Becken eine neue Kulturlandschaft betreten.

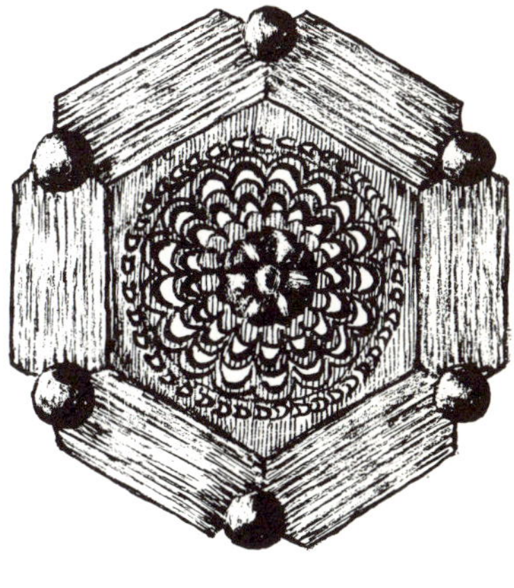

Dekorativer Beschlag an türkischen Schrankwänden,
Landesmuseum, Sarajevo

Durch die Schluchten des Balkan in das Land der Skipetaren

Morača – Durmitor – Mileševa – Péc – Dečani – Prizren

Auf der Fahrt von Titograd durch die Morača-Schlucht nach Norden stoßen wir auf das rechts von der Straße gelegene Kloster Morača. Hier beginnt für den von der Adria kommenden Reisenden eine neue Kunstlandschaft mit serbisch-byzantinischen Klöstern und ihren hervorragenden Wandmalereien. Zahlreiche mit Hilfe der Unesco in den letzten Jahrzehnten betriebene Restaurierungsarbeiten haben die jahrhundertelang während der Türkenzeit unter weißer Putzschicht verborgenen Fresken ans Tageslicht gebracht und die internationale Kunstwelt aufs höchste überrascht. Dadurch, daß diese serbisch-byzantinische Malerei erst spät bekannt wurde und bisher nur in geringem Maße bei uns publiziert und damit ins Bewußtsein des interessierten Laien eingedrungen ist, kann der Kunstreisende in Jugoslawien heute neben den schon lange bekannten slowenischen, istrischen und dalmatinischen Kunstschätzen ein neues weites Feld einer bedeutenden Stilepoche mit künstlerischen Meisterleistungen kennenlernen.

Das Kloster *Morača*, das dem Patriarchen in Cetinje untersteht, empfängt den Besucher mit seinen bis zur Decke ausgemalten Fresken im feierlichen Glanz seiner Opferkerzen im dunklen Kircheninnern. Die Kirche wurde von Fürst Stefan, dem Sohn des Župan Vukan und Enkel von Stefan Nemanja, 1252 gegründet. Von der gleichzeitigen Ausmalung ist nur der in der Monumentalmalerei einzigartige Eliaszyklus im Diakonikon erhalten (für Besucher nicht zugänglich). Die obere Zone der Nordwand zeigt Elias' Geburt. Darunter salbt der Prophet die Könige Hasael und Jehu und den Propheten Elisa, daneben ist Elias mit der Witwe von Zarpath dargestellt. Die Westwand zeigt in der oberen Zone Elias und den Engel und das Gespräch des Propheten mit Gott. In der mittleren Zone erkennen wir Elias und Elisa nach der Überschreitung des Jordan und Elias' Himmelfahrt. Schließlich tötet Elias in der oberen Zone der Südwand die Baalpriester und opfert auf dem Berg Karmel, während er in der mittleren Zone von einem Raben gespeist wird und den Jordan teilt. Die in edlem Gleichmaß gehaltenen Figuren und Kompositionen sind zusammen mit denen von Mileševa (um 1236) (Abb. 150) und Sopoćani (um 1265) (Abb. 152–154) in Zeichnung und Farbgebung stark an antike Muster gebunden und tragen Kennzeichen der höfischen Malerei. Der Meister von Morača hat die Figuren plastisch in einen untiefen Raum gestellt. In der Antike gebräuchliche Stellungen, Physiognomien und Kompositionen werden abgewandelt. Ein gedämpftes Blausilber taucht die Szenen in ruhiges Licht und macht damit die Farbgebung zurückhaltend. Radojčić sieht in der Figur des Elias in der Wüste »einen frühen Vorfahren jener Titanengalerie, die später Jacopo della Quercia und Michelangelo in ihrer Kunst lebendig werden ließen«.[9] Die übrigen Fresken in Morača stammen aus dem 16. und 17. Jahrhundert und sind recht konventionell und weniger wertvoll. Die Architektur des freundlichen weißen Gebäudes der Raška-Schule ist betont einfach gehalten. Typisch für die älteren Bauwerke dieser Schule (Studenica, Žiča, Morača) ist der kubische Tamboursockel, der so massiv und breit wie das Kirchenschiff selbst ist.

Wir verlassen Morača und fahren weiter durch die Bakovića-Schlucht bis Mojkovac. Hier muß man sich entscheiden, ob man die Hauptstraße weiter in Richtung Ivangrad – Andrijevica – Peć fährt oder einen landschaftlich äußerst lohnenden Abstecher nach Nordwesten ins Durmitor-Massiv und anschließend über Pljevlja und Prijepolje zum Kloster Mileševa macht. Hat man sich für letzteren entschieden, so wendet man sich kurz hinter Mojkovac nach Nordwesten dem Tal der Tara zu. Die Straße folgt schließlich der über 1000 m hohen von Steilfelsen gesäumten Tara-Schlucht (Naturschutzgebiet), die zu den eindrucksvollsten Landschaften Jugoslawiens zählt. An der Abzweigung nach Pljevlja halten wir uns für den Abstecher ins *Durmitor-Massiv* links und fahren eine steile Straße hoch. Oben schweift der Blick über eine karge Hochebene bis zur Durmitor-Kette, und bald erreichen wir den Luftkurort Žabljak in 1450 m Höhe, am Fuße des 2522 m hohen Durmitor. Das Gebirge gehört zu den schönsten Massiven des Dinarischen Gebirgsblocks und ist ein Paradies für Bergsteiger, Wanderer, Jäger und Fischer. Schon beim Aufstieg von Žabljak auf die Hochebene von Durmitor beeindruckt das Bild kühn geformter Gipfel und steiler Kalkbarrieren. Noch eindrucksvoller ist das Bild von den Ufern des Crno jezero, einem der zahlreichen glazialen Bergseen (Farbt. 25). Ein Urwald riesiger Nadelhölzer umgibt den See, und der Aufstieg auf die Gebirgskämme erschließt Ausblicke auf die ungewöhnlichen Formen der Massive Prutaš und Šareni pasovi mit steil aufgefalteten Kalkschichten in grüner und lichtgrauer Farbe. Auf den grünen Hochflächen weiden große Schafherden. Im Sommer wohnen die montenegrinischen Hirten in kleinen Holzhütten, die das Notwendigste für den Molkereibetrieb und das menschliche Dasein bergen.

Über die elegante 350 m lange Tara-Brücke führt eine zum größten Teil gute Straße durch eine einsame Berglandschaft mit Nadelwäldern, wo Bären und Wölfe hausen, nach Pljevlja, einer kleinen Stadt von türkischem Aussehen. Die einstige Hauptstadt des Sandschaks Herzegowina besitzt die dekorative Hussein-Pascha-Moschee mit einem 42 Meter hohen Minarett. Von dort geht eine neue Straße durch wildes dolinenreiches Hochland, wo Frauen mit zerfurchten Gesichtern spinnend oder strickend die Herden hüten, ein wahrhaft archaisches Bild. Über Prijepolje erreichen wir Kloster Mileševa mit blendend weiß gekalktem Mauerwerk, versteckt in einem Bergland mit unberührten Wäldern.

Die Christi-Himmelfahrt-Kirche von *Mileševa* ist eine Stiftung des Königs Vladislav um 1236 und ist ebenfalls im Stil von Raška erbaut. Sie hat die Form einer einschiffigen Basilika und besitzt eine Apsis, rechteckige Chöre und eine Kuppel. Um das Jahr 1263 erhielt sie einen kuppelgekrönten Narthex und zwei mit Kuppeln überwölbte Seitenkapellen. In der Türkenzeit war Mileševa ein wichtiges Kulturzentrum, zwischen dem 17. und 19. Jahrhundert wurde die Kirche bei Türkeneinfällen mehrmals verwüstet und schließlich 1863 restauriert. Den größten Wert von Mileševa stellen seine teilweise bewahrten Fresken dar, deren Maler durch Inschriften als Dimitrije, Teodor und Georgije bezeugt sind, was eine Seltenheit in der byzantinischen Kunst ist. Der künstlerische Rang der Wandmalerei von Mileševa steht dem von Sopoćani kaum nach. Nach Radojčić lassen sich in der serbischen Monumentalmalerei zwei Strömungen unterscheiden: eine höfische und eine mönchische. Die Meister des höfischen Stils (in Mileševa nur Fresken im Kirchenraum) verbindet eine Neigung zur lebhaften Farbgebung, zum Monumentalen und Dekorativen; sonst zerfallen sie in drei Gruppen. Die erste, wohl durch antike und frühbyzantinische Mosaiken beeinflußt – eine behutsame Imitation von Mosaiksteinchen ist wahrzunehmen – malte das Monumentalfresko Mariä Tod, von dem heute noch zwei große Ausschnitte existieren. Die zweite Gruppe stand wohl unter dem Einfluß venezianisch-byzantinischer Kunst und malte bedeutend weicher, z. B. eine äußerst sentimental empfundene Kreuzabnahme mit gewissen romanischen Elementen. Die dritte Gruppe schließlich, verantwortlich für den größten Teil der Einzelfiguren und Medaillons, malte äußerst pedantisch Gestalten, die wie vergrößerte Ikonen in Freskotechnik wirken, z. B. in der unteren Zone den hl. Nikolaus und Erzdiakon Stefan. Besonders bekannt geworden ist aus dem Langhaus das über drei Meter hohe Monumentalfresko des Weißen Engels am Grabe, der den Frauen, die das Grab Christi leer finden, das Gewand des Auferstandenen zeigt. Dieser Engel ist eine sehr suggestive, von der antiken Kunst inspirierte Figur (Abb. 150).

Eine Entwicklung vom Epischen zum Narrativen und vom Monumentalen zum Illustrativen weist die zweite Strömung serbischer Wandmalerei des 13. Jahrhunderts auf: der mönchische Stil. Die Fresken dieses Stils befinden sich im alten Narthex (nach 1236) und in der neueren Vorhalle von Mileševa (um 1263). Der mönchische Charakter mit strengen Formen ist im Passionszyklus, in der Prozession der ersten Könige der Nemanjić-Dynastie – darunter realistische Porträts von Vladislav, seinem Bruder Radoslav, von St. Sava und Stefan Nemanja – und in einer eindrucksvollen Galerie heiliger Mönche, Einsiedler und Äbte erkennbar. Letztere Gruppe fällt auf durch Bescheidenheit in Kleidung, Haltung und Ausdruck, wodurch diese Malerei die innere Größe und Schönheit der Dargestellten hervorheben will. Insgesamt ist Mileševa heute eine abgeschiedene Welt abseits der Touristenwege. Ein Besuch der nahen Festung Hisardžik, die 1465 von den Türken eingenommen wurde, kann die Fahrt nach Mileševa abrunden.

Durch das fruchtbare Lim-Tal, Montenegros Obstkammer, erreichen wir hinter Bijelo Polje wieder die Straße von Titograd nach Peć. Hinter Andrijevica steigt die

Straße in steilen Kehren zum Čakor-Paß (1849 m) hoch und senkt sich dann wieder bis zur engen, mehr als 30 km langen wildromantischen Rugovo-Schlucht, durch die sich die Pećka-Bistrica mit Wasserfällen cañonartig tief ins Gestein geschnitten hat. Der Čakor-Paß, der nur von geübten Fahrern benutzt werden sollte, ist die größte Zeit des Jahres wegen ungünstiger Wetterbedingungen unpassierbar. Auch im Sommerhalbjahr hat die teilweise sehr enge Strecke mit abenteuerlichen Kurven, neben der Abhänge Hunderte von Metern steil abstürzen, ihre Tücken. Auch eine andere Zufahrt nach Peć über Rožaje ist im letzten Abschnitt sehr beschwerlich, wenn auch an landschaftlicher Schönheit durch tiefe Nadelwälder und grasbewachsene Kalkplateaus nicht weniger eindrucksvoll (Farbt. 26). Damit bleibt auch heute der Zugang ins Innere des Balkan ein abenteuerliches Unternehmen, das dem Individualreisenden ein vom Massentourismus völlig unberührtes Stück Erde erschließt. Schon auf der staubigen Erdstraße in der Rugovo-Schlucht beginnt der geheimnisvolle Orient: Männer mit Turban oder dem keče genannten weißgrauen albanischen Filzkäppchen (Abb. 129), Frauen mit schweren Körben, hochbeladene Esel und Pferde und ächzende Pferdefuhrwerke kommen vom Markt in Peć und haben nun einen schweren Weg vor sich über die steilen Hänge bis zu ihren Heimatdörfern auf dem Rugovo-Plateau (Abb. 125). Mit Peć erreichen wir die erste Stadt im Kosovo, einem Autonomen Gebiet innerhalb der Sozialistischen Republik Serbien.

Kosovo ist heute noch das rückständigste Gebiet Jugoslawien mit dem niedrigsten Pro-Kopf-Einkommen und einem Völkermosaik aus Albanern (69 %), Serben (23 %), Montenegrinern (3,5 %) und Türken (2,5 %). K. Liebe hat dieser Schicksalslandschaft ein farbiges Kapitel gewidmet. Von den schaurigen Geschichten, die man sich in Belgrad von diesem ehemals unzugänglichsten Winkel Jugoslawiens erzählt, braucht aber heute keiner mehr abgeschreckt zu werden. Der größte Teil der älteren Generation ist noch ganz der mohammedanischen rückständigen Tradition verhaftet: Mehrehe ist für viele Sippenpatriarchen weiterbestehende Sitte; die Mädchen werden in vielen Fällen noch heute nur gegen Geld oder eine Heiratsgabe in Naturalien an Männer verheiratet, die sie oft vorher noch nie gesehen haben. Selbst die Angst vor der Blutrache soll einige Familien bewegen, sich nicht mehr in der Öffentlichkeit zu zeigen. Andererseits ist der Bildungsaufschwung namentlich bei der jungen Generation feststellbar. Spannungen zwischen der albanischen Mehrheit und der serbischen Minderheit flackern gelegentlich immer noch auf, zuletzt 1968. Diese haben ihren Ursprung in der Niederlage der Serben gegen die Türken nach der Schlacht auf dem Amselfeld 1389. Damals wichen viele serbische Familien aus Furcht vor der Islamisierung nach Norden aus. Albaner zogen daraufhin in den siedlungsleeren Raum des heutigen Kosovo und bebauten das Land in bescheidenem, oft primitivem Rahmen. Als schließlich im Balkankrieg 1912 die geschlagenen Türken das Kosovo-Gebiet räumen mußten, besetzten die Serben unverzüglich ihre ehemalige Heimat. Mit der ›Serbisierung‹ entstanden zwischen den Volksgruppen die Spannungen. Heute gelangen nach den kommunistischen Bemühungen auch die Albaner (Skipetaren) in die lange verwehrten Schlüsselstellungen der Politik, und ihre Sprache ist im Kosovo neben dem Serbokroatischen gleichberechtigte Amtssprache. Die Bemühungen des benachbarten Albanien, das Kosovo wegen seiner albanischen Mehrheit von Jugoslawien abzuspalten, muß mißlingen, wenn es Jugoslawien gelingt, das Kosovo wirtschaftlich und sozial schnell genug zu entwickeln. Schon jetzt haben die Albaner im Kosovo im Vergleich zu ihren Nachbarn im Mutterland einen höheren Lebensstandard.

Zwei Kilometer vor Peć liegt rechts unterhalb der Straße das alte *Patriarchat von Peć* (Abb. 151), heute noch ein intaktes Frauenkloster, das im kirchlichen Leben der Serben immer noch eine wichtige Rolle spielt, obwohl das Patriarchat seit 1920 seinen Sitz in Belgrad hat. Wegen der Gefährdung des grenznahen Žiča gegen Ungarn hatte Serbiens Nationalheiliger Sava Nemanjić seinen Nachfolger Arsenije (1233–1263) beauftragt, einen sicheren Ort für den Sitz des Erzbistums ausfindig zu machen. Am Ausgang der Rugovo-Schlucht erbaute er in der ersten Hälfte des 13. Jahrhunderts zunächst die Apostelkirche. 1316–24 errichtete Erzbischof Nikodim an der Nordseite der Apostelkirche die Demetriuskirche; sein Nachfolger, Danilo II., ließ um 1330 südlich an die Apostelkirche die Kirche der Muttergottes Hodigitria und vor den drei Kirchen eine gemeinsame offene Vorhalle sowie an der Südseite der Marienkirche die Nikolauskapelle anbauen. Die offene Säulenhalle wurde später im 16. Jahrhundert umgebaut zu einem fünften geschlossenen Gebäude des gesamten Komplexes. Nach Restaurierungsarbeiten in den Jahren 1931–32 zeigt die Anlage heute ihre ursprüngliche Form in bestem baulichen Zustand.

Die Apostelkirche im Stil der Raška-Schule ist eine einschiffige Kirche, mit Querschiff, Kuppel und halbkreisförmiger Apsis; Prothesis und Diakonikon bilden eine gesonderte bauliche Einheit. Der Westteil der Kirche ist stark verlängert und trägt ein halbkreisförmiges Tonnengewölbe. Architektonisches Zierwerk und Bildhauerarbeiten fehlen. Bei den beiden späteren Kirchen wurde nach byzantinischem Vorbild für den Grundriß die eingeschriebene Kreuzform verwendet, Fenster und Portale erhielten reichen plastischen Schmuck. Obwohl der Kirchenkomplex aus verschiedenen Epochen stammt, was sich auch in der Wandmalerei im Innern sehr gut ablesen läßt, bildet das Patriarchat von Peć eine geschlossene Einheit von ausgewogener Harmonie, die sich sehr gut in die Landschaft am Ausgang der Schlucht einordnet und dem Bedürfnis nach klösterlicher Abgeschiedenheit entgegenkommt. Der gesamte Kirchenkomplex weist in seinem Konzept deutlich auf die Athos-Architektur hin und hat in den berühmten Klöstern Lavra und Vatopedi sein Vorbild. In letzterem hatten Nikodim und vor ihm schon Sava und Stefan Nemanja ihre Mönchszeit verbracht.

Nicht nur in architektonischer Hinsicht ist das Patriarchenkloster interessant. Auch die Fresken der Kirchen und der Vorhalle zeigen einen guten Überblick über die Entwicklung der serbischen Malerei zwischen dem 13. und dem 16. Jahrhundert. Die größte in sich geschlossene Einheit serbischer Mönchsmalerei überdauerte die Zeiten in der Apostelkirche. Von der Malerei aus Erzbischof Savas Zeiten blieben nur die Fresken in der Kuppel und in dem darunter liegenden Raum erhalten. Wie Erzbischof Nikodim

Peć.
Kirchen des Patriarchats (Grundrisse)
1 Kirche des hl. Demetrius, 1316–24
2 Apostelkirche, um 1250
3 Kirche der Muttergottes Hodigitria, um 1330
4 Kapelle des hl. Nikolaus, um 1330
5 Narthex vor allen drei Kirchen, um 1330 (in Nord-Süd-Richtung)

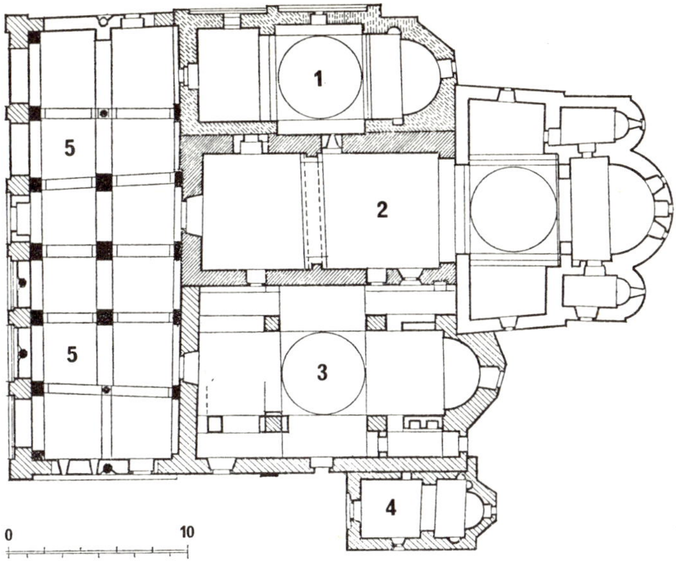

erzählt, wünschte Sava die Apostelkirche nach dem Vorbild der palästinensischen Kirche auf dem Berg Zion auszuschmücken. Damit erklärt sich auch die ungewöhnliche Auswahl der ikonographischen Themen: Das Innere der Kuppel ziert eine sehr monumental gestaltete Darstellung der Himmelfahrt Christi, auf den Feldern unter dem nördlichen, südlichen und westlichen Gewölbebogen sind die ›Ausgießung des Heiligen Geistes‹, ›der Ungläubige Thomas‹ und ›Pax vobiscum‹ gemalt, während Darstellungen des Abendmahls und der ›Auferweckung des Lazarus‹ im Norden und Süden die tieferliegende Zone bedecken.

Der Meister einiger dieser Fresken gehört der Gruppe jener Maler an, die ihre Inspiration aus derselben Quelle schöpften und denen ein Teil der Wandmalereien in der Muttergotteskirche des Klosters Studenica (Fresken in der Nordkapelle am Narthex) und die Malerei von Mileševa zugeschrieben werden könnten. Die hohen, kräftigen Gestalten fallen besonders durch ihre Köpfe mit strengen Gesichtszügen auf. Auffallend ist die reiche, wenn auch gedämpfte Farbgebung, scharfe Gegensätze von Bewegung und Ruhe, Licht und Dunkel. Auch eine Vorliebe für jugendliche Gestalten als Verherrlichung der Schönheit ist zu spüren (Aposteln und Engel). Die Darstellung der Gottesmutter in der Himmelfahrt ist die bemerkenswerteste Arbeit, denn in der serbisch-mittelalterlichen Malerei ist dies das einzige Beispiel einer derart realistischen Darstellung der Maria, einer Frau aus dem Volke, die entgegen der üblichen Idealisierung sehr irdisch und weiblich wirkt.

Die Malerei aus dem späten 13. Jahrhundert hat keinen ausgesprochenen Freskencharakter. So sind die zwei großen Brustbilder an der Westwand, der hl. Nikolaus und die Muttergottes mit Kind, mechanisch vergrößerte Ikonen, die in Zeichnung und Kolorit sehr hart wirken und dem neuen Stil der Paläologenrenaissance in Raszien zugehören, die die klassische Malerei aus der Mitte des 13. Jahrhunderts ablöste. Die bedeutendsten Gemälde der Demetriuskirche sind die Zyklen über das Leben der Heiligen und die großen Kirchenfeste. Hervorzuheben ist die Geburt Marias, besonders ansprechend das Mädchen mit dem Krug. Drei Werke aus dem Narthex (14. Jh.) sind noch zu erwähnen: einmal das prachtvoll gemalte Jüngste Gericht, ein Kalenderzyklus mit einem Bild für jeden Tag des Jahres und ein Stammbaum der Nemanjiden mit den Bildnissen der Herrscher. Schließlich soll noch auf den Klosterschatz hingewiesen werden. Er birgt schön illuminierte mittelalterliche Handschriften, kostbare Ikonen und Holz- und Steinskulpturen.

Wir verlassen Peć auf der Straße nach Prizren und erreichen nach 15 km das Dorf Dečani. Dort biegen wir rechts ab und gelangen nach 3 km zu dem im Tal der Dečanska Bistrica gelegenen Kloster *Dečani*. Die gut erhaltene Pantokratorkirche ist der Größe nach das eindrucksvollste Bauwerk der serbischen mittelalterlichen Architektur mit einer Länge von 36,5 m und einer Höhe von 30,5 m. Die Kirche wurde in den Jahren 1327–1335 als Stiftung von König Stefan Uroš III., genannt Dečanski, als dessen Mausoleum erbaut. Baumeister war der namhafte Minoritenmönch Vitus aus Kotor. Nach Stefan Dečanskis Tod vollendete sein Sohn Dušan die Kirche und ließ sie mit über 1000 Freskendarstellungen schmücken.

In ihrer Architektur ist Dečani ein schönes Beispiel einer späten romanisch-gotischen Basilika mit fünfschiffigem Grundriß, weitem Altarraum, hoher dreischiffiger Vorhalle und relativ kleiner Kuppel. Zahlreiche Details weisen auf den westlichen Einfluß hin: der Vertikalismus der äußeren Baumassen und der Innenräume, die Kreuzgewölbe, hohe und schmale gotische Fenster und reicher Skulpturenschmuck. Die vier Portale, die etwa 30 Fenster, die Triforien an der Altarapsis und an der Westfassade, die Kapitelle im Innern und die Konsolen an den Außenwänden sind alle mit menschlichen Figuren, Phantasietieren und Pflanzenornamenten versehen. Von besonderem Interesse sind das Tympanon des westlichen Hauptportals mit einer Reliefgruppe Christus als Pantokrator mit zwei Engeln und das Nordportal wegen seines bogenförmigen Frieses über dem Tympanon mit Fabelwesen zwischen verschlungenen Blattranken, darunter ein Trauben pickender Vogel, ein Keulen schwingender Zentaur, ein Drache mit gespreizten Schuppenflügeln und Schlangenschwanz, der einen gespannten Bogen auf den Zentaur richtet. Über dem Südportal erkennt man eine Taufe Christi und den Namenszug des Architekten in kyrillischen Buchstaben. Zusammen mit seinen polychromen Fassaden aus violetten, gelben und blaßrosa Marmorplatten bietet das Äußere der Kirche ein harmonisches Bild. Diese insgesamt wenig originelle Architektur Dečanis ist dennoch eingefügt in die Entwicklungslinie altserbischer Kunst, denn die Nemanjiden-Dynastie wiederholte das ursprüngliche Vorbild der im romanischen

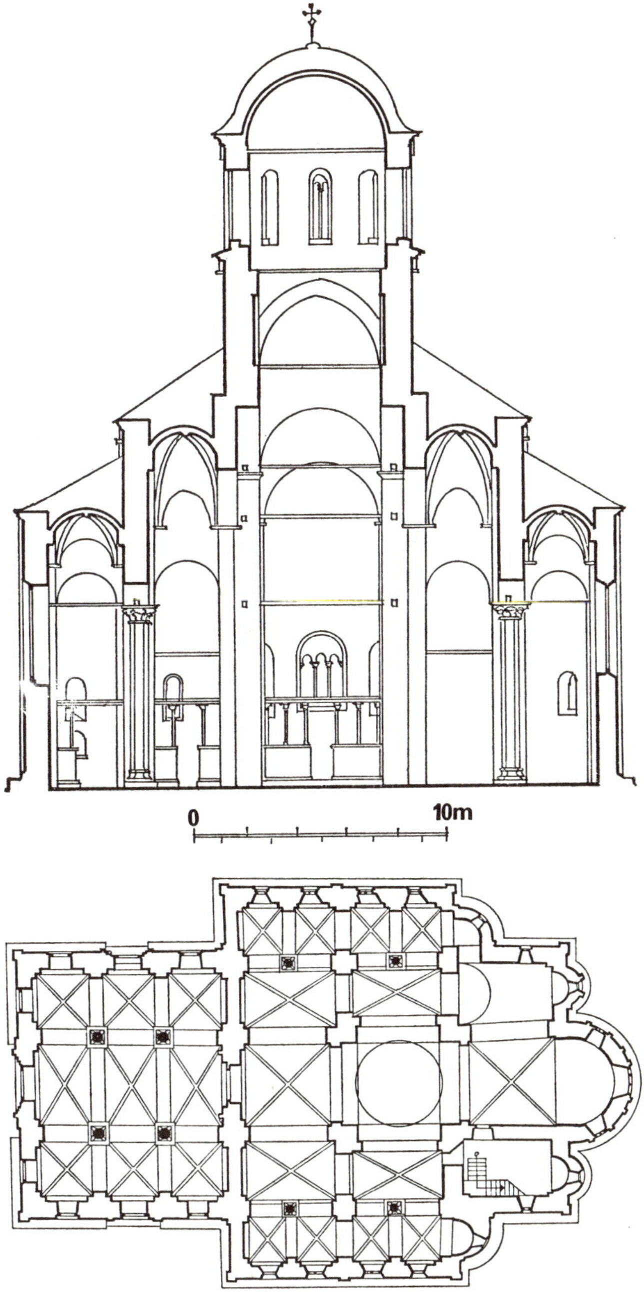

Dečani. Pantokrator-Kirche, 1327–35. Längsschnitt und Grundriß

Dečani. Naos, Westwand. Fresken um 1340 1 Der Zöllner und der Pharisäer (Lukas 18, 10–13) 2 Der Reiche und der arme Lazarus (Lukas 16, 19) 3 Die Parabel vom Samariter (Lukas 10, 30–35) 4 Christus und die Ehebrecherin (Johannes 8, 1–11) 5 Kaiserin Helene, Prinz Uroš und eine unbekannte Prinzessin 6 Der hl. Theotemptos 7 Die Axt am Baume (Matthäus 3, 10; Lukas 3, 9) 8 Christus und Johannes' Jünger (Lukas 7, 19) 9 Der hl. Trophimos 10 Arbor Jesse 11 Der Engel bläst die Posaune zum Jüngsten Gericht 12 Versammlung der Bischöfe und Einsiedler 13 Das Treffen der Muttergottes mit dem Apostel Thomas 14 Das Gebet der Muttergottes auf dem Ölberg 15 Der hl. Johannes, der Täufer 16 Christus auf dem Thron 17 Etimasia 18 Adam und Eva 19 Das Kreuz 20 Das Jüngste Gericht 21 Mariä-Himmelfahrt 22 Der hl. Petrus 23 Der hl. Paulus 24 Der Engel bläst die Posaune zum Jüngsten Gericht 25 Versammlung der Könige und der Adligen. 26 Die Bestattung der Muttergottes 27 Apostel über dem leeren Grab der Muttergottes 28 Der hl. Nikolaus 29 Der hl. Petrus heilt den Lahmen (Apostelgeschichte 3, 1–10) 30 Apostelgeschichte 5, 28 31 Apostelgeschichte 5,40 32 Die Bestattung des hl. Stephanus (Apostelgeschichte 8, 2) 33 Der hl. Philippus und der Kämmerer (Apostelgeschichte 8, 26–35) 34 Die Berufung des Paulus (Apostelgeschichte 9, 1–9) 35 Die hll. Konstantin und Helene 36 Der hl. Nestor 37 Der hl. Philippus tauft den Kämmerer (Apostelgeschichte 8, 36–39) 38 Der hl. Ananias tauft Paulus (Apostelgeschichte 9, 18) 39 Der hl. Kalistrates 40 Genesis 1, 1 41 Lanzentod des hl. Demetrius 42 Der hl. Pachomios und der Engel

Altartriforium in der Klosterkirche Dečani, um 1335

Stil erbauten Grabkirche Stefan Nemanjas (Muttergotteskirche) in Studenica. Der Tradition nach sollten die Serbenkönige in romanischen Steinkirchen beigesetzt werden.

Der Besucher betritt das Kircheninnere durch den Narthex und ist gefesselt von der Fülle der Fresken; nicht das kleinste Fleckchen ist von den Malern ungenutzt gelassen worden (Farbt. 41). In ihrer sorgfältigen Anordnung und systematischen Gliederung beeindrucken diese von vielen Künstlern geschaffenen Werke als eine Summe der Gelehrsamkeit der serbischen Theologen. Mit unvergleichlichem Reichtum und minuziöser Genauigkeit ist hier die gesamte im byzantinischen Kaiserreich übliche Ikonographie vertreten. Im einzelnen sind die Fresken nach Radojčićs Meinung uneinheitlich und überzeugen nicht in ihrer künstlerischen Menschendarstellung wie die von Mileševa, Peć oder sogar Sopoćani. Archaische Elemente, edle Passagen im Stil des byzantinischen Klassizismus und eine schon neue, sentimentale und weiche Malweise bestimmen die künstlerischen Konzeptionen. 22 Zyklen schmücken die Wände: die hohen Festtage, Mariä Tod, das Wirken Christi, die Passion, die Wundertätigkeit, die Gleichnisse, das Leben der Muttergottes, die Apostelgeschichte, der Marienathistos, die Genesis, die weisen Sprüche Salomos, das Buch des Propheten Daniel, Szenen aus dem Alten Testament, die Wurzel Jesse, das Jüngste Gericht, ein Zyklus liturgischen Inhalts, das Leben des hl. Johannes, das Leben des hl. Nikolaus, Leben und Wundertätigkeit des hl. Demetrius, die ökumenischen Konzile, der Kalender und schließlich das Leben des hl. Georg. Außerdem sind Hunderte von Einzelfiguren dargestellt und ein Nemanjidenstammbaum von Stefan Nemanja bis zu Dušan und seinem Sohn Uroš.

Die Fresken auf den höchsten Kreuzgewölben des Naos heben sich in ihrer Qualität heraus. Es sind leichte Zeichnungen, mit üppiger Phantasie gemalte Architektur im Hintergrund und in einem warmen, dunkleren Kolorit. Der unbyzantinische Charakter dieser Malerei wird noch durch das typisch gotische Beleuchtungssystem unterstrichen. Während in der byzantinischen Architektur die obersten Fresken durch den Lichteinfall in den Kuppelfenstern gut beleuchtet sind, fällt in Dečani das Licht wegen der engen romanischen und gotischen Fenster auf die mittleren Wände, und die oberen Zonen bleiben im Halbdunkel (Farbt. 41).

Serbische Ikonen des Mittelalters sind nur in geringer Zahl erhalten. Um so wertvoller sind die fünf großen Ikonen im Kloster Dečani, die ihren Platz an der Marmorikonostase haben. Besonderen künstlerischen Wert haben die Ikonen mit den Gestalten der Gottesmutter Eleusa, des hl. Nikolaus und Johannes' des Täufers durch ihre Unmittelbarkeit. Gegenüber den hochstilisierten Madonnen der byzantinischen Tradition, die wir noch in Ohrid kennenlernen werden, zeigt die Gottesmutter Eleusa eine innige menschliche Verbundenheit zwischen Mutter und Kind und damit eine Tendenz zur Humanisierung, ein Einfluß aus dem Küstengebiet, wo schon der Geist der Renaissance spürbar war (Farbt. 42).

Im Gegensatz zu vielen anderen serbischen und makedonischen Klöstern hat Dečani kaum unter der Türkenherrschaft gelitten. J. A. Cuddon erwähnt zur Erklärung eine Legende, nach der die Türken aus der Kirche eine Moschee machen wollten. Doch als ein Imam vor dem Westportal gestanden und sich gen Mekka verneigt habe, soll ihm ein Stein auf den Kopf gefallen sein und ihn getötet haben. Dies sei als ein Zeichen dafür gedeutet worden, daß Allah nicht die Umwandlung in eine Moschee gewünscht habe, und so seien die Fresken nicht beschädigt und übertüncht worden.

Prizren liegt sehr malerisch am Ausgang der Prizrenska-Bistrica-Schlucht und ist wegen ihres orientalischen Charakters eine besonders besuchenswerte Stadt. Man sollte es einrichten, den großen Wochenmarkt an einem Mittwoch zu erleben. Dieses überwältigende Schauspiel mit seiner Ursprünglichkeit und dem unverfälschten orientalischen Kolorit habe ich in keiner anderen jugoslawischen Stadt stärker erleben können. Die Stadt ist an diesem Tag völlig verwandelt. Schon früh am Morgen ziehen Hunderte von Bauern aus der Umgebung in die Stadt, Reiter auf Pferden, Eseln und Maultieren, schwerbepackte Fußgänger, unzählige Pferdefuhrwerke und Ochsenkarren, und dazwischen Herden von Schafen, Schweinen und Rindern (Abb. 122, 123). Bald ist die Stadt völlig verstopft von Menschen und Tieren. Der scharfe Beobachter wird in der Stadt eine Menge fremden Volkstums finden können, angefangen von den farbenfrohen Volkstrachten bis zu dem geschäftigen Treiben in den Gassen der Kunsthandwerker, wo Filigranarbeiten, Schmuckstücke und Stickereien angeboten werden. Auffällig sind auch die muselmanischen Frauen, die noch heute teils verschleiert einige Schritte hinter ihrem Manne herlaufen und die patriarchalische Familienordnung verraten.

Mehrere Moscheen, darunter die Sinan-Pascha-Moschee von 1615, eine alte türkische Brücke und ein türkisches Badehaus (Hamam) (Abb. 128) runden das orientalische Stadtbild ab. Von besonderer kunstgeschichtlicher Bedeutung in dieser ehemaligen Hauptstadt des Zarenreiches ist die Muttergotteskirche (Bogorodica Ljeviška – Beschützerin der Schlafenden), die König Milutin zwischen 1307 und 1309 auf den Grundmauern einer frühchristlichen Basilika errichten ließ (Abb. 124). Das ehemalige Mittel-

Kirche der Muttergottes von Ljeviška, Prizren, 1307–09. Westfassade

schiff wurde zum Kernbau einer Fünfkuppelkirche; hinzu kamen ein unten offener Exonarthex, der in der Mitte einen hohen, offenen Turm trägt. Die Bautechnik in Stein und Ziegel und z. T. Keramikschmuck ist mit der damaligen griechischen Bauweise identisch. Die Türken verwandelten die Kirche im 18. Jahrhundert in eine Moschee und überzogen den Freskenschmuck mit einem dicken Verputz. Dazu bearbeiteten sie die Bilder mit Hammer und Meißel, damit der Mörtel besser auf den Wänden hielt. Als 1950 die alten Fresken freigelegt wurden, waren die Kunstexperten höchst erstaunt. Obwohl die Fresken durch die Eingriffe der Türken verunstaltet sind, ist eine meisterliche kühne Farbbeherrschung in vorzüglich verbundenen Grün-, Rot-, Gelb- und Blautönen vorhanden. Besonders gelungene Bilder sind der Kopf der Muttergottes in der Apsis des Südschiffs und ein Porträt von König Milutin an der Ostwand des Narthex.

Skopje und die Klöster der Umgebung

Am 26. Juli 1963, um fünf Uhr sechzehn verwüstete ein starkes Erdbeben Skopje, die Hauptstadt der Volksrepublik Makedonien. Fast die Hälfte aller Häuser fiel in Schutt und Asche, über 1000 Menschen fanden den Tod, nahezu 4000 wurden verletzt, und annähernd 100 000 Menschen verloren ihr Obdach. Auch einige alte Kulturdenkmäler Skopjes wurden zerstört, darunter die teils aus der Antike, teils aus dem Mittelalter stammende Festung, ferner die monumentale Karawanserei Kuršumli Han aus dem 15. oder 16. Jahrhundert und viele Moscheen und Gebäude der alten Balkan-Architektur.

Skopje (370 000 E., 1971) liegt in einer erdbebengefährdeten Zone. Das von den Illyrern gegründete Scupi nahe der heutigen Stadt war in römischer Zeit von Bedeutung; im Jahre 518 n. Chr. wurde es von einem Beben völlig zerstört. Der byzantinische Kaiser Justinian ließ die Stadt wieder aufbauen, doch im 7. Jahrhundert überrannten Slawenstämme Makedonien und zerstörten die Stadt. Anfang des 9. Jahrhunderts eroberte das aufsteigende Bulgarien ganz Makedonien und drang unter dem Zaren Samuel weit ins heutige Albanien und Griechenland ein. In dieser Zeit wirkten die Slawenapostel Kyrill und Methodius mit einem umfangreichen Schrifttum in slawischem Alphabet. Nach einer Niederlage der bulgarischen Truppen durch die Armee des byzantinischen Kaisers Basileios II. (1014) und nach Samuels Tod kam Makedonien wieder zu Byzanz. 1282 eroberte der schon erwähnte Serbenkönig Milutin Skopje, dessen Enkel Dušan das ganze Makedonien zur wichtigsten Provinz im mittelalterlichen Serbien machte, mit Skopje als Hauptstadt. Seit dem 14. Jahrhundert drangen die Türken in Makedonien ein. Sie besetzten Skopje 1392 und bauten die Stadt unter dem Namen Üsküp zu einer befestigten orientalischen Stadt aus. Als die Türken 1912 abzogen, begann der Streit der benachbarten Staaten Jugoslawien, Bulgarien und Griechenland um das makedonische Gebiet, das schließlich dreigeteilt wurde. Noch heute ist Makedonien das ›Pulverfaß des Balkan‹. Die ›makedonische Frage‹, der Streit der mächtigeren Nachbarn, der Serben, Bulgaren und Griechen, um dieses Land und der Kampf des seit der Antike meist fremden Herren untertanen makedonischen Volkes um Unabhängigkeit seiner Kultur und Sprache ist noch immer aktuell.

Das leidgeprüfte Skopje ersteht nach dem großen Erdbeben nach modernen architektonischen Prinzipien dank der Hilfe in aller Welt. Mittelpunkt der Stadt ist der Trg Maršala Tita am rechten Ufer des Vardar. Über die Steinbrücke Kameni most, ein

Stadtplan von Skopje

1 Türkische Brücke, 2 Daut-Paša-Hamam mit Kunstgalerie (9–16 Uhr, montags geschl.) 3 Erlöserkirche (Sv. Spas) (Mo.–Fr. 8–12, 15–17 Uhr; So. 8–12 Uhr) 4 Karawanserei (Kuršumli Han), Archäolog. Museum (7–14 Uhr) 5 Mustafa-Paša-Moschee, 15. Jh. 6 Gazi-Isa-Beg-Moschee, 1476 7 Sultan-Murad-Moschee, 15. Jh., Uhrturm 8 Orientalischer Basar (Čaršija) 9 Festung 10 Ethnographisches Museum, Sammlungen über Leben und Gebräuche in Makedonien (Mo.-Sa. 9-15, So. 9-13 Uhr) 11 Bahnhof, Ruine zur Erinnerung an das Erdbeben von 1963, Museum der Stadt Skopje 12 Postamt

türkisches Bauwerk aus der Zeit des Sultans Murad II. mit römischen und byzantinischen Bauresten erreichen wir die Altstadt. Auf der rechten Seite sehen wir den Daut-Paša-Hamam (15. Jh.), die größte türkische Badeanlage auf der Balkanhalbinsel, mit schweren Mauern, zwei größeren und elf kleineren Trompenkuppeln. Innen befindet sich die Kunstgalerie mit Gemälden und Plastiken moderner Künstler sowie eine sehenswerte Sammlung makedonischer Ikonen. Am Fuße der Zitadelle liegt Sv. Spas, die Erlöserkirche aus dem Jahre 1689, deren Fundament absichtlich tiefer gelegt wurde, weil nach einem türkischen Erlaß keine Kirche über die Hausdächer hinausragen durfte. Besonders sehenswert ist im Kircheninnern eine holzgeschnitzte Ikonostase aus dem Jahre 1824, an der drei Meister aus Galičnik sechs Jahre lang gearbeitet haben (Abb. 168, 169). Bekannte biblische Szenen sind bis in das kleinste dargestellt, zum Teil in makedonische Lebensformen umgesetzt. An einer Seite haben sich die Künstler selbst bei der Arbeit abgebildet. Die alte Karawanserei Kuršumli Han unterstreicht die alte Bedeutung Skopjes als Knotenpunkt von Handelswegen. Im Erdgeschoß des zweistöckigen Gebäudes befanden sich Ställe und Geschäftsräume, in den oberen Räumen die Unterkünfte für die Kaufleute. Heute ist in der Karawanserei das Archäologische

Mänade von Tetovo. Spätantike Bronzeplastik, Anfang des 5. Jh. v. Chr., Höhe 12 cm, Archäologisches Museum, Skopje

Museum mit wertvollen Fundstücken aus Stobi und Heraclea untergebracht. Weitere typische Beispiele osmanischer Baukunst sind die große Mustafa-Paša-Moschee aus dem 15. Jahrhundert und die Moscheen des Isa Beg und des Sultans Murad sowie der Uhrturm Sahat kula. Insgesamt ähnelt der Basar (Čaršija) von Skopje dem von Sarajevo. Auch hier gehört fast jede Straße einer Handwerkergilde, und der Besucher sollte in den engen Gassen nach Belieben auf Entdeckungen gehen.

Skopje ist Ausgangspunkt für Ausflüge in das benachbarte Hügelland, wo sich eine ganze Reihe kleiner Klöster verbirgt. Nicht alle lohnen einen Besuch, einige sind nur auf beschwerlichen Fußwegen zu erreichen. Den Weg zu den einzelnen Orten sollte man sich im Touristenbüro in Skopje erklären lassen, doch auch dann ist noch ein häufigeres Befragen der Bevölkerung notwendig.

Unter diesen Klöstern nimmt Sv. Pantelejmon im Dorf *Nerezi* vom künstlerischen Wert her den höchsten Rang ein. Die kleine Kirche ist im klassischen Typus der byzantinischen Fünfkuppelkirche – die Hauptkuppel über einem dem Quadrat eingeschriebenen Tonnenkreuz, über den Eckräumen vier kleinere Kuppeln – von dem byzantinischen Prinzen Alexios Komnenos im Jahre 1164 errichtet worden (Farbt. 3). Gleich nach der Entdeckung und Freilegung der alten Fresken (1926) stand die überragende Bedeutung von Nerezi in der Kunstwelt fest. P. Miljković-Pepek spricht von »Erleuchtung«, »Kreativität« und »Evolution« der byzantinischen Kunst, der man diese Eigenschaften oftmals abgestritten hatte. Es ist besonders die künstlerische Darstellung der Dramatik, der Realismus im Gefühlsausdruck der Gestalten – am meisten in den Szenen der Kreuzabnahme und der Beweinung Christi (Abb. 145) –, was Nerezi zum Hauptgegenstand wissenschaftlichen Interesses bezüglich einer Erneuerung byzantinischer Malerei machte. Im irrealen Raum des mit grüner und lichtblauer Farbe gemalten Hintergrundes, welche die Erde und die Unerreichbarkeit des Himmels symbolisieren, sind die Szenen gemalt. Bei der weltberühmten Darstellung der Beweinung Christi (Abb. 146) sind beide Tendenzen byzantinischer Malerei – Reales und Sinnliches einerseits, Überirdisches andererseits – vereinigt. Der realistische Akzent wird besonders durch Details gesetzt: durch die aneinandergelehnten Köpfe der Gottesmutter und Christi kommt der Schmerz der Mutter sehr intensiv zum Ausdruck, außerdem durch das vom Schmerz verzehrte Gesicht, die Falten auf der Stirne, die zusammengezogenen Augenbrauen, die tiefen Schatten unter den Augen, die gespannten Lippen mit den emporgezogenen Mundwinkeln, vor allem aber durch die Fixierung des Blickes auf den toten Sohn. Weitere sehenswerte Fresken in Nerezi sind der Einzug in Jerusalem (Abb. 144) und die Passionsgeschichte (Nordwand), die Erweckung des Lazarus, Jesus im Tempel und Verklärung (Südwand), die Geburt der Maria (Westwand) und ein Bildnis von St. Pantelejmon. Insgesamt sind die Fresken durch ihre Gelöstheit, Formvollendung und harmonische Kraft ihrer Farben ein Höhepunkt byzantinischer Kunst. Die Kunstgeschichtsschreibung zweifelt nicht mehr daran, daß hier die Vorgänger Giottos und Cimabues wirkten.

Südlich von Skopje liegt das dem hl. Demetrius geweihte *Markov-Kloster*. Gründer war König Marko (1371–1396). Unter den zahlreichen ungewöhnlichen ikonographischen Themen ragt das erregende Bild der Klage der Rachel heraus, auf dem in realistischer Weise der Schmerz der Mutter um ihre Kinder dargestellt ist.

Etwa zur gleichen Zeit wie Kloster Markov wurde das Kloster *Matka* südwestlich von Skopje, erbaut. In seiner Nähe liegt am Rande des Treska-Stausees die kleine Kirche Sv. Andrija, eine Gründung von Andrijaš, Sohn des Statthalters Fürst Vukašin.

Schließlich muß noch die nördlich von Skopje gelegene kleine Kirche Sv. Nikita in der Nähe des Dorfes *Čučer* erwähnt werden, eine Stiftung des Königs Milutin in den Jahren 1307–1308, gebaut auf alten Fundamenten. Die lyrisch empfundenen Fresken wurden von den griechischen Meistern Michailo und Eutihije angefertigt, denselben Meistern, die auch in Ohrid (Sv. Kliment) und in Staro Nagoričino (bei Kumanovo) wirkten. Die schönsten Bilder von Sv. Nikita sind die ›Hochzeit von Kana‹, ›Christus vertreibt die Geldwechsler‹, die ›Fußwaschung‹ und das ›Letzte Abendmahl‹, die alle an der Südwand zu finden sind.

Ohrid, Wiege des slawischen Christentums

»... ihr könnt vom Erker oder vom hohen Fenster aus das fühlen und sehen, was – wie es scheint – der Hauptzweck dieser Architektur und das größte Bedürfnis der Menschen war: Luft und Sonne und die Schönheit der Aussicht auf den See und das Gebiet um ihn.«

Ivo Andrić, 1955

Dank seiner malerischen Lage am Ohrid-See mitten in einer üppigen Vegetation aus Feigenbäumen, Walnußbäumen und Zypressen, seines ausgeglichenen Klimas und vor allem wegen seiner äußerst wertvollen Kunstschätze ist die Stadt Ohrid eines der beliebtesten Reiseziele in Makedonien und Jugoslawien. Der Ohrid-See selbst ist mit seiner Tiefe von 285 m und seinem Fischreichtum an Forellen, Lachsen und Aalen einer der schönsten Bergseen des Balkans. Sein kristallklares Wasser und seine mit Kieseln bedeckten Ufer machen ihn zu einem bevorzugten Badesee.

Wir erreichen dieses südlichste Ziel unserer Jugoslawienreise von Skopje aus auf einer guten Straße über Tetovo, Gostivar und Debar. In *Tetovo* steht die auf der Balkanhalbinsel einzigartige Bunte Moschee (Abb. 130). Dieses Bauwerk besitzt keine Kuppel, sondern ein Ziegeldach; die Außenwände sind prachtvoll mit Rauten- und Sternmustern bemalt. An den Innenwänden sind Arabesken, Gärten, Wälder, Brunnen und Ansichten von Istanbul abgebildet. Hinter Gostivar liegt der Mavrovo-Stausee. Über den Staudamm führt eine Straße zum 20 km entfernten Dorf *Galičnik*, das in einer wilden Gebirgslandschaft in 1400 m Höhe liegt. Dieser Abstecher lohnt sich wegen der malerischen alten Trachten der Bevölkerung. Die Männer des Dorfes müssen sich in anderen Gegenden Jugoslawiens oder im Ausland Arbeit suchen und bleiben monatelang, oft jahrelang in der Fremde. Nach altem Brauch kehren die meisten Männer am gleichen Tag, dem 12. Juli, nach Hause zurück; dann werden mehrere malerische Hochzeiten gefeiert, an denen das ganze Dorf mit Liedern und Volkstänzen teilnimmt. Ein zweiter Abstecher führt uns von der Hauptstraße zum Kloster Sv. Jovan Bigorski, das eine schöne Schnitzikonostase aus dem 18. Jahrhundert besitzt.

Ohrid mit seinen 26000 Einwohnern liegt am nordöstlichen Ufer des Sees in 698 m Höhe. Schon die Römer erkannten die günstige Lage und besetzten das von den Illyrern gegründete Lychnidos. Ohrid wurde zum wichtigsten Stützpunkt an der Via Egnatia, der Hauptverkehrsader zwischen Byzanz und der Adria, ausgebaut. Schon im 4. Jahrhundert war Ohrid Bischofssitz. Im späten 9. Jahrhundert gründeten die Missionare Kliment und Naum, zwei Schüler der Slawenapostel Kyrill und Methodius, in Ohrid mehrere Klöster, die schnell zum Mittelpunkt des slawischen Balkans wurden. Unter dem bulgarischen Zaren Samuel wurde die Stadt Ende des 10. Jahrhunderts Sitz

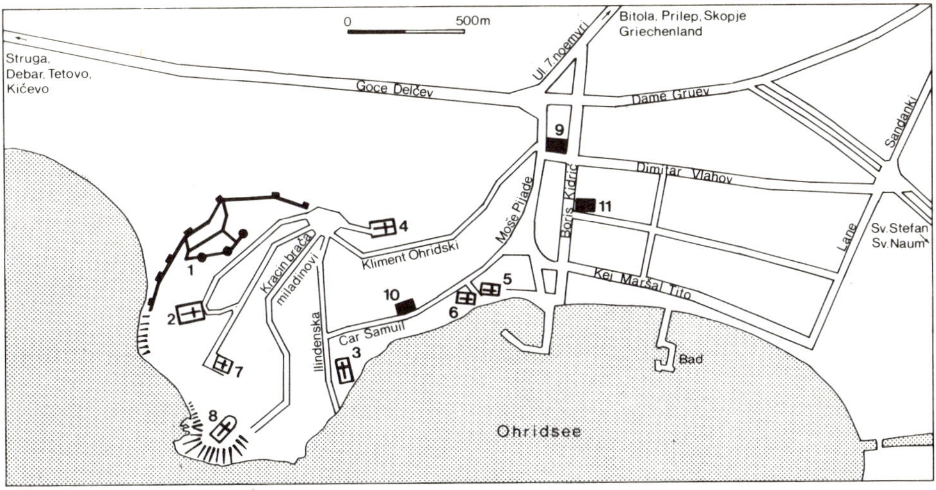

Stadtplan von Ohrid 1 Festung des Zaren Samuel, 10. Jh. 2 Frühchristliche Basilika, Ruine, 3. Jh. 3 Sv. Sofija (Sophienkirche) (Juni–Sept. 8–12, 15–19 Uhr, sonst nur vormittags, Mo. 9–12 Uhr) 4 Sv. Kliment (Klemenskirche) (Öffnungszeiten wie Sv. Sofija) 5 Sv. Nikola Bolnički (Öffnungszeiten wie Sv. Sofija) 6 Sv. Bogorodica Bolnički 7 Sv. Pantelejmon, Ruine, 9. Jh. 8 Sv. Jovan Kaneo 9 Ali-Pašina-Moschee 10 Nationalmuseum (Öffnungszeiten wie Sv. Sofija) 11 Postamt

eines griechisch-orthodoxen Erzbischofs und zeitweilig Hauptstadt. Nach byzantinischer, kurzer bulgarischer und anschließend serbischer Oberhoheit (Zar Dušan) eroberten die Türken die Stadt und hielten sie bis 1912 in der Hand.

Zwei Kirchen vor allem dankt Ohrid seinen erst wenige Jahrzehnte alten kunsthistorischen Ruhm. Es sind dies die Sophienkirche (Sv. Sofija), die wegen ihrer Fresken zu den wichtigsten Denkmälern der europäischen Kulturgeschichte überhaupt gehört, und die Klemenskirche (Sv. Kliment), die neben ihren ebenfalls großartigen Fresken die kostbarste jugoslawische Ikonensammlung enthält.

Dadurch, daß Ohrid nach der Rückeroberung des Balkans durch Basileios II. 1018 in ein autokephales Erzbistum verwandelt wurde, das nicht dem Konstantinopler Patriarchen, sondern dem byzantinischen Kaiser direkt unterstellt war, besaß der Ort eine große kulturelle Bedeutung, die sich in den Ausmaßen und im Freskenschmuck seiner Hauptkirche Sv. Sofija spiegelte. Die Kirche entstand im 11. Jahrhundert auf älteren Kultbauten unter dem griechischen Erzbischof Leo (1037–56). Damals besaß die Sophienkirche eine mächtige, sich über dem Mittelteil wölbende Kuppel, Seitengalerien und vor der Westfassade einen Glockenturm. Im 14. Jahrhundert erhielt sie unter Erzbischof Grigorije einen großen Exonarthex mit zwei Kuppeln (Abb. 136), einer Vorhalle und Galerien im Obergeschoß. In der Türkenzeit verlor sie ihre Kuppel, die Innengalerien und den Glockenturm. Während dieser Zeit diente die Kirche

Engel, Detail aus der Engelprozession. Sophienkirche, Ohrid, Anfang des 11. Jh.

als Moschee, und ihre Fresken wurden mit weißer Kalkfarbe übermalt. Ein noch heute bestehender Mimbar erinnert ebenfalls an den Funktionswandel. Die Restaurierungsarbeiten zwischen 1951 und 1956 brachten mehrere Freskenschichten aus verschiedenen Perioden zwischen dem 11. und 14. Jahrhundert ans Tageslicht.

Die ältesten, unter Erzbischof Leo entstandenen Fresken – ein Werk konstantinopler oder salonikischer Meister – sind nur noch im Altarraum, im Diakonikon, in der Prothesis, im Narthex an der Westwand und an einzelnen weiteren Stellen der Kirche vorhanden; sie sind Jugoslawiens größter Kunstschatz aus dem 11. Jahrhundert. Im Altarraum befinden sich über Einzelfiguren eine Apostelkommunion und in der Nische der Hauptapsis die thronende Muttergottes mit Kind (Abb. 138). Die Figur dieser Maria, frontal und streng symmetrisch konzipiert, erinnert stilistisch an Werke des 6. und 7. Jahrhunderts. Diese archaische Darstellung entsprach wohl nicht den Vorstellungen der Ohrider Erzbischöfe. Deshalb wurde sie im 13. Jahrhundert mit einer Putzschicht bedeckt und durch eine neue Muttergottes mit Christus im Arm ersetzt. Diese neuere Freskenschicht ist bei der Restaurierung abgenommen worden und heute in der Kirche ausgestellt. Das Gewölbe über dem Altar zeigt die monumentale Wiedergabe der Himmelfahrt Christi (Abb. 137). Christus erhebt sich, getragen von vier Engeln, gen Himmel, während die Apostel und Maria auf der durch Pflanzen angedeuteten Erde zurückbleiben. Hervorragend ist die innere Erregung der Apostel, Marias und der Erzengel festgehalten, die mit lebhaften Bewegungen der Himmelfahrt folgen (Farbt. 43). Darunter beten meisterhaft komponierte Engel in geneigter Haltung Christus und die Muttergottes in der Apsis an. Vor allem dieser Engelfries und die bereits erwähnte Himmelfahrt gehören zu den größten Leistungen, die die byzantinische Kunst des

11. Jahrhunderts vollbrachte. Die Malerei mit ihren strengen Formen, dem braunen Inkarnat (Farbe der entblößten Teile des Körpers) und der Plastizität durch Hell-Dunkel-Kontraste war für den Gebrauch der Mönche und kirchlichen Kreise bestimmt und unterscheidet sich damit stark von dem schon bekannten dekorativen Farbenverhältnis, daß die Meister von Nerezi interessierte, wo helle Töne gewählt und in das harmonisierende Spiel der Linien und Flächen gesetzt wurden. Jene höfische Malerei mit den langgestreckten Formen der Figuren, dem lichtgrünen Grundton des Inkarnats und den stilisierten Landschaften hatte hellenistische Vorbilder.

Um die Mitte des 14. Jahrhunderts entstanden die Fresken des Narthex-Obergeschosses und des Exonarthex. Stifter war der Ohrider Erzbischof Nikolaus. Die Fresken in der Galerie des Exonarthex besitzen eine reiche Thematik, darunter fallen eine Weihnachtshymne, das Jüngste Gericht, die Legende von dem alttestamentarischen Jüngling Joseph u. a. Ein narrativer Ton mit einer Fülle malerischer Einzelheiten belebt die Dekoration, die von dem Meister Johannes Theorianos signiert sind.

Im Jahre 1295 erhielt Ohrid durch die Stiftung des byzantinischen Feldherrn Progon Sguros und seiner Gemahlin Eudokia, Tochter des Basileos Andronikos II. Paläologos, seine zweite bedeutende Kirche, die der Muttergottes Peribleptos geweiht wurde. Später, als die Sophienkirche zur Moschee geworden war, erhielt die Kirche der Muttergottes Peribleptos den Status einer erzbischöflichen Hauptkirche und wegen der überführten Reliquien des hl. Klemens den neuen Namen Sv. Kliment. Die Kirche ist ein typisch byzantinischer Ziegelsteinbau mit dem Grundriß eines eingeschriebenen Kreuzes, mit einer oktogonalen Kuppel und einer mit stufenförmigen Nischen versehenen Altarapsis. Spätere Zubauten aus dem 14. Jahrhundert haben die harmonischen und reinen Formen des ursprünglichen Kirchenbaus verwischt. Die Wandmalerei stammt von den Meistern Michailo und Eutihije (Michail und Eutychios), die ihre Arbeiten an mehreren Stellen mit Initialien oder vollen Namen signierten. Obwohl die Fresken die ältesten der beiden Meister sind, liegt in ihnen Sicherheit der Zeichnung, eine einheitliche Farbgebung und meisterhafte Komposition. Charakteristisch sind die jugendlichen breiten Gesichter und die athletischen Körper. Selbst die alten Kirchenväter strotzen vor Lebenskraft und Heldenmut. Diese Jugendlichkeit der Gestalten kehrt in den späteren Arbeiten der beiden Maler, in Sv. Nikita oder in Staro Nagoričino, nicht wieder. Dieser jugendliche Schwung in der Malerei, die Reinheit der klaren Farben und die Kraft der Striche wirken sich stellenweise in allzu großer Härte und Schärfe aus, und doch ist ihre pathetische Ausstrahlung hinreißend. Die Ikonographie bezieht sich vor allem auf das Marienleben, auf die Passion und auf Szenen aus dem Alten Testament (Farbt. 44, 45, Abb. 141–143).

Die Fresken in der Kirche Sv. Kliment liegen an der Grenze zwischen zwei großen Epochen der byzantinischen Malerei. Die Monumentalmalerei des 13. Jahrhunderts unter dem Einfluß des komnenischen Hofstils mit seiner eleganten Form und dem frischen Kolorit geht zu Ende und wird ersetzt durch einen neuen erzählerischen Stil mit der Einfügung einer Fülle von Figuren, die auf allen Wänden und in allen Bildkompositionen verstreut sind. Diese neue Epoche der Paläologenrenaissance fand dann später ihren Abschluß in den überladenen Innenräumen von Dečani.

Der Exonarthex der Kirche Sv. Kliment ist heute Ausstellungsgalerie einer der kostbarsten, repräsentativsten und größten mittelalterlichen Ikonensammlungen der Welt. Die in der Zeit vom 11. bis zum Ende des 14. Jahrhunderts entstandenen etwa 30 Ikonen – ein Großteil entstand in Ohrid, andere kamen als Geschenke aus den Kunstzentren Konstantinopel und Saloniki – bilden ein geschlossenes Ganzes, das sich für ein Studium der Entwicklung des byzantinischen Stils von der mazedonischen über die komnenische bis zur paläologischen Epoche hervorragend eignet. Dabei läßt sich feststellen, daß die byzantinische Ikone nicht durch Tradition bis zur Erstarrung gefesselt war, wie häufig angenommen wird, sondern daß sie häufig neue künstlerische Ideen zeigte.

Schon in Dečani hatten wir Ikonen als Schmuck der Ikonostase bewundert. Jene entstanden mit vielen anderen zu einer Zeit, als sich zwischen Altar und Naos der Kirche eine entwickeltere Schranke (Ikonostase) herausgebildet hatte. In Ohrid sind die wertvollsten Werke zweiseitig bemalte Prozessionsikonen, deren Wert z. T. noch durch außerordentlich reiche Silberbeschläge gesteigert wird. Die kostbarsten Stücke der Sammlung sollen erwähnt werden. Zur Zeit des Ohrider Erzbischofs Leon entstanden die Ikonen der Muttergottes und des Erzengels Gabriel aus der Komposition der Verkündigung (12. Jh.) (Farbt. 46, 47). In der Behandlung des Gesichts der Muttergottes und im Gewand des Erzengels ist die Malerei dieser Zeit gekennzeichnet. Sie scheint das große Ensemble der ältesten Freskenschicht in der Muttergotteskirche in Studenica anzukündigen (vgl. Abb. 148). Die Prozessionsikone der Gottesmutter Hodegetria (Abb. 140) mit der Kreuzigung auf der Rückseite zählt zu den großen Schöpfungen der zweiten Hälfte des 13. Jahrhunderts. Die harte Zeichnung und die Plastizität, auch die ausdrucksvollen Gestalten der Muttergottes und Johannes unter dem Kreuz weisen schon auf den frühen dramatischen Stil der Ohrider Maler Michailo und Eutihije (vgl. Abb. 141–143) hin. Ihr Stil ist zweifellos am besten in der schönen Ikone des Evangelisten Matthäus wiederzuerkennen (Abb. 139). In der Bearbeitung von Gewand, Haltung und Bewegung gehört diese hellenistisch inspirierte Figur zu einer eigenen Gruppe, zu der auch die Ikonen der Gottesmutter Peribleptos, des Ungläubigen Thomas, der Höllenfahrt Christi, Christi Geburt u. a. zählen. Stehen diese Ikonen am Anfang der Paläologenrenaissance, so besitzen die Prozessionsikonen Muttergottes Seelenretterin mit der Verkündigung auf der Rückseite (Farbt. 48, 49) und Christus Seelenretter mit der Kreuzigung auf der anderen Seite den hohen Wert der Spätkunst der paläologischen Epoche (Anfang 14. Jh.). Gegenüber der alten Frontalität, an der noch bei der Hodegretia festgehalten wird (Abb. 140, vgl. auch Abb. 138), war schon bei der Muttergottes Peribleptos die neuartig innige Mutter-Kind-Beziehung augenfällig geworden. Noch zärtlicher wird die Beziehung in der Muttergottes Seelenretterin; engster körperlicher Kontakt mit Berührung der Wangen von Mutter und Kind ist schließlich in der Muttergottes Eleusa in Dečani (um 1350) (Farbt.

Ornamentales Detail vom Beschlag der Ikone Muttergottes Seelenretterin, Anfang des 14. Jh. Ikonensammlung in der Kirche Sv. Kliment, Ohrid

42) und in der Muttergottes Pelagonitissa (1421, Kunstgalerie Skopje) erreicht. In der Ohrider Ikone der Muttergottes Seelenretterin besitzt der Künstler ein hervorragendes Farbempfinden: die farblich gedämpfte Malweise harmoniert besonders gut zum verschwenderisch plastischen Silberbeschlag. Ein anderer Künstler mit äußerst verfeinertem Geschmack schuf die bekannte Verkündigung (Farbt. 48). Die Ikone wurde in Konstantinopel in der kaiserlichen Werkstatt Andronikos' II. gemalt und war ein Geschenk an den Ohrider Erzbischof Grigorije (1317). Raumtiefe, leichte Linienführung, Kontrast zwischen Bewegung und Ruhe sowie kräftige Farben auf dem Goldgrund sind die hervorstechenden künstlerischen Qualitäten.

Neben den byzantinischen Ikonen in Ohrid entwickelte sich eine eigenständige serbische Ikonenmalerei, die allerdings stark von Konstantinopel beeinflußt wurde. Seit der zweiten Hälfte des 15. Jahrhunderts läßt aber die Schöpferkraft nach, und die Ikonenkunst ist im Rückgang begriffen. In der Üppigkeit der Dekoration der Holzikonostasen sinken die kalt und hart gemalten Ikonen schließlich auf ein niedriges Niveau herab (vgl. Abb. 168). Außer diesen beiden großen Kirchen Sv. Kliment und Sv. Sofija, die heute ihre ehemalige Funktion verloren haben und als Museen bzw. während der Sommerzeit als Konzertsaal dienen, stehen in Ohrid auch mehrere kleine, hauptsächlich aus dem 14. Jahrhundert, darunter die einschiffige Kirche Sv. Nikola Bolnički, die Sv. Bogorodica Bolnička und Sv. Dimitrije. In der Nähe der Stadt steht auf einem hohen Felsen über dem See, von wo man einen der schönsten Ausblicke über die smaragdgrüne Wasserfläche hat, ein schlichtes Kleinod byzantinischer Baukunst, die kleine Kirche des Sv. Jovan Kaneo aus dem 14. Jahrhundert, die vor allem wegen ihrer Architektur und ihrer Fassadendekoration beeindruckt. Sie wurde 1963 restauriert und von späteren Zubauten während der Türkenzeit befreit (vordere Umschlaginnenklappe).

Neben den mittelalterlichen Kirchen hat Ohrid in seinen orientalischen Stadthäusern aus dem 18. und 19. Jahrhundert ein wertvolles kulturelles Erbe bewahrt. Es ist vor allem jener Typ makedonischer Häuser, die dicht gedrängt am steilen Hang der Stadt stehen. Vorkragende obere Stockwerke vergrößern die Wohnfläche, und ganze Reihen von großen Fenstern sorgen für Licht und Luft, was in den engen Gassen naturgemäß fehlt. In dem größten und schönsten makedonischen Haus dieser Art ist das Nationalmuseum von Ohrid untergebracht.

Ohrid ist auch Ausgangspunkt reizvoller Schiffsausflüge zu Orten rings um den Ohrid-See, beispielsweise nach *Peštani,* einem malerischen Fischerdorf, oder zum Kloster *Sv. Naum* am Südufer, nahe der albanischen Grenze.

Antike Städte - Heraclea Lyncestis und Stobi

Makedonien ist nicht nur von der byzantinischen und islamischen Kultur geprägt worden, schon vorher hat die Antike in den beiden Städten Heraclea Lycestis und Stobi wertvolle Spuren hinterlassen. *Heraclea Lyncestis*, 3 km südlich von Bitola, wurde im 4. Jahrhundert v. Chr. von Philipp II. von Mazedonien, dem Vater Alexanders des Großen, nach seinen ersten Feldzügen gegen die Illyrer gegründet. Die mazedonische Kolonie war bald dem Einfluß der griechischen Kultur ausgesetzt (vgl. die hellenistische Nachbildung der Athena Parthenos des Phidias im Nationalmuseum Belgrad). Während der Römerzeit war die Stadt wichtiges Wirtschaftszentrum an der antiken Via Egnatia. Im 4. Jahrhundert n. Chr. hatte Heraclea den Rang einer Bischofsstadt und erhielt in den beiden derzeit freigelegten Basiliken mit Marmorfußböden (Abb. 133) und selten schönen Mosaikfußböden (Große Basilika, Abb. 132) ihre künstlerisch beachtliche Ausstattung. Im 5. Jahrhundert plünderten die Ostgoten die Stadt; die Slaweneinfälle im späten 6. Jahrhundert waren das endgültige Ende der einst so blühenden Stadt, von der bisher erst etwa der zwanzigste Teil freigelegt wurde.

Knapp 30 km hinter Titov Veles erreichen wir auf der Straße Skopje – Saloniki die Ausgrabungsstätte des antiken *Stobi*, das 1861 von dem französischen Archäologen Heuzey entdeckt wurde. Die Ausgrabungen begannen jedoch erst Mitte der zwanziger Jahre, und selbst heute ist Stobi immer noch nicht vollständig freigelegt. Schon im 4. Jh. v. Chr. unterstand die Stadt dem Königreich Mazedonien. Nach dem römischen Sieg über den mazedonischen König Perseus kam Stobi 168 v. Chr zum Römischen Weltreich und erlebte nunmehr seine größte Blütezeit. Zerstört wurde es 479 durch die Goten, und 518 trug ein Erdbeben zur weiteren Vernichtung der Stadt bei. Der byzantinische Kaiser Justinian erweckte die Stadt jedoch wieder zu neuem Leben, doch ein zweites Erdbeben vernichtete Stobi zum wiederholten Male, das danach noch teilweise bewohnt war. Als die Türken den Balkan eroberten, war die Stadt nur noch ein unbedeutendes Dorf.

In der riesigen Ausgrabungsstätte sind Teile der römischen und byzantinischen Stadt freigelegt. Neben christlichen Kulturgütern finden wir griechische. Von der ehemaligen Stadtmauer ist kaum noch etwas erhalten, nur ein majestätisches Stadttor deutet die Stadtbefestigung an. Straßenzüge, einige mit erhaltener Pflasterung, zeugen von der Anlage der Siedlung. Weiterhin finden wir Überreste einiger Bauwerke aus der spät-

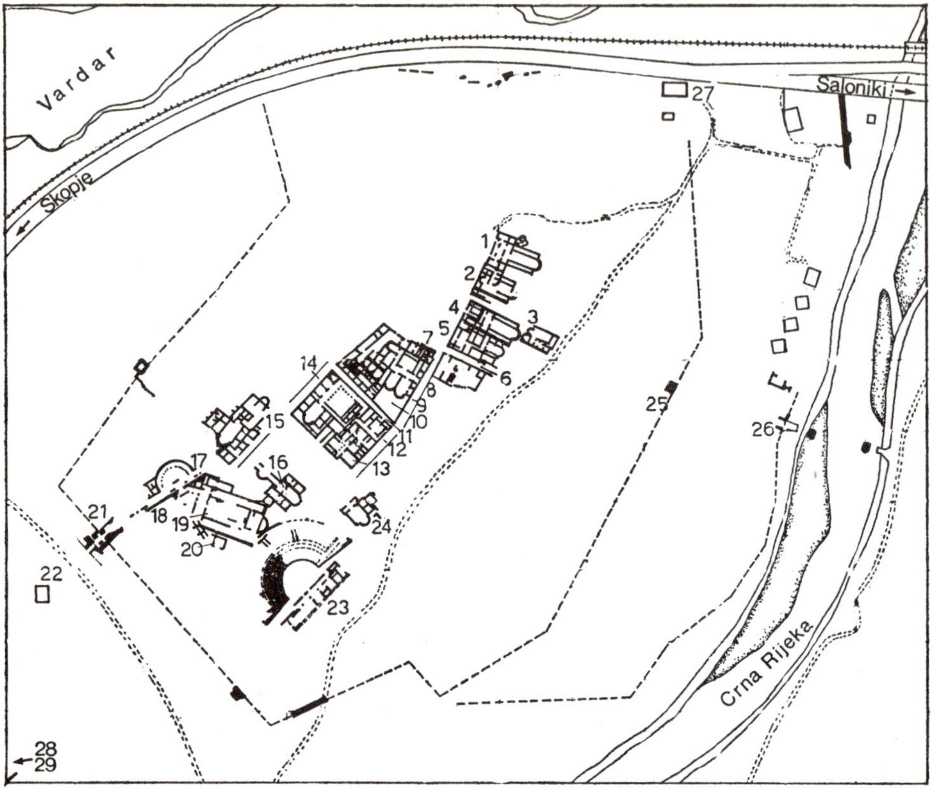

Plan des antiken Stobi
1 Nord-Basilika 2 Öffentliche Basilika 3 Kleines Bad 4 Basilika, vormals Synagoge 5 Haus der Psalmen 6 Via axia 7 Zentraler Brunnen 8 Großes Bad 9 Via principalis inferior 10 Haus der Peristerias 11 Via Theodosia 12 Theodosius-Palast 13 Haus des Parthenius 14 Via principalis superior 15 Haus der Walker 16 Bischöfliche Residenz 17 Halbkreisförmiger Hof 18 Via sacra 19 Bischöfliche Basilika 20 Baptisterium 21 Porta Heraclea 22 Friedhof 23 Theater 24 Kasino 25 Innere Stadtmauer 26 Östliche Stadtmauer und türkische Brücke 27 Museum 28 Friedhof-Basilika 29 Palikura-Basilika

römischen und frühbyzantinischen Zeit, Trümmer von Tempeln und Kirchen, von Bischofspalästen, Wohnhäusern (Abb. 135), Thermen und von einem Theater, das im frühen 2. Jahrhundert n. Chr. von den Römern errichtet und gegen Ende des Jahrhunderts in eine Arena für Gladiatorenkämpfe umgewandelt wurde (Abb. 134). Später unter den Byzantinern diente es als Steinbruch, um die durch das Erdbeben zerstörten Häuser wieder aufzubauen. Viele hiesige Funde werden heute im Archäologischen Museum in Skopje aufbewahrt; erwähnenswert erscheinen vor allem aber wunderschöne Satyrn aus Bronze, die im Nationalmuseum Belgrad ausgestellt sind.

Klosterfahrt durch Serbien

Gračanica – Sopoćani – Studenica – Žiča – Kalenić – Ravanica – Manasija

Unser Reiseabschnitt beginnt in *Priština,* der Hauptstadt des Autonomen Gebietes Kosovo und endet in der Hauptstadt Serbiens und Jugoslawiens, Belgrad. Priština liegt im Kosovo Polje (Amselfeld), einer etwa 70 km langen und 15 km breiten Ebene, die äußerst fruchtbar ist und als wichtiges Weinbaugebiet bekannt ist. Hier entschied sich die Geschichte des Balkans im Jahre 1389. Am Festtag des St. Veit zogen die serbischen Streitkräfte des Fürsten Lazar unter dem bedeutenden Anführer Vuk Branković mit den verbündeten Bosniern, kroatischen, albanischen und bulgarischen Hilfstruppen auf das Amselfeld, um den Türken im Flußtal des Ibar den weiteren Vormarsch zu verlegen. Die Ermordung des Sultans Murad durch den serbischen Offizier Miloš Obilić im Verlauf der Schlacht gab der Begegnung einen dramatischen Akzent. Zunächst schien es so, als ob der stürmische Angriff der Serben die Türken verwirren würde, doch die Entschlossenheit des Thronfolgers Bajezid und die Übermacht der türkischen Streitmacht führten schließlich doch noch zu einem verlustreichen türkischen Sieg. Fürst Lazar geriet mit seinem Gefolge in Gefangenschaft und wurde hingerichtet. An diese für das Abendland so entscheidende Schlacht erinnert das 7 km von Priština entfernt liegende Mausoleum des Sultans Murad I. (Abb. 131). Der Sarkophag enthält die Eingeweide des Herrschers, sein Körper wurde in der damaligen Osmanenhauptstadt Bursa begraben.

Priština, eine moderne Stadt mit orientalischem Akzent in der Altstadt, mit der mit Arabesken geschmückten großen Kaisermoschee (Sultan Fatih) von 1461 und einem malerischen Dienstagmarkt ist vor kurzem durch besonders beachtenswerte archäologische Funde aus dem Neolithikum bereichert worden, die im Museum von Kosovo aufbewahrt werden. Eine sitzende Tonfigurine vom Ende des jüngeren Neolithikums zieht die Aufmerksamkeit besonders auf sich. Die Figur sitzt auf einem niedrigen Bänkchen, wobei die fest zusammengepreßten Beine den Anschein erwecken, als seien sie Bestandteil des Sitzes. Der rautenförmige Kopf trägt große mandelförmige Augen, die Nase ist stark profiliert. Das Haar ist reliefartig erhaben wiedergegeben.

Sitzende anthropomorphe Figurine aus rotem Ton. Gefunden in Predionica bei Priština. 2. Hälfte des 3. Jts. v. Chr., Höhe 18,5 cm, Museum von Kosovo, Priština

Ein plastisch modellierter Anhänger fällt vom Hals herab auf die Brust. Tief eingeschnittene Verzierungen an Kopf und Körper, senkrechte und schräge Linien, Spiralen und Mäander bezeichnen vermutlich Tätowierungen (vgl. S. 255 f.).

12 km südöstlich von Priština steht die Kirche *Gračanica* mit ihren prächtigen Kuppeln (Abb. 155). Hier beginnen wir unsere Klosterreise, die uns zu den bekanntesten Sehenswürdigkeiten serbischer Architektur und Malerei aus sämtlichen mittelalterlichen Kunstepochen führt. Der kunstfreundliche König Milutin Nemanjić ließ Gračanica als letzte seiner zahlreichen Stiftungen im Jahre 1321 erbauen. Die Architektur ist in der Dynamik der äußeren und inneren Konstruktion wahrlich ein Meisterwerk eines genialen Baumeisters. Die Kirche ist eine Spielart der byzantinischen Fünfkuppelkirche mit Kreuzgrundriß. Die typisch rascische Tradition äußert sich besonders in einem stufenweisen, rhythmischen Höhendrang, eine Entwicklung, die der byzantinischen Architektur fremd war. In dieser stark betonten Tendenz zum Vertikalen, sichtbar in den Gewölbe- und Kuppelkonstruktionen und den Stirnbögen der Fassaden, andererseits in der Polychromie der Mauerflächen aus Stein und Ziegel zeigt Gračanica ein gelungenes Beispiel für die Verschmelzung byzantinischer und gotischer Architektur, eine »schöpferische Umgestaltung der Paläologen-Architektur Salonikis im Geiste

122, 123 PRIZREN Gemüsemarkt und Viehmarkt

124

125

126

12

128

129

◁
124, 126 Markttag in PRIZREN. Südseite der Muttergotteskirche (Bogorodica Ljeviška), Stiftung des Königs Milutin, 1307

125 Rugovo-Schlucht westlich von Peć

127 Spinnen von Wolle ist auf dem Lande weitverbreitet

128 PRIZREN Mechmed-Pascha-Badehaus, 16. Jh.

129 In den Wäldern nördlich von Peć

130 TETOVO Die ›Bunte Moschee‹ mit Arabesken und Blütenmotiven, 1495

131 Mausoleum des Sultans Murad I., der in der Schlacht auf dem Amselfeld 1389 im Kampf fiel. Nördlich von Priština

132 HERACLEA LYNCESTIS Antike Stadt südlich von Bitola. Prachtvoller Mosaikfußboden der Großen Basilika aus Steinen, Glasfluß und Terrakotta (Detail)

133 HERACLEA LYNCESTIS Kleine Basilika mit Marmorfußboden

134 STOBI Antike Stadt in Makedonien, Römisches Theater, frühes 2. Jh. n. Chr.

135 STOBI Haus der Walker mit warmluftbeheiztem Boden

36– OHRID Sophienkirche (Sv. Sofija), eindrucksvollstes
38 Bauwerk der Stadt mit wertvollen Fresken aus dem
11. Jh. Exonarthex von 1317

37 Himmelfahrt Christi (s. Farbt. 43)

38 Muttergottes mit Christus

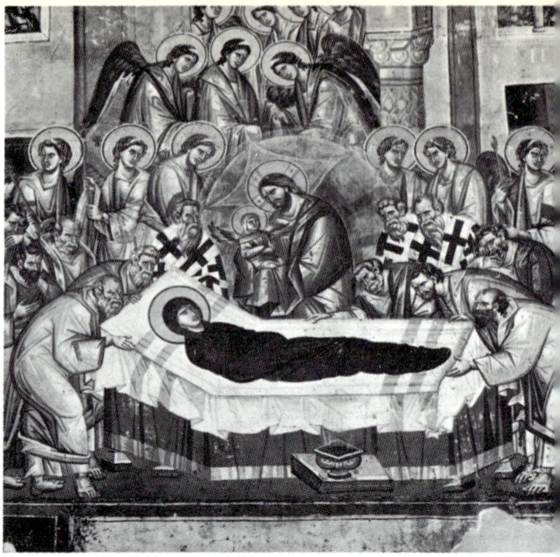

141 Mariä Tod (Detail). Christus nimmt die Marienseele in Empfang

139–143 OHRID Kirche der Muttergottes Peribleptos (Sv. Kliment) mit Fresken von 1295 und Jugoslawiens berühmtester Ikonensammlung

139 Evangelist Matthäus, Ikone, 56,5 x 116 cm (Detail) Spätes 13. Jh.

140 Gottesmutter Hodegetria, Ikone mit Silberbeschlag 61 x 97 cm (Detail). Spätes 13. Jh.

▷

143 Altarapsis mit Maria orans und Apostelkommunion (s. Farbt. 44)

142 Gefangennahme Christi

144–146 NEREZI (Sv. Pantelejmon) bei Skopje mit Fresken von 1164

144 Einzug in Jerusalem

145 Kreuzabnahme

146 Beweinung Christi, die bekannteste und erschütterndste Darstellung byzantinischer Malerei in Jugoslawien

147

148

149

◁

47–149 Kloster STUDENICA mit der Muttergotteskirche (Sv. Bogorodica). Prototyp der Raška-Schule, Verschmelzung von westeuropäischer Romanik und byzantinischem Basilikenstil, um 1190. Der Exonarthex stammt von 1230

48, 149 Gottesmutter und trauernde Frauen unter dem Kreuz; Christus am Kreuz, zwei Details der Kreuzigung, 1209

50 Kloster MILEŠEVA, Engel am Grabe Christi, um 1236

51 Patriarchat von PEĆ, 13.–14. Jh.

152–154 Kloster SOPOĆANI bei Novi Pazar, um 1265. Mariä Tod, Mittelteil des Riesenfreskos, Höhepunkt europäischer Malerei

155 Kloster GRAČANICA bei Priština, schönstes Beispiel einer Kreuzkuppelkirche. Stiftung des Königs Milutin, 1321 ▷

153 Christuskopf, Detail
154 Apostel, Detail

156

159

157 158

160 161

◁

156–158 Fresken aus der Klosterkirche GRAČANICA: König Milutin trägt das Modell der Kirche; Personifikation des Meeres aus dem Jüngsten Gericht; Prophet Elias

159 Lazarica-Kirche in KRUŠEVAC, um 1380

160, 161 Kloster KALENIĆ, Höhepunkt der Morava-Schule, 1407; plastische Dekoration oberhalb des Fensters an der Südseite des Narthex

162 Der heilige Nikita, Freske aus Manasija

163 Kloster MANASIJA (Resava) mit starker Festungsmauer, Stiftung des Despoten Stefan Lazarević, 1407–1418

164 Kloster LJUBOSTINJA Stiftung der Fürstin Milica, 1388/89, mit reicher Dekorationsplastik

Gračanica. Mariä-Verkündigungskirche, 1321. Längsschnitt und Grundriß. Narthex gegen Ende des 14. Jh., 1570 umgebaut

einer hier bereits durch die rascische Schule vermittelten latenten Gotik« (W. Sas-Zaloziecky).[10]

Die prachtvollen Fresken der Kirche mit einer Vielfalt in den thematischen Darstellungen stammen aus drei verschiedenen Epochen. Die ältesten, 1321–22 entstandenen Gemälde befinden sich im Kirchenschiff und im Narthex und werden in ihrem narrativen Stil der Paläologenrenaissance zugerechnet. In warmen und kräftigen Farben sind die üblichen Szenen jener Zeit angeordnet. Einige Fresken müssen besonders hervorgehoben werden: im Narthex ein Stammbaum der Nemanjiden-Dynastie, außerdem das Jüngste Gericht (Abb. 157), und zwischen Narthex und Naos auf den Pfeilern das würdevolle Stifterbildnis König Milutins mit dem Modell der Kirche (Abb. 156), gegenüber seine junge Frau, Königin Simonida. Im Naos heben sich zwei monumentale Kompositionen heraus; auf dem oberen Teil der Ostwand die grandiose Szene von Christi Abstieg in die Hölle und an der Westwand das Fresko von Mariä Tod. In der Apsis des Diakonikon befindet sich die Gestalt Johannes' des Täufers mit wundervoll vergeistigten Gesichtszügen (vgl. auch Abb. 158).

In der Nähe von Gračanica wurden Überreste der römischen Stadt *Ulpiana* gefunden, die Anfang des 2. Jahrhunderts n. Chr. zur Regierungszeit von Kaiser Trajan gegründet worden war. Den Grabinschriften nach war der spätere Bischofssitz Ulpiana eine der schönsten und größten Städte an einer wichtigen römischen Straße nach Niš. Bis heute sind ein Teil der Nekropole, Festungsmauern der Siedlung und das nördliche Stadttor neben frühbyzantinischen Thermen und einer Basilika ausgegraben. Münzen, Keramik, Waffen, Werkzeuge und Schmuck sind im Kosovo-Museum in Priština ausgestellt.

Bei der Stadt Kosovska Mitrovica, in deren Nähe Reste der aus dem 11. Jahrhundert stammenden serbischen Zvečan-Festung liegen, verlassen wir das Amselfeld und folgen dem Ibar-Tal, das sich schluchtartig verengt. Liebhabern von Mineralien sei ein Abstecher zur Bergwerksstadt *Trepča* empfohlen; im Verwaltungsgebäude des Bergwerks in Stari trg befindet sich eine der reichsten Mineral- und Kristallsammlungen der Welt.

In Raška biegen wir ab und erreichen die rege orientalisch anmutende Stadt *Novi Pazar* mit der sehenswerten Altum-Alem-Moschee aus dem 16. Jahrhundert. Das wichtigste Kulturdenkmal liegt am Rande der Stadt; es ist die Peterskirche, die bereits im 9. Jahrhundert gegründet wurde und das einzige, völlig erhalten gebliebene Denkmal in Serbien aus der Zeit vor den Nemanjiden ist. Die Kirche steht auf einer Anhöhe, die schon im 6. Jahrhundert v. Chr. besiedelt war. Im Zusammenhang mit Konservierungsarbeiten an der Kirche wurden unter ihren Grundmauern reiche griechisch-archaische Goldfunde gemacht, goldene Gürtel, Ringe und Ohrringe, Bernsteinschmuck u. a., die heute im Nationalmuseum Belgrad ausgestellt sind. Über den griechischen Funden war ein römischer Rundbau errichtet, von dem die Fundamente erhalten blieben, darüber eine byzantinische Rotunde aus dem 9. Jahrhundert mit Kuppel, Zwerggalerie um den Tambour und einer halbkreisförmigen Apsis. Die Kirche besitzt einige Fresken aus der Zeit zwischen dem 10. und 13. Jahrhundert. Die Peterskirche war lange Mittelpunkt des kirchlichen Lebens in Serbien, bevor eine selbständige serbische Kirche mit Sitz in Žiča gegründet wurde (Abb. 167).

In der Klosterkirche *Sopoćani* bei Novi Pazar lernt der Kunstliebhaber einen Höhepunkt serbisch-byzantinischer Malerei kennen. Die Kirche liegt inmitten einer einsamen, bergigen Waldlandschaft. 1260 war sie von König Uroš I. zur Aufnahme seiner Grabstätte gebaut worden. Während der Kriege zwischen Österreichern und Türken wurde sie 1689 zerstört und war seitdem als Ruine ohne Dach und Kuppel über zwei Jahrhunderte Wind und Wetter preisgegeben. Um sie vor dem völligen Verfall zu

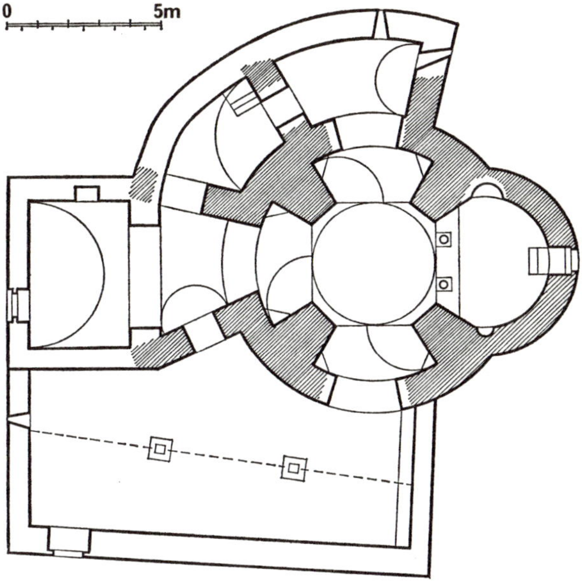

Novi Pazar, Peterskirche, 9. Jh. Grundriß. Angebaute Teile aus dem Jahre 1718

retten, wurden zwei große Restaurationen in den Jahren 1925–29 und 1949–58 durchgeführt, und es zeigte sich, daß die hervorragend gearbeiteten Fresken die Zeit überstanden hatten, nur der luxuriöse Goldgrund der Bilder ist bis auf wenige Reste ausgelöscht.

Die Kirche im Stil der Raška-Schule (vgl. Fig. S. 66) hat die Form einer einschiffigen Basilika mit einer Altarapsis, Chortransepten und einem Narthex; Diakonikon und Prothesis sind vom Altarraum getrennt. An die Nord- und Südseite des Narthex wurden zwei Kapellen angebaut, die beim späteren Bau des Exonarthex mit den Chortransepten verbunden wurden. Wie in Mileševa ist auch hier der kubische Tamboursockel ziemlich schmal und hoch. Biforien und kleine Arkaden unter dem Sims weisen auf romanische Einflüsse aus dem Küstengebiet hin. Insgesamt wirkt das Äußere der Kirche recht bescheiden. Um so mehr übertrifft die Wandmalerei die Architektur an künstlerischem Wert. Der höfische Stil von Morača und Mileševa ist fortgeführt worden und erlangt die volle Kraft des monumentalen Wandbildes. »Epische Breite, feierliche Ruhe und heroischer Ernst« (Radojčić) dominieren in der Malerei der großen anonymen Künstler, die den Naos ausmalten. Der Tod Mariä gehört mit seinen Ausmaßen von 6,35 m mal 4,25 m zu den monumentalsten Werken der mittelalterlichen europäischen Malerei überhaupt (Abb. 152–154). Maria liegt mit verinnerlichten Gesichtszügen auf dem Totenbett. Um sie herum stehen die Apostel. Christus, von Engeln umgeben, empfängt die Seele der Gottesmutter, die als Kind dargestellt ist, und reicht sie den Engeln, die sie in den Himmel emportragen. Die Komposition ist voller Grazie und Anmut und zugleich erhaben durch vollendete Modellierung und ein erlesenes Farbgefühl von Blau-, Violett- und Gelbtönen. Obwohl der Meister im Geiste der byzantinischen Malerei gearbeitet hat, ist diese Mariendarstellung zutiefst von der Antike inspiriert und erreicht eine solche Vollkommenheit in Form und innerer Ausstrahlung, wie sie erst wieder von den großen italienischen Meistern der Renaissance erreicht wird. Neben diesem größten Kunstwerk müssen weitere Gemälde hervorgehoben werden, so die Darstellungen ›Der ungläubige Thomas‹ und ›Christus erscheint den Frauen‹ in der Chorzone, ›Abstieg Christi in die Vorhölle‹ an der Nordwand, die ›Kreuzigung‹ und ›Jesus im Tempel‹ an der Südwand.

Die Fresken im Narthex sind vielleicht fünf Jahre später entstanden als die im Naos von 1265 und zeigen eine jähe Wende in der serbischen Wandmalerei. Diese jüngere Malerei, darunter das Jüngste Gericht, ökumenische Konzile, die alttestamentliche Josephlegende, Familienbildnisse von Uroš I. u. a., legt den Nachdruck nicht auf die Wirkung des Monumentalen. Die Tendenz zum Narrativen und Lebhaften äußert sich hier in kleinen Figuren und gedrängten Szenen. Der von Zar Dušan im 14. Jahrhundert erbaute Exonarthex mit Glockenturm ist ein Werk küstenländischer Baumeister und in der altserbischen Architektur »ein wichtiges Bindeglied in der Entwicklungslinie jener Strömungen, in deren Verlauf es zu einer starken Kreuzung byzantinischer und westeuropäischer Einflüsse kam«.[11] (Radojčić) Die Überreste der Fresken aus dem 14. Jahrhundert sind in ihrem Wert unbedeutend.

Von Sopoćani geht es zurück nach Raška und weiter durch einen sehr malerischen Abschnitt des Ibar-Tales nach Norden. Hinter dem Ort Ušce biegt eine schmale, kurvenreiche Straße durch herrlichen Wald zum 11 km entfernten Kloster *Studenica* ab, welches das größte und reichste der serbischen Klöster ist und in großer Abgeschiedenheit liegt. Der Besucher spürt im Gegensatz zu den sehr zurückhaltenden, ja teilweise mißtrauisch abweisenden Mönchen und Nonnen der früher besuchten Klöster Morača, Peć oder Gračanica eine Aufgeschlossenheit und freundliche Atmosphäre.

Zum Kloster Studenica gehören drei Kirchen: die Muttergotteskirche, die Nikolauskirche und die Königskirche. Sieben weitere Kirchen sind auf einem Kupferstich aus dem 18. Jahrhundert abgebildet, von denen heute nichts mehr zu sehen ist; nur die Grundmauern der Kapelle Johannes' des Täufers sind 1954 freigelegt worden.

Die Muttergotteskirche (Abb. 147) als älteste der Kirchen im Kloster Studenica wurde von Stefan Nemanja zwischen 1183 und 1191 im Stil der Raška-Schule erbaut, und war zu seiner Grabeskirche bestimmt. Ihr Charakteristikum ist die Verschmelzung eines saalförmigen tonnengewölbten Längsbaues mit einem großen zentralisierenden Kuppelraum über unregelmäßigem Kreuz, das in der Längsachse von einem schmalen Ostjoch mit Apsis und einem längeren Westjoch gebildet wird. Beide Räume sind kleiner als die Vierung. Der Querarm des Kreuzes besteht aus zwei niedrigeren kapellenartigen Querschiffen. Im Westen liegt vor dem Naos ein Narthex,

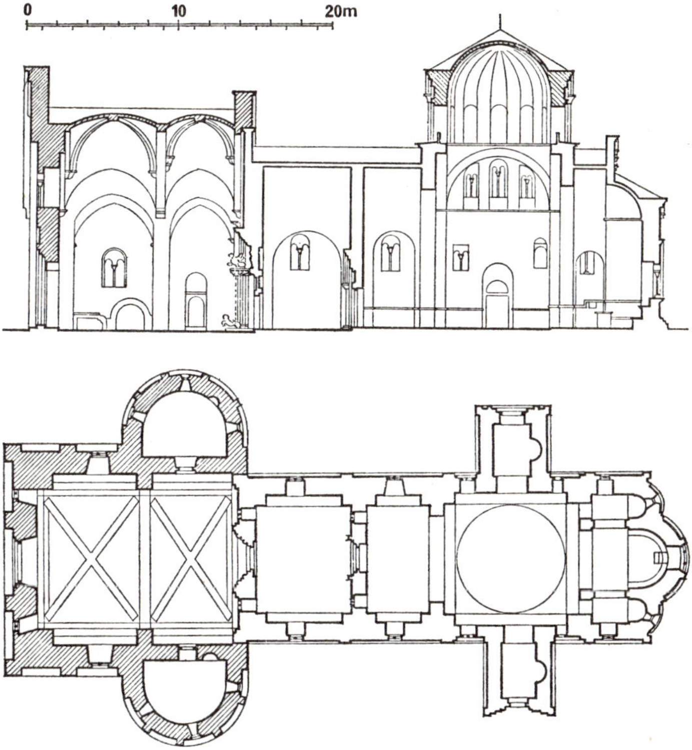

Studenica, Muttergotteskirche, um 1190. Exonarthex um 1230. Längsschnitt und Grundriß

räumlich ausgedehnter als die Längsjoche des Naos, durch eine Wand mit niedrigem Portal vom Naos getrennt. Der Längsbaucharakter der Kirche, die feine Behandlung des marmornen Mauerwerks und die mit kostbaren Marmorreliefs geschmückten Portale und Fenster der Muttergotteskirche weisen auf westeuropäisch romanische Stilrichtungen. In der Tat vertraute Stefan Nemanja den Bau seiner Grabkirche Meistern aus dem Westen an, wahrscheinlich Benediktinermönchen aus Süditalien, die über Kotor nach Rascien gelangen konnten. Der Plastikschmuck, der sich später nur in Dečani wiederfindet, muß besonders hervorgehoben werden. Das schönste Relief befindet sich im Tympanon des Westportals: eine würdevolle, thronende Maria mit Christus auf dem Schoße, flankiert von den huldigenden Engeln Michael und Gabriel. Auch das dekorative Triforium an der Altarapsis, das von einem Flachrelief mit phantastischen Tiergestalten und verschlungenen Pflanzen umrahmt wird, ist größter Aufmerksamkeit wert. Der Kernbau der Muttergotteskirche erhielt unter Stefan Nemanjas Enkel Radoslav um 1230 einen mächtigen, kreuzbandrippengewölbten Exonarthex mit zwei halbkreisförmigen Kapellen, der durch sein grobes Kalksteinmauerwerk die Harmonie der alten Kirche stark beeinträchtigte (Abb. 147).

Westportal, Detail. Muttergotteskirche Studenica

Das Kloster Studenica mit seiner Muttergotteskirche nahm durch das Wirken seines ersten Abtes und späteren ersten serbischen Erzbischofs, des hl. Sava, den ersten Platz unter den serbischen Klöstern ein. Dieser ehemalige Athos-Mönch, der seinen Kunstverstand durch die vorzüglichen Fresken der Athos-Klöster und Kirchen Salonikis geprägt hatte, ließ byzantinische Meister nach Studenica kommen, die die Stiftung seines Vaters ausschmücken sollten. Von 1209 stammen die ältesten Fresken in der Muttergotteskirche, die in der Mitte des 16. Jahrhunderts nach dem Abblättern teilweise erneuert wurden. Die bedeutendste Malerei ist eine monumentale Darstellung der Kreuzigung Christi an der westlichen Naoswand (Abb. 148, 149). In übermenschlicher Größe beherrscht der Gekreuzigte das Bild, das sich nur auf wenige Hauptfiguren beschränkt. Das intensiv gelbe Inkarnat auf dem blauen, mit goldenen Sternen bedeckten Hintergrund wirkt edel. Außer der Kreuzigung sind noch einige weitere Kompositionen aus dem 13. Jahrhundert erhalten, z. B. die teilweise erhaltene Mariä Verkündigung, ferner die Muttergottes in der Kalotte der Apsis und die stark beschädigte linke Seite der Komposition Darbringung Christi im Tempel. Fast die Hälfte der Fresken in der Kirche gehört in das 16. Jahrhundert, sie befinden sich im Altarraum, im Naos und im Exonarthex. Die Renovierung der Kirche im Jahre 1569 durch einen begabten Maler hat ihre Ursache in der Wiederherstellung des Patriarchats in Peć im Jahre 1557 während der türkischen Herrschaft. Wichtig bleibt noch zu erwähnen, daß die alten Fresken aus dem 13. Jahrhundert gegenüber den bisher gebräuchlichen Signaturen in griechischer Sprache jetzt zum erstenmal solche in serbischer Sprache aufweisen. Man muß annehmen, daß die Einführung der serbischen Sprache auf den Inschriften der Fresken auf großen Widerstand bei dem griechischen Erzbischof in Ohrid stieß, der sich mit der Schaffung eines selbständigen serbischen Erzbistums 1219 verschärfte.

Neben der prachtvollen Muttergotteskirche errichtete König Milutin 1313/14 die kleine Königskirche. Die gut erhaltenen Fresken dieser Kirche gehören zu den schönsten Beispielen der gesamten Malerei im Stil der Paläologenrenaissance. Der kleine Raum ist von der Kuppelkalotte bis zum Fußboden mit kleinformatigen Fresken bedeckt, wobei die Maler stark an die Tendenzen byzantinischer Ateliers gebunden sind und zugleich aus den besten Traditionen der hellenistischen Kunst schöpften. Das wichtigste Thema der Malerei in der Königskirche sind zwei ausgedehnte Kompositionen aus dem Leben Mariä: Mariä Geburt und Mariä Reinigung. Es sind Szenen, die noch nichts vom Ernst und Schmerz der Muttergottes spüren lassen. »In keiner zweiten orthodoxen Kirche bietet sich dem Blick ein solcher Reigen, ein solcher Festzug junger graziöser Geschöpfe, nirgends sonst gibt es so viele pausbäckige, staunende, neugierige und stirnrunzelnde Kinder, so viele Küsse und Liebkosungen«[12] (Rajković). Das Leben erscheint hier nur als frühlingshafter, vergänglicher Ausschnitt, ohne Leidenschaft und Dramatik. Anmut und Grazie der Form sowie eine feinfühlige weiche Farbgebung und milde Schattierung schaffen eine intime Atmosphäre in dem kleinen Raum.

Die dritte Kirche in Studenica ist dem hl. Nikolaus geweiht. Der bescheidene einschiffige Bau mit Apsis ist etwa ebenso alt wie die Muttergotteskirche. Von den wenigen erhaltenen Fresken verdient ein außerordentlich schön gemalter Kopf Johannes' des Täufers Aufmerksamkeit.

Von Studenica geht es zurück ins immer enger werdende Ibar-Tal. Vorbei an der mächtigen Festung Maglič, die zum Schutz der hier verlaufenden wichtigen Nord-Süd-Verbindung des Mittelalters im 13. Jahrhundert auf einem hohen Felsvorsprung erbaut wurde, kommen wir nach Kraljevo, von wo wir in südwestlicher Richtung das Kloster *Žiča* erreichen. Žiča ist eine Stiftung des ersten serbischen Königs Stefan Prvovenčani von 1208. Das Kloster wurde erster serbischer Erzbischofssitz und geistiges Zentrum des Nemanjiden-Staates. In der Kirche wurden alle serbischen Könige gekrönt und bis zur zweiten Hälfte des 13. Jahrhunderts auch alle serbischen Erzbischöfe inthronisiert, bis das Patriarchat nach Peć verlegt wurde. Die Kirche gehört in ihrem Baustil zur Raška-Schule. Der rote Verputz der Außenwände findet sein Vorbild in den Klöstern auf dem griechischen Berg Athos. Bis heute hat sich ein reges christlich-orthodoxes Leben im Kloster Žiča erhalten.

Bei Kraljevo verlassen wir das Ibar-Tal und folgen nun dem westlichen Morava-Fluß, der seinen Namen der letzten Stilepoche der mittelalterlichen serbischen Klöster geliehen hat. In Vrnjačka Banja lohnt der Besuch der Töpferei des Keramikkünstlers Milovan Stojanović (Abb. 186, 187). Kurz vor Trstenik überqueren wir den Fluß, und bald taucht vor uns eines der schönsten Baudenkmäler der Morava-Schule auf, das Kloster *Ljubostinja*, das 1388–89 von der Fürstin Milica, der Gemahlin des Fürsten Lazar Hrebeljanović, errichtet wurde. Die Kirche ist wie alle anderen Baudenkmäler der Morava-Schule ein Dreikonchenbau. Reiches Zierwerk an den Bogenfeldern und Rosetten, der Portale und den ein- und zweiteiligen Fenstern sind charakteristisch. Von den ursprünglichen Fresken sind nur wenige Kompositionen und Einzelfiguren von Heiligen erhalten (Abb. 164).

Vor der Fahrt nach Kalenić, dem bedeutendsten Kloster jener Zeit, sollte ein Abstecher nach Kruševac auf dem Programm stehen. *Kruševac* ist die ehemalige Residenz des Fürsten Lazar Hrebeljanović, des Nachfolgers der Nemanjiden. Von der ehemaligen in der zweiten Hälfte des 14. Jahrhunderts gegründeten Burg Kruševac ist außer den Grundmauern nichts mehr erhalten. Nur die Kirche Lazarica, das erste Baudenkmal der Morava-Schule, ist noch vorhanden (Abb. 159). Die Kirche hat wiederum den Grundriß eines Dreikonchenbaus und besitzt eine auf Wandpfeilern ruhende Kuppel und einen Narthex, über dem sich ein zweigeschossiger Glockenturm erhebt. Das Schönste an dieser Kirche ist ihre Dekoration. Der aus Stein und Ziegel gefügte Bau besitzt kleine Säulen, Lisenen, Archivolten, profilierte Simse, Nischen, Rosetten, farbige Schachbrettmuster und Zierbauteile aus gebranntem Ton, was ihm ein sehr malerisches Aussehen verleiht. Hinzu kommt der Reliefschmuck der Fenster- und Türeinfassungen. Von der Wandmalerei ist leider nichts mehr erhalten.

Kalenić ist für den Besucher eine Herausforderung. Der erste Versuch, das Kloster direkt von Ljubostinja aus zu erreichen, mißglückte – der Wagen blieb in der tief ausgefurchten Erdstraße, die mehr einem Feldweg glich, stecken. Also mußte der Umweg über Medveda, Milutovac, Oparić und Prevešt genommen werden, der allerdings im letzten Abschnitt wegen der zahlreichen tiefen Schlaglöcher in der Schotterstraße ebenfalls recht beschwerlich ist. Hat man endlich Kalenić erreicht, so entschädigt dieses schönste Bauwerk der Morava-Schule allerdings für die Mühe der Fahrt.

Die kleine Kirche des Klosters Kalenić wurde in den ersten Jahrzehnten des 15. Jahrhunderts von unbekannten Künstlern erbaut und ausgemalt. Den Auftrag gab der Adelsherr Bogdan, der den Rang eines Oberkämmerers am Hofe des Despoten Stefan innehatte. An der Narthex-Nordwand ist der Stifter mit seiner Frau Milica und seinem Bruder Petar abgebildet. Der strengen Hierarchie gemäß ist Bogdan hinter dem Despoten dargestellt, der als Vermittler zwischen dem Stifter und dem Heiligen, dem die Kirche geweiht ist, fungiert.

Kalenić (Abb. 160) ist dem Grundriß nach ebenfalls ein Dreikonchenbau. Die Fassaden sind durch Wandpfeiler und kleine Säulen gegliedert, vertikal durch zwei profilierte Simse, zwischen denen zweiteilige Fenster eingelassen sind. Der farbige Ziegelschmuck und die gemeißelte Steindekoration an Portalen, Fenstern, Bögen und Rosetten sind trotz ihres Prunks dem Gesamtbild der Kirche untergeordnet. Die plastische Dekoration in Flachrelieftechnik, die der dekorativen Holzplastik entlehnt ist, zeigt Flechtbänder, Rankenwerk von Lilien und Palmetten sowie Menschen- und Tierfiguren. Die letzteren beschränken sich auf die Lünetten über den Fenstern: z. B. die Muttergottes mit Christuskind zwischen zwei Seraphim in der Lünette über dem südlichen Biforium des Narthex (Abb. 161), in den übrigen Lünetten Greife, Adler, Samson im Kampf mit dem Löwen, der Zentaur Chiron, ein Jäger, der mit einem Bären kämpft. Es ist nicht verwunderlich, daß diese teure prunkvolle Dekoration der Morava-Schule nur von kurzer Dauer sein konnte. Schon die Dekoration der letzten und größten Kirche dieser Stilgruppe, der Klosterkirche Manasija, ist äußerst bescheiden.

Die gut erhaltenen Fresken von Kalenić sind der dekorativen Außengestaltung ebenbürtig. War in der Mitte des 14. Jahrhunderts die narrative Tendenz in der ser-

Kalenić.
Muttergotteskirche, 1407. Westfassade 1929 restauriert. Längsschnitt und Grundriß

bischen Wandmalerei vorherrschend, was zu einer Vielzahl von Zyklen führte, so werden jetzt in Kalenić die Themen sehr sorgfältig ausgewählt. Die Figuren und Szenen sind in ihren Proportionen auf die Dimensionen des Raumes und der Wandfläche abgestimmt. Die Figuren in den höheren Zonen sind relativ größer als die in den unteren, was im Sinne eines Bedeutungsmaßstabes, aber auch unter praktischem Gesichtspunkt der leichteren Beobachtung verstanden werden kann. Charakteristisch in Kalenić und später auch in Manasija sind die Kompositionen der Heiligen in der unteren Zone der Chorapsiden und an den Stirnwänden der Pilaster. Während diese Flächen in älteren Kirchen von Aposteln, Märtyrern und Einsiedlern eingenommen werden, erscheinen hier in den Zeiten der Bedrohung durch die Türken die heiligen Krieger, Gestalten von heroischem Aussehen mit Panzer, Schwert, Bogen und Lanzen.

Im Gegensatz zu den erregteren Gesten der Krieger in Manasija, die mit gezückten Schwertern als ungeduldige Kämpfer dastehen – z. B. der heilige Nikita mit türkischem Krummschwert (Abb. 162) –, besitzen die Krieger in Kalenić eine ruhige, ausgeglichene Haltung. In dieser diskreten Zurückhaltung der Krieger, dem Beharren auf innere Werte des Menschen liegt überhaupt der charakteristische Wesenszug der Malerei von Kalenić. Das schönste Wandgemälde ist die Hochzeit zu Kana in der Südapsis. Während in der Darstellung desselben Themas in der Kirche Sv. Nikita bei Skopje achtzehn Personen an dem Fest teilnehmen, haben wir es in Kalenić nur noch mit einer erlesenen Gesellschaft von insgesamt neun Personen zu tun, die um den Tisch und die großen Gefäße gereiht sind: links die Muttergottes und Christus, weiter das Brautpaar, der Trauzeuge, ein älterer Mann und drei die Gäste bedienende Jünglinge. Während Maria mit Christus über den Wein spricht, vollzieht sich zwischen den Brautleuten, die ihre Köpfe zärtlich gegeneinander neigen, eine volkstümliche Hochzeitszeremonie: Der Bräutigam sticht seiner Braut mit einem Messer leicht in den Finger. Nach einem vorchristlichen altserbischen Brauch trinkt das Paar aus demselben Glas (das der Diener im Hintergrund reicht,) mit Wein vermischtes Blut. Besonders auffällig an diesem Fresko ist auch die vornehme Kleidung und die elegante Linienführung. Genauso wie diese Hochzeit zu Kana zeichnet sich auch die übrige Malerei durch leichtbeschwingte, anmutige Kompositionen sowie durch zarte, in warmen Pastelltönen gehaltene Farbgebung aus. Radojčić kommt zu der treffenden Wertung mit folgenden Worten: »In der vom Tod gezeichneten Schönheit der Fresken von Kalenić spiegelt sich all die Tragik des späten serbischen Rittertums wider: Eleganz, diskrete dekorative Wirkung, ein subtiler Sinn für gemessene Haltung und Gesten – die Lyrik einer abgeschlossenen kultivierten Gesellschaft, die, reich und hilflos, versucht, in der vollen Schönheit ihrer überreifen Kultur, mit allen Requisiten ihrer behaglichen Existenz von der unsicheren Erde in den sicheren Himmel zu übersiedeln.«[13]

Nach Kalenić stehen noch zwei Festungsklöster der Morava-Schule auf unserem Reiseprogramm, die in ihrer Größe alle bisher bekannten dieser Stilepoche überragen: die Klöster Ravanica und Manasija, beide in der Nähe von Svetozarevo gelegen.

Das Kloster *Ravanica* gründete Fürst Lazar Hrebeljanović 1376/77 als seine letzte Stiftung. Wegen der Türkeneinfälle erhielt es massive Mauern und Wehrtürme, die heute nur noch als Ruinen übriggeblieben sind. Mit ihren fünf Kuppeln erinnert die Klosterkirche an die Nemanjiden-Baudenkmäler in Makedonien. Der ursprüngliche Narthex wurde Ende des 17. Jahrhunderts zerstört und 1721 in neuer Form gebaut. Die Wandmalerei in Ravanica stammt von einem Maler namens Konstantin, zu dessen besten Werken das Bild des Stifters Lazar und der Fürstin Milica mit ihren Kindern Stefan und Vukan gehören, außerdem die Darstellung des Einzugs in Jerusalem. Es ist überhaupt ein Wunder, daß nach mehreren Bränden noch einige Fresken unversehrt geblieben sind (Abb. 165, 166).

Das Kloster *Manasija* (Resava) erreichen wir von Ravanica aus auf einer schlechten Straße. Hinter Despotovac tauchen die hohen abweisenden Verteidigungsmauern und elf riesigen Türme auf, hinter denen sich die Klosterkirche verbirgt (Abb. 163). Man ahnt, was die Freiheit des Glaubens und der Kunst dem Stifter des Klosters, Stefan Lazarević, bedeutete, als er zwischen 1407 und 1418 dieses letzte bedeutende Kloster als Zufluchtsort für Geistliche und Künstler und als seine Grabesstätte erbauen ließ. Die Fresken in der geräumigen fünfkuppeligen Kirche sind in ihrem künstlerischen Wert mit denen von Kalenić gleichzusetzen. Sie wirken bereits auf den ersten Blick durch ihre dekorative Pracht. Die Grundharmonie entsteht durch den Farbkontrast der mit Goldblättern bedeckten Flächen zu dem blauen Hintergrund der Bilder und den azurblau gefärbten Gewändern. Der Glanz des Blauen und Goldenen macht die Schönheit von Manasija aus. Der aristokratische Prunk zeigt sich auch besonders in den reichsten Gewändern jener Zeit, welche Herrscher, Edelleute, Hofdamen, Krieger und Diener tragen (Abb. 162). Insgesamt kommt es den Malern darauf an, die religiöse Szene dem zeitgenössischen Leben anzupassen. Man hat die Bezeichnung ›Festgenre‹ benutzt, um die Kompositionen zu charakterisieren. Diese spezifische Entwicklung hat viel Verwandtes mit der zur gleichen Zeit vorhandenen Renaissance-Malerei in Italien. Da diese Entwicklung auf dem Balkan aber durch die Türken unterbrochen wurde, müssen die Fresken von Manasija als einzigartige Errungenschaft betrachtet werden, wodurch das Kloster Manasija einen besonderen Platz in der Geschichte der ostchristlichen Kunst einnimmt. Vom Leben abgeschnitten, ohne Aussicht auf eine gesicherte Zukunft hatten die Maler, die den großen Künstlern von Kalenić und Manasija nachfolgten, nichts mehr auszusagen.

Niš, ein modernes Wirtschaftszentrum in Südserbien, liegt abseits unserer Klosterroute und wird meist von Reisenden angesteuert, die den Weg zwischen Belgrad und Skopje über den Autoput nehmen.

Die römische Grenzfestung Naissus ist Geburtsort von Kaiser Konstantin dem Großen (Abb. 182). Am östlichen Stadtrand ist seine einstige Sommerresidenz *Mediana* ausgegraben worden. Überreste freigelegter Villen, Thermen, Straßen und gut-erhaltene Mosaiken sind zu besichtigen; die übrigen Ausgrabungsfunde sind im Archäologischen Museum von Niš oder im Nationalmuseum Belgrad ausgestellt. Ein erschütterndes Zeugnis der türkischen Schreckensherrschaft zwischen 1454 und 1877 (türkische Festung von 1690) ist der Schädelturm (Ćele-kula) an der Straße nach Sofia, der aus 950 Köpfen der 1809 im Kampf gegen die Türken gefallenen serbischen Aufständischen errichtet wurde, von denen heute noch fast sechzig Schädel erhalten sind.

Belgrad, die Hauptstadt Jugoslawiens und Serbiens

Festung Kalemegdan – Nationalmuseum – Smederevo – Lepenski Vir – Eisernes Tor – Fruška Gora

Belgrad (›Weiße Stadt‹), Serbiens und Jugoslawiens Hauptstadt (1 000 000 E. / 1971), beeindruckt nicht durch historische Baudenkmäler, sondern durch die berühmten Kunstschätze in seinen Museen. Obwohl die Stadt am Zusammenfluß von Donau und Save eine der ältesten Siedlungen in Europa ist – Spuren einer 7000 Jahre langen Siedlungsgeschichte sind festgestellt worden –, finden wir im modernen Belgrad kaum ein Gebäude, das älter als 100 Jahre ist. Denn es gibt wohl keine andere Stadt in Europa, die jahrhundertelang so erbittert umkämpft wurde.

Belgrad liegt in der Mitte der Balkanhalbinsel und im Süden des Donaubeckens. An der Kreuzung der Straßen von Norden nach Süden und von Westen nach Osten war es Schauplatz zahlloser Eroberer, deren Heere immer wieder neue Kulturen mitbrachten. Früheste Siedlungsspuren finden wir im Neolithikum. Die Römer bauten später die keltische Festung Singidunum aus und machten die Stadt zum Standort der 4. Legion des Flavius. Das Castrum erhielt den Status eines Munizipiums und schließlich den einer Kolonie. Als wichtiger Punkt im Verteidigungssystem des Donaulimes wurde die Stadt von Hunnen, Ostgoten und Awaren mehrere Male verwüstet und geplündert. Die Slawen, die sich in Belgrad niederließen, nahmen bald byzantinische Kultureinflüsse an. Im frühen Mittelalter zogen die Kreuzfahrer durch Belgrad und fanden häufig nur eine Ruinenstadt vor. Von einer in die andere Hand übergehend, einmal unter byzantinischer Herrschaft, dann unter ungarischer oder bulgarischer, befand sich Belgrad in ständigem Kriegszustand. Während der serbischen Herrschaft unter den Nemanjiden werden Belgrad und Smederevo als wichtige Festungen im Landesnorden erwähnt. Der Vorstoß der Türken schließlich bestimmte auch das Schicksal der Stadt als militärischen Hauptstützpunkt für die Verteidigung Europas. Nach 1521 hatten sich die Grenzen des Osmanischen Reiches so weit nach Norden verschoben, daß Belgrad zu einem wichtigen Handelszentrum mit Transitmarkt und Flußhafen wurde. Nach einer Beschreibung des türkischen Reiseschriftstellers Evlija Čelebija aus dem Jahre 1663 war die Festung von einer hohen Mauer umgeben, mit bleigedeckten Türmen,

Türkische Eroberung des unteren Teiles der Festung Belgrad. W. Resch, Holzschnitt, Anfang des 16. Jh., Museum der Stadt Belgrad

mit halbkreisförmigen Bastionen und Trockengräben. Innerhalb der Mauern der Oberstadt drängten sich etwa 200 Häuser, über denen sich die prächtige Moschee Suleimans II. erhob, ein Werk des türkischen Architekten Sinan. Innerhalb der Mauern der Unterstadt befanden sich nach Čelebija außer etwa 400 Wohnhäusern eine Karawanserei, ein großer Basar, eine Münze und fünf Moscheen. Die Stadt besaß damit das typische Gepräge einer orientalischen Stadt. 1717 schlug Prinz Eugen die Türken; Belgrad wurde österreichisch, erlebte einen wirtschaftlichen und städtebaulichen Aufschwung und wurde 1740 abermals von den Türken erobert. Schließlich gelang serbischen Aufständischen die Befreiung, doch erst die Balkankriege und die beiden Weltkriege mit schweren Bombenangriffen durch Österreicher und Deutsche mußten vorübergehen, bevor die Stadt eine längere kriegsfreie Periode bis heute erleben konnte.

Festung Kalemegdan

Der Kalemegdan (Kale = Feld, megdan = Schlacht) ist ein Bergsporn am Zusammenfluß von Donau und Save und ältester Teil Belgrads. Erhalten sind die Überreste der alten Festung mit Wällen und Schanzen, mehreren Türmen und Toren. Die Festung besteht aus der Unterstadt (Donji Grad), der ehemaligen mittelalterlichen Altstadt (nur wenige Überreste wie der Nebojša-Turm) und aus der eigentlichen Festungsanlage, der Oberstadt (Gornji Grad), deren heutige Form während der österreichischen Herrschaft (1717–1739) entstand.

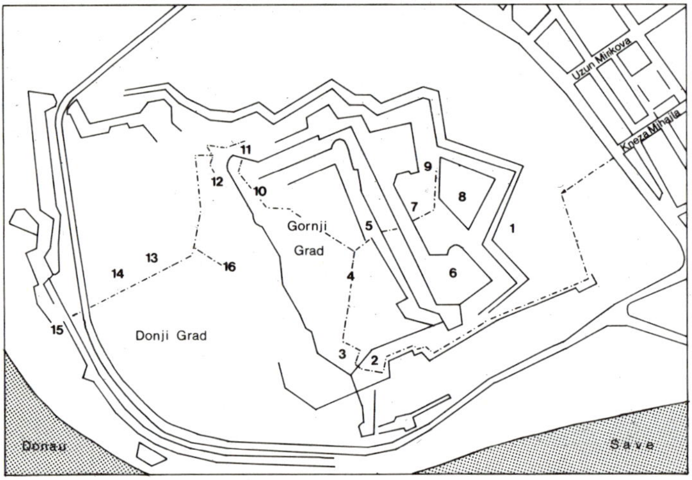

Besichtigung

Beginn am Ende der Kneza Mihajla, der belebten Geschäftsstraße. Im Park mehrere Skulpturen, darunter das **Denkmal der Dankbarkeit für Frankreich (1)** von Ivan Meštrović, das 1930 von Studenten errichtet wurde, denen Frankreich im 1. Weltkrieg Asyl gewährt hatte. Vom Festungswall oberhalb der Save ein großartiges Panorama, mit Sicht auf den Zusammenfluß von Donau und Save, auf Novi Beograd und die weite Pannonische Tiefebene. Durch das **Königstor (2)** (Kralj Kapija) betreten wir die Oberstadt. Rechts der **Römische Brunnen** aus dem 15. Jh.; eine Wendeltreppe führt 30 Meter tief hinab. Das 14 Meter hohe **Siegerdenkmal (3)** von Ivan Meštrović (Abb. 175) aus dem Jahre 1928 symbolisiert die Standhaftigkeit Belgrads. In der Nähe das **Grabdenkmal (4)** (Turbe) von Damad Ali Pascha, der Großwesir des Sultans Ahmet III. war und 1716 bei Petrovaradin gefallen ist. Die Österreicher errichteten den **Uhrturm (5)**, den die Türken später Sahat Kula nannten. Das **Heeresmuseum (6)** macht den Besucher mit den militärgeschichtlichen Geschehnissen in den südslawischen Gebieten vom 7. Jahrhundert bis zur Gegenwart bekannt. Das **Stambul-Tor II (7)** war eines der wichtigsten Zugänge in die Oberstadt. **Forst- und Jagdmuseum (8); Stambul-Tor I (9); Dizdar-Tor (10)** mit Turm (Volksobservatorium); **Zindan-Tor (11)** mit mächtigen Rundtürmen (Abb. 174), ehemalige berüchtigte türkische Gefängnisse. Die **Ružica-Kirche (12)** ist in das Mauerwerk eingebaut und diente den Türken bis 1867 als Pulvermagazin.

In der Unterstadt steht das **Tor Kaiser Karls VI. (13)** (auch Prinz-Eugen-Tor genannt) im prunkvollen Barockstil, daneben Überreste der **Kanonengießerei (14)** aus dem ersten serbischen Aufstand. Der **Nebojša-Turm (15)** wurde von den Türken errichtet und diente als Beobachtungsstand. Außerdem war er Gefängnis und gefürchtete Folterkammer. Das alte **türkische Bad (16)** (Hamam) gehörte zum Typ der kleineren Badehäuser.

Zu den größten Sehenswürdigkeiten Belgrads gehört das schon 1844 gegründete *Nationalmuseum.* Es befaßt sich mit dem Sammeln, Erforschen und Ausstellen von Kunstdenkmälern von den ersten Spuren menschlicher Zivilisation bis zur Mitte des 20. Jahrhunderts, wobei archäologische Funde aus Serbien in der Mehrzahl vertreten sind. Beschreibung und Aufzählung könnten ein eigenes Buch füllen. Deshalb beschränken wir uns darauf, einige besonders wertvolle Schätze hervorzuheben und erörtern etwas genauer die vorgeschichtlichen Kulturen. Da auch das Archäologische Museum in Zagreb eine größere prähistorische Sammlung kroatischer Kunstdenkmäler besitzt, soll diese zusammen mit der serbischen an dieser Stelle gewürdigt werden. Soweit nicht besonders vermerkt, stammen die Beispiele von Fundstücken aus dem Belgrader Nationalmuseum.

Die Funde aus dem Neolithikum geben uns einen Einblick in Leben, Weltbild und Glaubensvorstellungen des primitiven Menschen. Die ältesten Fundstücke werden zur Starčevo-Kultur gezählt, die ihren Namen nach dem großen Fundort Starčevo bei Pančevo erhielt und deren Anfänge bis ins 5. Jahrtausend v. Chr. zurückreichen. Grubenwohnungen, zur Hälfte eingegrabene oder freistehende Häuser sind charakteristisch für diese matriarchalische Gesellschaft. Die Toten begrub man in Hockerstellung und legte ein oder zwei Gefäße dem Grab bei. Töpferei wurde als Hausarbeit betrieben, und zwar ebenso wie der Landbau ausschließlich von Frauen. Die Gefäße arbeitete und verzierte man mit der freien Hand. Durch Einritzen mit dem Nagel oder durch Drücken und Kneten der noch weichen Tonmasse erhielten sie einfache Ornamente. Etwas später tauchte die Technik der Bemalung mit weißer oder schwarzer Farbe auf rotem Grund auf. Die Plastik ist in jener frühen Zeit nur spärlich vertreten und beschränkt sich auf einen Idolkopf mit zylindrischem Hals, mit eingeritzten Augen und Haaren.

Die Anfänge des mittleren Neolithikums fallen um das Jahr 2700 v. Chr. Diese Epoche wie auch das jüngere Neolithikum sind durch die Vinča-Kultur vertreten, die nach dem großen prähistorischen Fundort Vinča bei Belgrad benannt wird. Die Formen der Tongefäße sind bedeutend reicher; bezeichnend sind bikonische Schüsseln und Becher mit hohem Fuß. Eingeritzte eckige Band- und Mäanderornamente überziehen große Teile der Gefäßoberfläche. In einer späteren Phase der Vinča-Kultur tauchte das dekorative Prinzip der Gliederung in Friese und Metopen auf (vgl. auch Abb. 119).

Neben der Geometrisierung ist die Stilisierung ein Wesensmerkmal der neolithischen Kunst, sich besonders gut an der Plastik, an Menschen- und Tierfiguren ablesen läßt. War die Höhlenmalerei im südwestlichen Europa (Altamira) im Paläolithikum eine realistische Kunst mit ungewöhnlich genauer Beobachtung – als Jäger und Sammler war der altsteinzeitliche Mensch auf Jagderfolge angewiesen und versuchte durch magische Riten mit möglichst wahrheits- und wirklichkeitsgetreuen Darstellungen auf seine Jagdergebnisse einzuwirken –, so verändert sich das künstlerische Wirken im Neolithikum zusammen mit den großen wirtschaftlichen Umwälzungen im Leben der Menschen. Mit der Züchtung und Auslese von Pflanzen- und Tierarten beginnt ein systematisches Einwirken in die Natur. Mit dieser neuen Epoche des Ackerbaus setzt auch der Fruchtbarkeitskult und die Vorstellung von der Muttergottheit Erde ein. Diese Muttergottheit stellte man sich aber nicht etwa als eine identifizierbare Person vor; sie ist Symbol und deshalb in der neolithischen Kunst vereinfacht, stilisiert dargestellt; nur die wesentlichsten Körpermerkmale, insbesondere Geschlechtsmerkmale sind hervorgehoben. Die Köpfe der Statuetten aus Vinča sind zumeist ausdruckslose Masken, die Arme sind auf kurze Stummeln verkürzt. Eine sitzende Tonfigur aus Čaršija bei Ripanj soll die Macht der weiblichen Gottheit zeigen (Abb. 178) (vgl. auch Fig. S. 224 und Abb. 16, 18).

Die sich auf Ackerbau gründende neolithische Welt veränderte sich mit der Entdeckung der ersten Metalle (Kupfer und Gold) im Aeneolithikum (Kupferzeit) und entwickelte sich in der anschließenden Bronze- und Eisenzeit in einem völlig neuen Geist. Die Metallbearbeitung ermöglichte die Absonderung einzelner Gruppen von Individuen und führte zum Bruch des Einzelnen mit einer ehemals ausschließlich auf Blutsverwandtschaft beruhenden Gesellschaftsorgansation. Individuelles Denken und Wollen bildete eine neue Kunstanschauung, in der nur allgemeine Ideen und abstrake Begriffe in den neuen Formen zur Anschauung kamen, wobei alle Details eliminiert wurden. Selbst wenn figurale Motive dargestellt wurden, so geschah dies unter Vernachlässigung aller individuellen Züge allein durch Hervorheben des grundlegenden Wesensmerkmals. Ein goldener anthropomorpher Anhänger aus Progar (Archäologisches Museum, Zagreb, Abb. 14) muß als Vorzeichen dieser neuen Stilkonzeption verstanden werden, die zunächst auf dem Boden des agrarisch genutzten Donaugebiets die lebenskräftigen neolithischen Kulturen noch nicht verdrängen konnte. Mit dem Eindringen fremder Kulturgruppen im späten Aeneolithikum bildete sich im slawonischen Raum die Vučedol-Kultur heraus, gekennzeichnet durch das kerbschnittverzierte Gefäß (Abb. 15, 16), deren reinste Formen im Laibacher Moor anzutreffen sind. Charakteristisch ist statt einer natürlichen organischen die tektonische Einteilung; d. h., Formen, die in der Wirklichkeit ein Ganzes bilden oder für sich existieren, werden zergliedert oder miteinander verbunden. Hinzu kommt eine abstrakte Religiosität, die in Form von Symbolen (Vogelgestalt, Doppelbeil am Vogelhals, Abb. 15) zum Ausdruck kommt.

Dem tektonischen, linear-abstrakten Stil der Kupferzeit wurde in der Periode der Bronzezeit eine neue Stilkonzeption entgegengesetzt, die in erster Linie durch die freie Bewegung der Masse im Raum auffällt. Anstelle der ebenen Flächen und des geradlinigen Ornaments herrschen jetzt bewegte Flächen und kurvolineare Motive vor. Mit Lochspiralen, Voluten, Ranken, Girlanden und konzentrischen Kreisen wird das Ornament üppig. Die anthropomorphen Figurinen dieser Zeit zeigen diese Entwicklung. Beim Idol aus Dalj (Archäologisches Museum, Zagreb, Abb. 18) wird der funkelnde Schmuck und das kostbar bestickte Kleid betont; die Gestalt selbst besitzt keinerlei Individualität. Es scheint so, als ob hier nur Glanz und Größe einer verstorbenen Person festgehalten werden sollen. Eine Ahnung des jenseitigen Lebens drückt das bekannte Votiv-Wägelchen aus Dupljaja bei Vršac aus. Eine stilisierte, reichverzierte männliche Figur wird von zwei Sumpfvögeln gezogen. Hier ist wahrscheinlich der

65 Kloster RAVANICA Stiftung des Fürsten Lazar Hrebeljanović, 1376/77. Fassade aus gelbweißen Steinen und rötlichen Ziegeln

66 Kloster RAVANICA Erstes serbisches Kloster mit einer starken Befestigung zum Schutz gegen Türkenüberfälle (heute Ruine). Der Narthex stammt von 1721

168, 169 SKOPJE Schnitz-Ikonostase in der Erlöserkirche (Sv. Spas), 1819 bis 1824; Detail der Ikonostase. Die Brüder Petar und Marko Filipović und Makarije Frčkovski aus dem Dorf Galičnik waren die besten Holzschnitzer der damaligen Zeit

67 Peterskirche bei NOVI PAZAR Ältestes mittelalterliches Gotteshaus Serbiens (9. Jh.), lange Zeit Mittelpunkt der byzantinischen Kirche unter den angesiedelten Slawen

170 Moslemische Hirten in Bosnien. Die Mädchen stricken wollene Strümpfe oder Handschuhe mit originellen Mustern

171–173 Floßfahrt auf der Drina von Foča nach Višegrad. Die zweitägige Reise (Übernachtung in Goražde) führt durch die engen Schluchten des Balkan ▷

174 BELGRAD Festung Kalemegdan. Gefängnistor (Zindan Kapija) mit mächtigen Rundtürmen aus dem 15. Jh.

175 BELGRAD Blick vom Kalemegdan auf Neu-Belgrad. Rechts die Siegessäule von Ivan Meštrović

76 Blick auf die gestaute Donau am Eisernen Tor (Djerdap)

177 Die Festung GOLUBAC an der Donau bewacht den Eingang zum Eisernen Tor

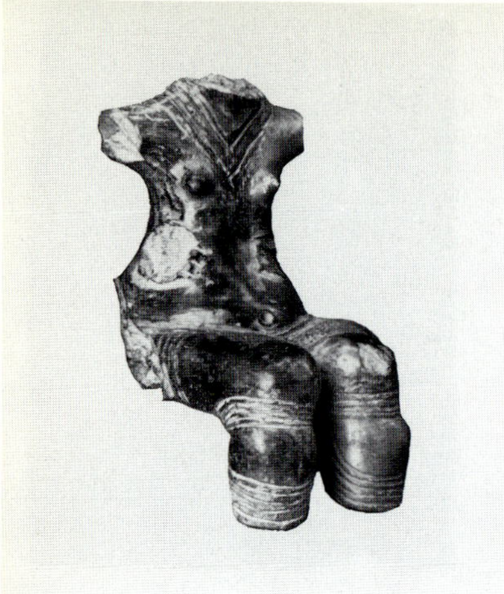

178 Fragment einer sitzenden Tonfigur. Gefunden in Čaršija bei Ripanj. Jüngeres Neolithikum, 3. Jts. v. Chr., Höhe 16 cm

179 Tonurne aus Dubovac bei Kovin, mit weiß inkrustierten geometri schen Ornamenten. Späte Bronzezeit, 2. Hälfte des 2. Jts. v. Chr., Höhe 28,5 cm

178–183 NATIONALMUSEU BELGRAD

180 Spätantikes Kapitell aus einer Basilika in Stobi

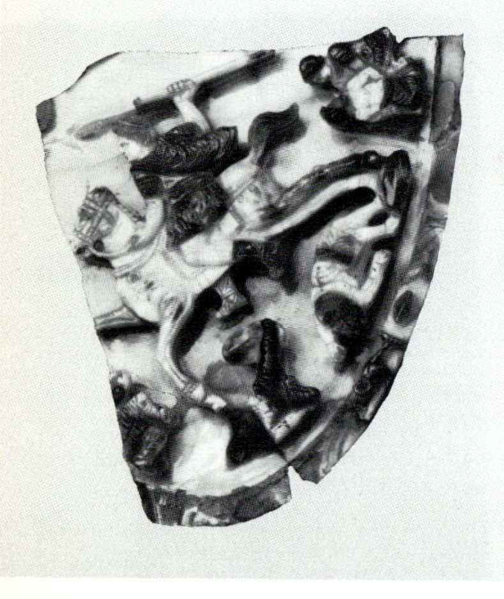

181 Herrscher im Kampf. Fragment einer Onyx-kamee. Gefunden in Kusadak bei Smederev 2. Hälfte des 4. Jh. n. Chr., Größe 19 cm

182 Bronzekopf Konstanti des Großen aus Niš. 1. Viertel des 4. Jh. n. Chr., Höhe 32 cm

83 Fensterrosette mit reicher Reliefdekoration, Morava-Schule

84 NOVI SAD Hauptstadt der Vojvodina, mit der orthodoxen Kathedrale (19. Jh.)

85 Festung PETROVARADIN an der Donau aus dem 17. und 18. Jh.

186

187

188

89 In Kovačica, einem slowakischen Dorf in der Vojvodina, leben etwa fünfzehn Bauernmaler, unter ihnen Martin Jonáš, der in seinen expressiven und psychologischen Bildern Kraft und Erdverbundenheit der bäuerlichen Bevölkerung seiner Heimat festhält

◁
86, 187 Milovan Stojanović, Keramiker in Vrnjačka Banja (Serbien). Seine strengen soldatischen Figuren leben aus der Tradition einer kriegerischen Vergangenheit

190 Kloster HOPOVO in der Fruška Gora, Mitt 16. Jh. Die Kuppel mi den leichten Säulen ru auf einem quadratisch Tambour

191 Kloster JAZAK in der Fruška Gora, dessen Kirche 1736 barockisie wurde

192–194 Holzkirche VELIKA MLAKA, 13 km südlich von Zagreb, mit Fresken im Bauernbarock, Anfang 18. Jh.

95 ZAGREB Markt von Dolac, auf dem Bauern, Händler und Handwerker aus einer weiten Umgebung ihre Waren anbieten. Im Hintergrund der gotische Dom

96 ZAGREB Alte Bürgerhäuser in der Oberstadt Gradec

97 ZAGREB Gotische St. Markus-Kirche mit figurenreichem Südportal und buntem Ziegeldach mit den Wappen Kroatiens und Zagrebs

98 Inselschloß OTOČEC in der Krka zwischen Zagreb und Ljubljana, 13. Jh. (heute Hotel)

199, 200 Moreška, Ritterspiel aus Korčula Schwertkampf zwischen den schwarzen und weißen Rittern um eine Frau (Bula), bei dem die weißen Ritte siegen

Wägelchen aus Dupljaja, aus braunem Ton. Bronzezeit, Mitte des 2. Jt. v. Chr. Länge 21,9 cm, Nationalmuseum, Belgrad

später in der griechischen Mythologie bekannte Mythus vom hyperboreischen Apollo dargestellt; er wird in einem Wagen von Vögeln gezogen, deren Heimat sich im Norden hinter dem Gebirge (Gr. Bora) in sumpfiger Gegend befindet.

Um 1200 v. Chr. einsetzende Unruhen hatten ihre Ursachen in der Überflutung des gesamten Save- und Donaugebiets durch fremde ethnische Gruppen, die neue Formen der Kultur mit sich brachten. Eine einförmige, streng geometrische Verzierung von Bronzewaffen und -schmuck herrscht vor. In dieser neuen Welt der Unsicherheit und Unruhe, in der die menschliche Existenz kaum beachtet wird, ist das Grab der Ort besonderer Fürsorge und Verehrung (Urnenfelderkultur Abb. 17, 19).

Um die Mitte des 8. Jahrhunderts hatten die lokalen Kulturen alle von außen eingedrungenen Elemente assimiliert. Außer den Errungenschaften der Urnenfelderkultur wurde bald auch eine Reihe neuer Formen, insbesondere der griechischen Kultur übernommen. Die Fürstengräber von Tebenište bei Ohrid und von Novi Pazar (vgl. S. 242) enthalten kostbarste Gegenstände griechisch-archaischer Kultur: goldene Porträtmasken aus Trebenište, die an eine kriegerische autokratische Ordnung einer heroischen Zeit erinnern, wie sie in den Epen Homers geschildert wird, figurale Anhänger aus Bernstein, reich verzierte Gold- und Silbernadeln, Darstellungen auf Goldpektoralien, Sandalen und Handschuhen entsprechen ganz dem Geist der ionischen Kunst. Dagegen kann sich das Material aus den Fürstengräbern der Nekropole Glasinac (bei Sarajevo) an Reichtum nicht mit denen von Trebenište und Novi Pazar messen, ist dafür aber von eigenständigem Geist erfüllt. Eine ganz andere Adaptionsweise mediterraner Formen zeigt die dritte Gruppe im Nordwesten, die Funde aus Vače, Stična, Magdalenska gora und Brezije, die den Stil der venetisch-hallstättischen Kunst aufweisen (vgl. S. 76).

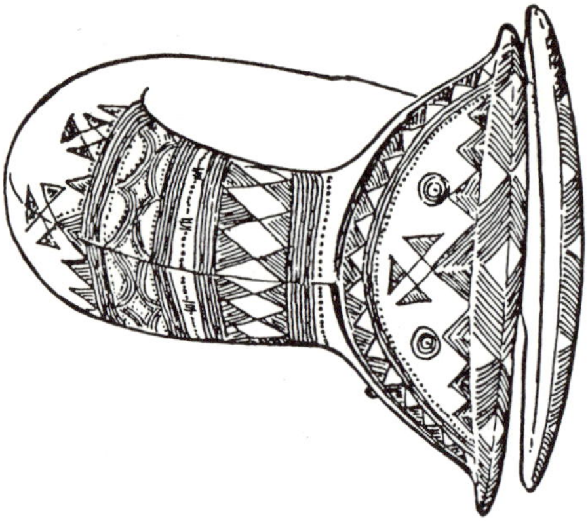

Bronzearmring mit verbreiterten Enden. Gefunden in Drmno bei Požarevac. Ende der Bronzezeit, Anfang des 1. Jt. v. Chr., Nationalmuseum, Belgrad

Weder das Vordringen der keltischen Stämme (La-Tène-Kultur) auf jugoslawischem Boden etwa am Ende des 4. Jahrhunderts, noch die hellenistische Kultur in den Städten an der Adria konnten die alten künstlerischen Ausdrucksformen verdrängen, die selbst dann noch kultiviert wurden, als die einheimischen Stämme von den Strömungen der römischen Kultur erfaßt wurden. Die antike Abteilung des Nationalmuseums Belgrad besitzt einen Bronzekopf des Kaisers Konstantin, der in Naissus (Niš) geboren wurde (Abb. 182), die Maske eines Paradehelms aus Trstenik, eine Kopie der Athena Parthenos von Phidias aus Heraclea Lyncestis, den Bronzesatyr aus Stobi und viele weitere Funde aus antiken Städten in Serbien und Makedonien (Abb. 180, 181, vgl. auch Abb. 20–22). Höhepunkt ist auch die mittelalterliche Abteilung mit wertvollen Fresken, Ikonen und Handschriften. Neben einer Abteilung mit über 80 000 Münzen ist die Gemäldegalerie mit serbischer Malerei vom 18. bis 20. Jahrhundert sowie mit einer Sammlung ausländischer Malerei sehenswert.

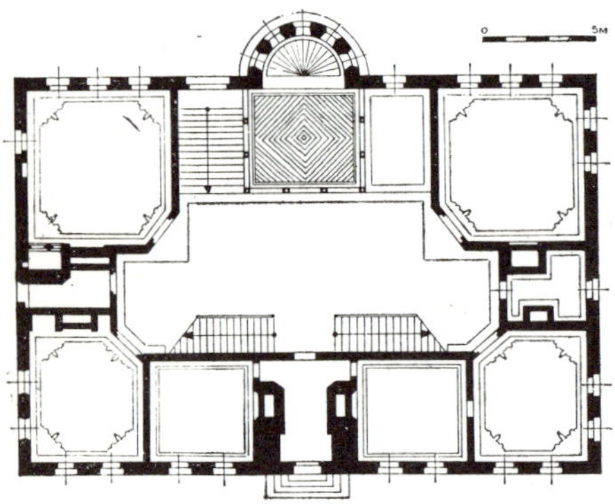

Konak (Schloß) der Fürstin Ljubica, Belgrad. Grundriß und Aufriß (s. S. 276)

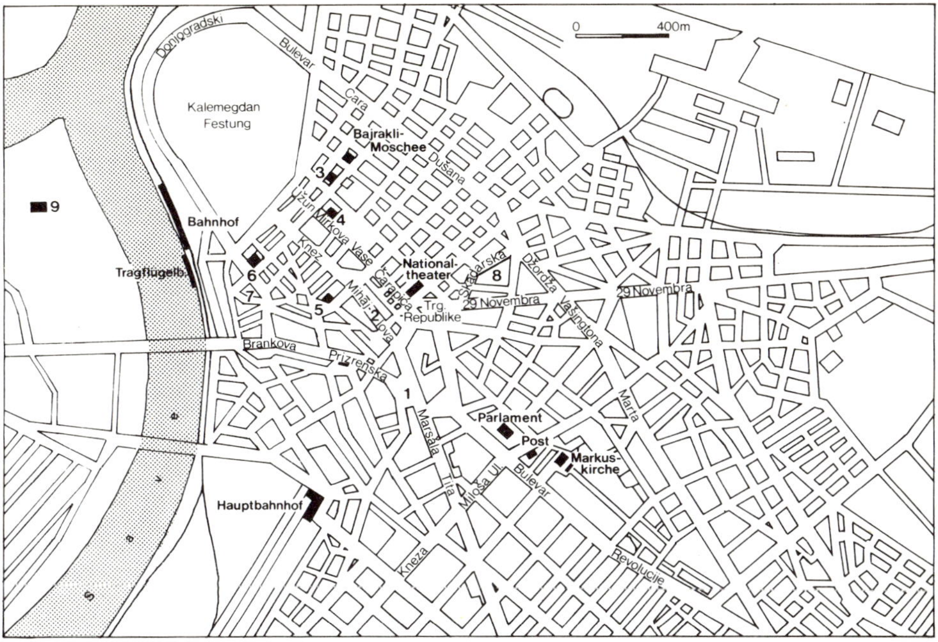

Sehenswürdigkeiten von Belgrad

1 Terazije-Platz, Zentrum der Stadt mit zahlreichen kulturellen und kommerziellen Einrichtungen: Theater, Kinos, Hotels, Restaurants und Cafés, Warenhäusern und Luxusgeschäften.

2 Nationalmuseum (Narodni muzej), Trg Republike 1a (s. S. 255 ff.). Geöffnet 10–17 Uhr, sonntags 9–13 Uhr, montags geschlossen.

3 Freskenmuseum (Muzej Fresaka), Ulica Cara Uroša 20. Ausgezeichnete Kopien der bedeutendsten mittelalterlichen Fresken aus serbischen und makedonischen Klöstern. Die Sammlung ist vor allem wegen des großen Überblicks und der Vergleichsmöglichkeiten verschiedener Stilrichtungen beachtenswert und entschädigt den Reisenden dafür, wenn er einige abgelegene Klöster auf seinem Reiseweg auslassen mußte. Geöffnet 10–17 Uhr, sonntags 9–13 Uhr, montags geschlossen.

4 Ethnographisches Museum (Etnografski muzej), Studentski trg 13. Große Sammlung alter Volkstrachten aus verschiedenen Landesteilen, bäuerliche Handwerkskunst, Teppiche, Schmuck und Keramik u.v.a. Geöffnet 10–17 Uhr, montags geschlossen.

5 Museum der Stadt Belgrad (Gradski muzej), Zmaj Jovina ulica 1. Sammlungen zur Geschichte der Stadt von Ausgrabungsfunden der antiken Siedlung Singidunum bis zur Gegenwart.

6 Orthodoxe Kathedrale, neoklassizistischer Bau (1836–45) mit Barockturm, Grabmäler der Serbenfürsten Miloš (1780–1860) und Mihajlo Obrenović (1839–1868). Gegenüber der Kirche das Patriarchenpalais mit dem Sitz des Patriarchen der serbisch-orthodoxen Kirche. Hier ist auch das **Museum der orthodoxen Kirche** untergebracht. Unter den Exponaten zahlreiche Ikonen und Handschriften, Kleid des Fürsten Lazar, Glas des Zaren Ivan des Schrecklichen u. a. In der Straße des 7. Juli, gegenüber der Kathedrale, das **Kaffeehaus zum Fragezeichen,** ein aus leichtem Material errichtetes Haus balkanischer Architektur und eines der wenigen erhaltengebliebenen Bauwerke des alten Belgrad (1825). Es ist das typische Beispiel für ein städtisches Wohnhaus, mit symmetrisch angeordneten Erkern und ohne jegliche Plastik an der Fassade (Riegelbauweise). Als im Jahre 1892 der damalige Besitzer sein Haus ›Kaffeehaus zur Kathedrale‹ taufte, empfand der Patriarch diese Bezeichnung als Beleidigung der Kirche und ließ das Schild entfernen. Dem Besitzer fiel daraufhin kein besserer Name ein, und so malte er ein großes Fragezeichen an die Hausfront. Diese Bezeichnung ist dem Kaffeehaus bis heute geblieben.

7 Konak (Schloß) der Fürstin Ljubica, Wohnhaus aus den Jahren 1819–31, in dem die Gemahlin von Fürst Miloš residierte. Der Konak gehört zu den großen Wohnhäusern orientalischen Typs, besonders was seine Innenausstattung und die Grundrißgestalt betrifft. Zugleich sind aber auch deutliche Einflüsse westlicher Architektur festzustellen, so die horizontale Fassadengliederung, Fassadenschmuck und Pilaster. Der Bau wurde nach einem kombinierten System der massiven Bauweise mit Ziegeln und hölzernem Riegelwerk errichtet. Vom Dachturm mit seinen sieben Fenstern konnten die Wächter die ganze Umgebung kontrollieren.

8 Skadarlija, altes Bohème- und Künstlerzentrum, in dem sich im vorigen Jahrhundert die Dichter, Schriftsteller, Maler und Schauspieler in den Kaffeehäusern trafen. Auf den alten Pflastersteinen drängen sich heute wieder die ›jungen Neuromantiker‹ um Straßensänger und Kabarettisten, Straßengalerien und Würstchenbuden. Wegen ihrer lukullischen Spezialitäten berühmt sind die Restaurants Tri šeširi (Drei Hüte), Zlatin bokal (Goldener Pokal), Ima dana (Es war einmal), Dva jelena (Zwei Hirsche) und Skadarlija.

9 Museum für Moderne Kunst, Novi Beograd, Ušće. Repräsentative Sammlung der jugoslawischen Malerei und Bildhauerkunst des 20. Jahrhunderts.

Außer den genannten Museen besitzt Belgrad eine Vielfalt von Sammlungen – insgesamt 37 Museen –, welche auch das Interesse von Spezialisten befriedigen. Das Informationszentrum des Touristischen Verbandes in Belgrad gibt regelmäßig eine Liste sämtlicher Museen heraus.

Als klassischer Ausflug von Belgrad aus wird eine Donauschiffsreise zum Eisernen Tor empfohlen (Abb. 176). Die Festung *Smederevo* ist der erste Höhepunkt auf dieser ein bis drei Tage dauernden Reise. Als letzte Residenz des mittelalterlichen Serbien wurde sie angesichts der Türkengefahr von dem Despoten Djuradj Branković auf den Fundamenten des römischen Castrums Vincea errichtet. Das 1428 erbaute Schloß erhielt zwei Jahre später eine Verstärkung in Form von sechs Wehrtürmen, um schließlich den Mittelpunkt der zwischen 1430 und 1456 geschaffenen weitläufigen Dreiecksanlage zu bilden, die zu den größten Baudenkmälern der mittelalterlichen Festungsarchitektur in Europa gezählt wird. Die Wehrmauern sind jeweils etwa 500 Meter lang und besitzen sieben Tore, durch deren größtes Schiffe an Land gezogen wurden. Die systematisch angeordneten Türme sind zwischen 20 und 25 Meter hoch. Von der kleinen Burg, dem befestigten Wohnsitz des Despoten, sind nur die mit vier Doppelfenstern versehenen Mauerreste einer der Säle erhalten.

Golubac ist die letzte bedeutende mittelalterliche Burg an der Donau. Die höchst malerische Ruine krönt einen steilen Felskamm am Ufer des Stromes. Die Burg wird zum erstenmal 1337 erwähnt, und in ihrem Besitz lösten Byzantiner, Ungarn, Serben und Türken einander ab. Die mit sieben Türmen bewehrten Mauern erstrecken sich

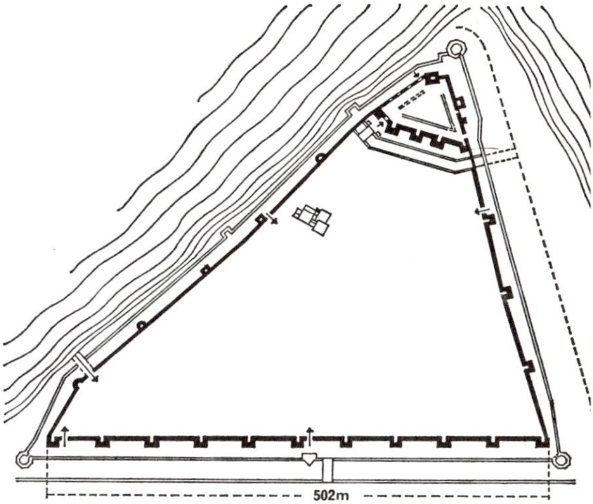

Smederevo, Mündung des Flusses Jezava in die Donau. Befestigte Stadt. Innenfestung 1428–30. Stadtmauern 1430–39 und 1444–56. Außenmauern und Artilleriebastionen 1480. Grundriß

vom Wasserspiegel bis zum Gipfel des Felsens, auf dem sich der Bergfried erhebt (Abb. 177).

Hinter Golubac verschwindet der Strom in dem gewaltigen Durchbruchstal durch die Ausläufer der Südkarpaten mit seinem berühmten Engpaß, dem Eisernen Tor. An der engsten Stelle der Schlucht sind die Überreste einer Straße vorhanden, welche die Römer zur Zeit des Kaisers Trajan im Zusammenhang mit einem Feldzug gegen die Dakier in die Felswände gehauen haben. Stellenweise verlief die Straße als freitragende Konstruktion über dem Wasser und war damit eine Gipfelleistung der damaligen Ingenieurkunst. Auf einer Steintafel, der ›Tabula Trajana‹ von 102 n. Chr., finden sich Angaben zum Bau.

Im Eisernen Tor entstand als Gemeinschaftsunternehmen Jugoslawiens und Rumäniens das Großkraftwerk Südost. Durch einen 1972 fertiggestellten Staudamm vor Kladovo (hier endet die Donaufahrt im Tragflügelboot) stieg der Wasserspiegel der Donau hier um 35 Meter an, wobei sich der Rückstau bis Belgrad flußaufwärts auswirkt. Die ehemals gefährlichen Stromschnellen sind damit verschwunden und haben einer trägen Wasserfläche, dem Djerdap-See Platz gemacht.

Das Djerdap-Objekt umfaßt zwei Kraftwerke, zwei Schleusen, ein überflutbares und ein nichtüberflutbares Wehr und andere Objekte. Über das Wehr führt eine Straße für den Automobilverkehr. Das Hauptobjekt für das hydroenergetische und Schiffahrtssystem Djerdap befindet sich 10 km flußaufwärts von Kladovo, bei km 943 ab Donau-Mündung. Die Gesamtlänge beträgt 1278 m, davon entfallen auf das überflutbare Wehr 441 m. Die Kraftwerke produzieren jährlich 11 Millionen kwh Strom. Jedes Kraftwerk umfaßt 6 Hydroaggregate mit einer Gesamtleistung von 1,068 MW. Die Schleusen ermöglichen jetzt eine unbehinderte Schiffahrt. Sie sind zweistufig. Die Nutzkammern sind 310 m lang und 34 m breit. Durch die rechte Schleuse

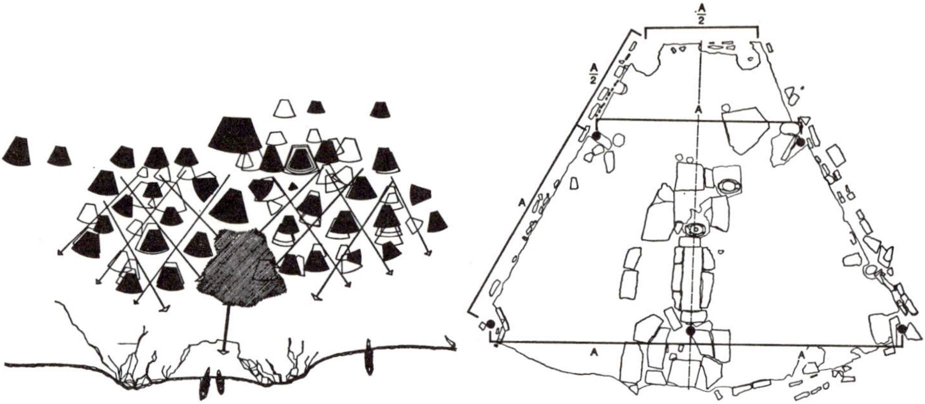

Plan der Siedlung von Lepenski Vir mit Straßenverlauf und Fundament des Hauses Nr. 37

können sowohl Binnen- wie auch Hochseeschiffe mit einer Tragfähigkeit bis zu 5000 t fahren.

Im Jahre 1967 entdeckten die Archäologen im Zentrum des Eisernen Tores in einer wilden Gegend bei Donji Milanovac eine Fundstätte von Weltrang: *Lepenski Vir*, eine ca. 6000 Jahre v. Chr. entstandene Siedlung. Da diese Denkmäler unter einer frühneolithischen Siedlung der Starčevo-Kultur lagen, haben wir in Lepenski Vir die ältesten Denkmäler vorgeschichtlicher Kunst und Architektur in Jugoslawien vor uns. Nach Auffassung des Ausgräbers (Dragoslav Srejović) erweisen sich die Forschungen in archäologischer wie in kunstgeschichtlicher Richtung als außerordentlich schwierig, weil bis heute keine Funde aus dem weiteren euro-asiatischen Gebiet bekannt sind, die man mit der Siedlung von Lepenski Vir in Verbindung bringen könnte. Srejović sieht Verbindungen zu den protoneolithischen und frühneolithischen Kulturen Vorderasiens (Palästina und Syrien) und zu einigen Erscheinungen der epipaläolithischen und mesolithischen Kulturen Europas.

Architekturformen und Skulpturformen von Lepenski Vir sind von elementarer Einfachheit. Die 59 aufgefundenen Bauobjekte besitzen alle gleiche Grundrisse in trapezoider Form mit gleicher innenarchitektonischer Aufteilung. Die Bauten sind vom Donauufer bis zur enger werdenden Talsohle auf Terrassen angeordnet und passen sich damit hervor-

Skulptur aus der protoneolithischen Fundstätte von Lepenski Vir, 6. Jt. v. Chr.

ragend in die Landschaft ein. Die in den Bauten gefundenen 54 Skulpturen rechtfertigen ihre Bezeichnung als ›älteste (bisher bekannte) Großskulptur Europas‹. Bis zu 50 cm hoch sind die steinernen Reliefköpfe mit Fischmäulern, langen Nasen und Glotzaugen. Neben diesen ausgesprochen expressionistisch wirkenden Figuren gibt es eine zweite Gruppe mit rätselhaften abstrakten Arabesken. »Die Kunst von Lepenski Vir ist das Werk von Sammlern, Jägern und Fischern, von Menschen mit ungewissem Morgen, die mit schwierigen, oft unlösbaren Problemen konfrontiert waren; sie ist nicht das schöpferische Werk von Mitgliedern neolithischer Gemeinschaften, die durch die Art ihrer Nahrungsgewinnung vom harten Existenzkampf und von der Angst um die Zukunft befreit waren. Gerade unter diesen schwierigen Verhältnissen wurden jedoch Kunstformen entwickelt, die eine ungewöhnliche, erregende und kraftvolle Vision der Welt offenbaren.«[14] (Dragoslav Srejović)

Daß in Europa bereits vor 7000 Jahren Erzbergbau betrieben wurde, schließen Belgrader Archäologen nach der kürzlichen Entdeckung der vermutlich ältesten europäischen Erzbergbaugruben bei Rudna Glava im Nordosten Serbiens, südlich von Lepenski Vir und in der Nähe der heutigen Bergbaustadt Majdanpek. Die Archäologen interessiert jetzt in erster Linie die Frage, ob diese Bergbaustätte – gefördert wurden Kupfercarbonate: Malachit und Azurit – sich unabhängig vom Einfluß asiatischer Kultur entwickelt hat.

Ein zweiter Ausflug führt in die Kornkammer Jugoslawiens, in die weiten Ebenen der Vojvodina (Farbt. 9, s. S. 10), zu den Bauernmalern von Kovačica (Abb. 189), nach Novi Sad, der Hauptstadt der Vojvodina, und in die dichtbewaldete Fruška Gora.

Das zur autonomen Provinz Vojvodina gehörende Gebiet Srem (Syrmien) ist die Wiege der serbischen Barockkunst, deren sakrale und profane Baudenkmäler gegen Ende des 17. und im Laufe des 18. Jahrhunderts entstanden, in einer Zeit, als die Türken aus Mitteleuropa zurückgedrängt wurden. Zum Schutz des Gebietes Srem diente die Festung *Petrovaradin (Peterwardein)* am Ufer der Donau, gegenüber von Novi Sad. Der strategisch wichtige Punkt war als Cusum schon befestigtes römisches Lager. Zisterzienserkloster, ungarische Festung und türkische Herrschaft markierten die weiteren geschichtlichen Stationen. 1691 eroberte Prinz Eugen den Ort zurück, und die Österreicher machten sich an die Verstärkung der Festung. 1716 errang Prinz Eugen den entscheidenden Sieg über den türkischen Großwesir Damad Ali Pascha, der 1717 die Eroberung Belgrads ermöglichte (s. S. 253). Als die Türken 1739 Belgrad zurückeroberten, bauten die Habsburger Petrovaradin nach dem Vorbild des Vaubanschen Befestigungssystems zum Eckpfeiler ihrer Militärgrenze aus, die sich bis nach Karlovac in Kroatien hinzog. Die massiven Wehrmauern, sternförmig angelegte Bastionen, unter- und oberirdische Heereskammern, Geschütztürme, barocke Kirchen, Militär- und Zivilbauten stehen heute unter Denkmalschutz und beherbergen ein Hotel, Restaurants, Künstlerateliers und Sportplätze.

Novi Sad, heute ein Industrie- und Wirtschaftszentrum, entstand im 17. Jahrhundert als Zivilsiedlung der Festung Petrovaradin für die im Bereich der Donaumonarchie ansässigen Serben und bietet dem Kunstreisenden einige schöne Kirchen (Abb. 184) sowie mehrere Museen und Galerien. Anziehender wirkt das kleine Städtchen *Sremski Karlovci,* ehemals politisches und geistiges Zentrum der Serben innerhalb der Donaumonarchie. Als ehemaliger Metropoliten- und Patriarchensitz bewahrt der Ort seine drei schönen Barockkirchen aus der Mitte des 18. Jahrhunderts sowie den alten Metropolitenpalast und die Patriarchenresidenz nebst einigen alten Bürgerhäusern mit Barockfassaden. Hinter Sremski Karlovci erstreckt sich die dichtbewaldete *Fruška Gora,* ein Höhenzug, 539 m, (Nationalpark) mit Ausflugsstationen, Erholungszentren und Jagdrevieren. Verborgen in Wäldern und Obsthainen, bestanden in der Fruška Gora in den vergangenen Jahrhunderten mehr als zwanzig Klöster – im 15. und 16. Jahrhundert von serbischen Mönchen errichtet, die vor den Türken geflohen waren –, von denen drei einen besonderen Anspruch auf historische Bedeutung und künstlerischen Wert erheben können: Krušedol, Hopovo und Jazak.

Das Kloster *Krušedol,* lange Zeit Zentrum des religiösen Lebens in Serbien und Residenz serbischer Patriarchen, entstand im Morava-Stil in den ersten Jahrzehnten des 16. Jahrhunderts unter Fürst Djurdje, einem der letzten serbischen Despoten aus dem Geschlecht der Brankovićs. Im 18. Jahrhundert wurde der Klosterkern von barocken Klostergebäuden umgeben und ein barocker Glockenturm errichtet. Die frühen Wandmalereien von 1546, 1716 während des Türkenrückzugs durch Brand beschädigt, wurden 1756 mit Ölmalereien bedeckt, die unter dem Einfluß westlicher Barockkunst und des russischen Stils einen entscheidenden Bruch mit der byzantischen Tradition darstellen. In letzter Zeit treten an einzelnen Stellen die ursprünglichen Fresken wieder hervor; an Säulen, Kuppel und westlicher Außenwand sind die frühen Fresken restauriert.

Das Kloster *Novo Hopovo* (Abb. 190) wurde 1576 als Stiftung serbischer Bürger im Morava-Stil erbaut. Einmalig ist die innen runde, außen zwölfeckige Kuppel, von schmalen Säulen auf quadratischem Tambour umgeben. Die Kirchenmauern aus Bruchsteinen sind außen mit Blendbogen geschmückt. Bei der Renovierung der im Zweiten Weltkrieg schwer beschädigten Kirche wurden im Kirchenschiff und im Narthex selten schöne Fresken entdeckt: die Naos-Fresken wurden 1608 geschaffen und sind wahrscheinlich von der kretischen Malschule beeinflußt (Bethlehemitischer Kindermord), die Narthex-Fresken stammen aus dem Jahre 1654. Sicherlich handelt es sich bei den Wandmalereien in Hopovo um das letzte Beispiel einer den mittelalterlichen Vorbildern würdigen Kunst.

Das Kloster *Jazak* (Abb. 191) ist ebenfalls eine Stiftung der letzten Brancovićs. Die heutige Kirche stammt von 1736 und wurde aus Stein und Ziegeln erbaut. Die Fassaden sind mittels profilierter Simse und Blendarkaden aufgegliedert und entsprechen den Vorbildern der Raška-Schule. Der barocke Glockenturm wurde 1753 erbaut; die Malerei der Ikonostase schuf 1769 der serbische Barockkünstler Dimitrije Bačević.

Zagreb, die Hauptstadt Kroatiens

Zagreb (deutsch: Agram), Hauptstadt der Republik Kroatien (750 000 E. / 1971), ist das letzte Ziel auf unserer großen Jugoslawienrundreise. Hatten wir schon Ljubljanas vertraute Stadtatmosphäre am Anfang unserer Reise hervorgehoben, so betreten wir jetzt wieder eine äußerst sympathische Stadt, in der sich der Besucher aus Mitteleuropa deshalb so schnell heimisch fühlt, weil das architektonische Gesicht der Altstadt von der jahrhundertealten Zugehörigkeit zur österreichisch-ungarischen Monarchie geprägt ist. Zagrebs Geschichte und Kultur ist immer nach Mitteleuropa hin orientiert gewesen; von türkischen Eroberungen ist die Stadt immer verschont geblieben. Der Traum von einem selbständigen Staat durchzieht die Geschichte Kroatiens. Bischof Strossmayer (1815–1905), der für eine Befreiung Kroatiens aus österreichisch-ungarischer Umklammerung kämpfte, war Vater der südslawischen Einigungsidee, des ›Jugoslawismus‹ (Abb. 195–197).

Zahlreiche Funde aus dem Neolithikum beweisen, daß das Stadtgebiet schon vor dem Eindringen der Slawen im 7. Jahrhundert besiedelt war. Auch die Römer errichteten am Schnittpunkt des pannonischen Weges zur Adria und des Ost-West-Verkehrs entlang von Save und Donau ein Heerlager. Die erstmals 1094 als Bischofssitz erwähnte Stadt wuchs aus zwei Ansiedlungen: einmal war dies das von Bürgern und Adel gegründete ›Gradec‹, das 1242 königliche Freistadt wurde, zum andern die Bischofsstadt ›Kaptol‹. Zwischen den beiden Stadtteilen kam es im Laufe der Jahrhunderte wiederholt zu bewaffneten Zusammenstößen. Erst im 19. Jahrhundert schlossen sich Bürger- und Domstadt zusammen, und Zagreb wurde politisches und kulturelles Zentrum der nationalen Wiedergeburt mit panslawistischen Ideen. Für die Kroaten ist ihre Hauptstadt mit der großen Wirtschaftskraft heimliche Metropole Jugoslawiens; und alle Entwicklungen im konkurrierenden Belgrad werden mißtrauisch verfolgt.

Sehenswürdigkeiten von Zagreb

1 Kathedrale Sv. Stjepana in der bischöflichen Kapitelstadt (Kaptol). Die dreischiffige Basilika mit zwei Glockentürmen an der Hauptfassade erhielt 1880–92 nach einem schweren Erdbeben ihre neugotische Gestalt. Dennoch konnte die Kathedrale einen großen Teil ihrer zwischen dem 16. und 19. Jahrhundert geschaffenen Innenausstattung sowie ihre Kunst-

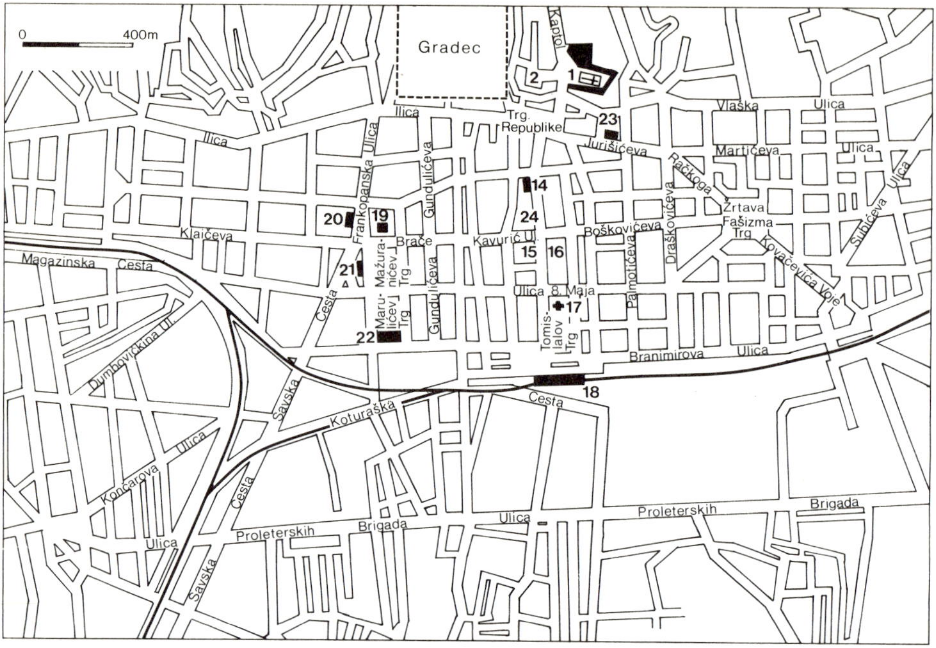

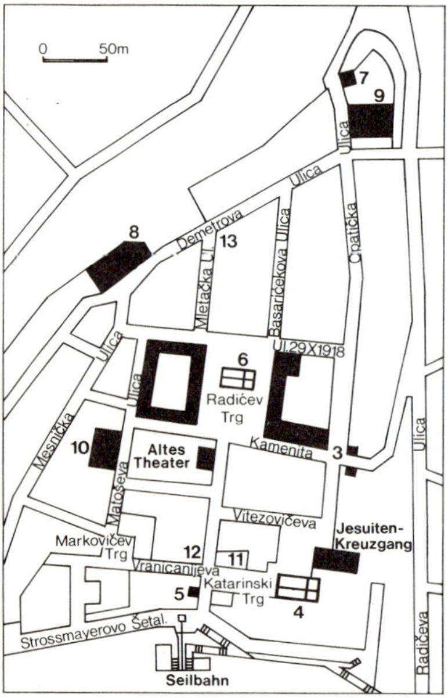

schätze bewahren. In der Sakristei sind spätgotische Fresken aus dem 14. Jahrhundert erhalten. An die Kathedrale schließt sich der barocke Bischofspalast von 1730 an.

2 Dolac. Farbenfroher Markt unter bunten Sonnenschirmen, Lebensmittel, Blumen, Spitzen, Stickereien, Haushaltsgegenstände u. v. m. werden täglich von weit angereisten Händlern verkauft (Farbt. 34, Abb. 195).

Die Oberstadt **Gradec** (Grič) bildet eine vortrefflich erhaltene städtebauliche Einheit, die sich aus öffentlichen und privaten Gebäuden aus dem Zeitraum vom 17. bis zur Mitte des 19. Jahrhunderts zusammensetzt (Abb. 196).

3 Das **Steintor,** das einzige erhaltene Stadttor aus dem 13. Jahrhundert, führt in die ehemals befestigte Oberstadt; in der Torwölbung die Marienkapelle aus dem 18. Jahrhundert. Die schon 1355 erwähnte Alte Stadtapotheke liegt in der Kamenita 9.

4 Katharinenkirche, Barockkirche von 1632 mit Reliefs, Stuckausschmückung und illusionistischen Gemälden im Innern.

5 Lotršćak-Turm, Überrest der Verteidigungsmauer aus dem 13. Jahrhundert. Täglich ertönt mittags vom Turm ein Kanonenschuß, zur Erinnerung an die Zeit, als die Kanone allabendlich die Bevölkerung ermahnte, sich innerhalb der Stadtmauern in Sicherheit zu bringen.

6 Markuskirche, 1242, ist der Mittelpunkt der Bürgerstadt Gradec (Abb. 197). Das mit zahlreichen Statuen geschmückte Südportal aus dem 14. Jahrhundert ist aus der gotischen Epoche erhalten. Im Jahre 1936 restaurierten der Bildhauer Ivan Meštrović und der Maler Joza Klajković die Kirche und statteten sie mit eigenen Werken aus. An den Straßen um die Kirche stehen mehrere Barockpalais.

7 Priesterturm, Wachtturm beim nördlichen Stadttor

8 Geologisch-paläontologisches Museum, Demetrova 1 (9–12 Uhr, dienstags und freitags auch 16–18 Uhr, montags geschl.)

9 Museum der Stadt Zagreb, Opatička 20 (9–13 Uhr, dienstags und donnerstags auch 16–19 Uhr)

10 Museum der Geschichte Kroatiens, im Palais Oršić aus der Mitte des 18. Jahrhunderts, Matoševa 9 (10–17, mittwochs 8–17, samstags 8–14, sonntags 10–13 Uhr).

11 Galerie der modernen Kunst, Katarinin trg 2 (11–13, 17–20 Uhr)

12 Galerie der naiven Kunst, Ćirilometodska 3 (11–13, 17–20 Uhr)

13 Atelier Meštrović, Mletačka 8 (10–13, 17–19 Uhr, sonntags 10–13 Uhr, montags geschl.)

14 Archäologisches Museum, Zrinski trg 19 (8.30–13.30 Uhr; montags, mittwochs, freitags auch 16.30–19.30, sonntags 10–13 Uhr, samstags geschlossen)

15 Moderne Galerie der Jugoslawischen Akademie für Kunst und Wissenschaft (1876), Brać Kavurića 1 (10–13, 17–20 Uhr, montags geschlossen)

16 Strossmayer-Galerie der Alten Meister, Zrinski trg 11 (dienstags 17–19, mittwochs und freitags 10–12, donnerstags und sonntags 10 bis 13 Uhr, montags und samstags geschl.)

17 Kunstpavillon (1896)

18 Hauptbahnhof (1890–92)

19 Kroatisches Nationaltheater (1895), Lebensbrunnen von Ivan Meštrović

20 Kunstgewerbemuseum, Trg maršala Tita 10 (10–13 Uhr, donnerstags auch 17–20 Uhr, montags geschl.)

21 Ethnographisches Museum, Mažuranićev trg 14 (9–13 Uhr, dienstags, mittwochs, donnerstags auch 17–19 Uhr, montags geschl.)

22 Universitätsbibliothek, gegründet Anfang 17. Jh. (7–20 Uhr). Wiegendrucke in glagolithischer Schrift (s. S. 315), einziges Exemplar des Kodex von Vinodol.

23 Postamt

24 Fremdenverkehrs-Informationszentrum, Trg. N. Zrinskog 14 (7.30–20 Uhr [Winter], 8–21 Uhr [Sommer], samstags und sonntags 9–18 Uhr)

Zagreb besitzt als Kunst- und Kulturzentrum eine ganze Reihe von Museen und Galerien. Von diesen insgesamt 24 Einrichtungen sind vor allem folgende besuchenswert: das 1846 gegründete Archäologische Museum (vgl. S. 255) mit vorgeschichtlicher, ägyptischer, antiker und frühmittelalterlicher Sammlung (Abb. 14, 15, 18–20, 22–24), das Ethnographische Museum, mit Sammlungen über die Volkskunde Kroatiens, Trachten aus den einzelnen Landesteilen, Spitzen, Seidenstickerei, Schmuck, handwerkliches und bäuerliches Gerät und Töpferei, die Strossmayer-Galerie von 1884 als größte und bedeutendste Gemäldegalerie alter Meister in Jugoslawien, die Moderne Galerie der Jugoslawischen Akademie mit Werken des 19. und 20. Jahrhunderts, die Galerie der modernen Kunst mit Werken einheimischer und fremder Meister von 1900 an, das Atelier Meštrović mit Skulpturen und Zeichnungen des Künstlers von 1902–1942 – neben der Galerie Meštrović in Split (Abb. 66–71) die einzige Sammlung in Jugoslawien –, die 1952 gegründete Galerie für naive Kunst mit Werken einheimischer und ausländischer naiver Künstler – größte Sammlung der jugoslawischen naiven Kunst seit ihrer Entstehung 1931 bis heute –, schließlich das Museum der Stadt Zagreb.

Im Geologisch-paläontologischen Museum begegnen wir in einer weltberühmten Sammlung den Überresten des eiszeitlichen Urmenschen auf jugoslawischem Boden, dem Homo crapiniensis, der vor mehr als 50000 Jahren als Verwandter des Homo neandertalensis bei Krapina, nördlich von Zagreb in einer Höhle lebte. Der Entdecker dieser mittelpaläolithischen Fundstätte, Gorjanović-Kramberger, barg im Jahr 1899 649 Schädel- und Skelettknochen, Überreste von 24 Menschen, daneben 288 Artefakte aus dem Moustérien und Reste von 22 Tierarten. Da die Menschenknochen zertrümmert waren, ist Kanibalismus als Ursache anzunehmen. Einige Anthropologen schließen auch nicht die Möglichkeit aus, daß die Bewohner von Krapina von ihren höher entwickelten Zeitgenossen angegriffen und vernichtet worden sind.

Ausflug von Zagreb in die Landschaft Turopolje zu den kroatischen Holzkapellen. Ein besonders schönes Beispiel dieser Architektur ist die Kapelle Sv. Barbare in Velika Mlaka (13 km südlich von Zagreb, Landstraße in Richtung Flughafen und Sisak, Abb. 192–194). 1642 gegründet, wurde sie erst 1912 mit dem holzgeschnitzten Haupteingang von Meister Bogdan aus Bukevlje fertiggestellt. Der Hauptaltar von 1679 ist ein wertvolles Beispiel frühbarocker Malkunst. Besonders auffallend sind die Motive der mit Tempera ausgeführten Wandmalerei: Blumen, Vasen, Blumensträuße und Girlanden. Das berühmteste Bild – als Motiv einzigartig in Kroatien – stellt die ›heilige Kümmernisse‹ dar, eine Bäuerin und Schutzpatronin der Elenden. Die Heilige mit Bart hängt am Kreuz und wirft einen Schuh auf den Geiger – die Legende erklärt diesen Vorgang mit der Bewahrung ihrer Jungfräulichkeit. Eine Rarität ist auch das Bild der ›Maria Schutzmantel‹. Die Landschaft besitzt noch weitere Beispiele dieser naiven Volksfrömmigkeit; es sind die Holzkapellen in Lijevi Štefanki, Buševec, Roženica, Gladovec pokupski, Lukinić-brdo, Cerje Pokupsko, Donji Hruševec, Gustelnica und Lučelnica.

Anmerkungen

1 Radojčić, S.: *Kalenić,* Belgrad 1964, S. XI

2 Kastelic, J.: *Situlenkunst,* Wien/München 1964, S. VIIIf

3 Vajda, St.: *Zadar oder Maraskino und Könige.* In: MERIAN-Heft Dalmatien, S. 58

4 Vajda, St.: *Zadar,* S. 59

5 Bihalji-Merin, O. u. L. (Hrsg.): *Jugoslawien,* Stuttgart 1966, S. 217

6 Benac, A. / Bihalji-Merin, O.: *Steine der Bogomilen,* Wien/München 1964, S. XIII

7 Bihalji-Merin, O. (Hrsg.): *Kunstschätze in Jugoslawien,* Stuttgart 1972, S. 307

8 Bihalji-Merin, O.: *Kunstschätze,* S. 98

9 Radojčić, S.: *Geschichte der serbischen Kunst,* Berlin 1969, S. 34

10 Sas-Zaloziecky, W.: *Baukunst in den Balkanländern,* München 1955, S. 52

11 Radojčić, S.: *Geschichte,* S. 72

12 Rajković, M.: *Die Königskirche in Studenica,* Belgrad 1964, S. III

13 Radojčić, S.: *Kalenić,* S. XXIII

14 Bihalji-Merin, O.: *Kunstschätze,* S. 52

Sachwortverzeichnis

Geographie und Geologie

Alluvialböden junge geologische Schwemmlandböden, entstanden durch Abspülung und Flußablagerung
endemisch einheimisch, auf ein verhältnismäßig eng umgrenztes Areal beschränkt
Eozän zweitälteste Stufe des Tertiärs
Erosion linear wirksame Tätigkeit des fließenden Wassers
Geomorphologie Lehre von der Gestalt der Erdoberfläche
Inundation Überflutung des Landes
Korrosion Zerstörung der festen Gesteinsoberfläche durch chemische Einwirkung des Wassers und der darin gelösten Säuren
Mergel Absatzgestein (Sedimentgestein), das aus Ton und feinverteiltem Kalk besteht
Pleistozän Eiszeitalter mit abwechselnden Kalt- und Warmzeiten
Pliozän jüngste, oberste Stufe des Tertiärs
Speläologie Höhlenkunde
Streichen Richtung der Horizontalen auf einer geneigten Fläche
Tertiär ältere Formation der Erdneuzeit

Kunst und Architektur

Archivolte plastische Bogenläufe im Gewände von Portalen und nach innen abgetreppte Gliederung von Rundbögen
Atrium Kernstück des römischen Hauses, Vorhof bei frühchristlichen Kirchen
Baptisterium Taufkirche
Blendbogen Bogen ohne Öffnung auf Wandfläche
Campanile freistehender Glockenturm von Kirchen
Cardo Nordsüd-Achse römischer Legionslager
Cella geschlossener Kernraum antiker Tempel mit Götterbild
Chortransept Chorquerschiff
Decumanus Ostwest-Achse römischer Legionslager
Diakonikon ein neben der Apsis gelegener Raum der frühchristlichen Basilika und der byzantinischen Kirche
Exonarthex äußere Vorhalle einer orthodoxen Kirche
Gesims waagerechte streifenförmige Gliederung und Abschlüsse eines Baus
Griechisches Kreuz Kreuz mit vier gleich langen Armen
Gurtbogen Verstärkungsbogen bei Tonnengewölben
Inkarnat in der Malerei Bezeichnung der Farbtöne von Körperteilen
Kalotte flache Kuppel
Konche Halbkuppel der Apsis, auch diese selbst
Lapidarium Sammlung von Steindenkmälern
Lisene wenig vortretender vertikaler Mauerstreifen
Lünette Bogenfeld über Portalen und Fenstern

Mausoleum prächtig ausgestattetes monumentales Grabmal

Metopen glatte oder mit Relief geschmückte Platten über dem Architrav des antiken Tempels, abwechselnd mit Triglyphen

Mihrab die nach Mekka ausgerichtete Gebetsnische einer Moschee

Mimbar Kanzel in einer Moschee

Mithras altpersischer Lichtgott

Moustérien mittelpaläolithische Kulturstufe

Muttergottes Eleusa Muttergottes der ›Rührung‹ und der ›immerwährenden Hilfe‹, mit dem sich zärtlich anschmiegenden Kind auf dem Arm

Muttergottes Hodegetria ›Wegführerin‹, dargestellt in frontaler Haltung, auf dem Arm Christus mit der Schriftrolle (Logosrolle)

Muttergottes Peribleptos ›Allwissende‹

Naos Chor und Allerheiligstes einer byzantinischen Kirche

Narthex geschlossene Vorhalle einer orthodoxen Kirche

Nekropole Totenstadt, Begräbnisstätte

Oratorium Betsaal, Hauskapelle in kirchlichen Gebäuden

Pantokrator Christus als Weltenrichter und Lehrer der Menschheit mit Evangelienbuch und erhobener Rechten in Rede- oder Segnungsgestus

Pendentif sphärisches Dreieck, das vom Quadrat des Grundrisses zum Kreis der Kuppel überleitet

Peristyl von Säulen umgebener offener Raum

Polyptychon Flügelaltar mit mehr als zwei Flügeln

Portikus von Säulen oder Pfeilern getragene offene Vorhalle

Presbyterium Bema, Chor, der für die Priester vorbehaltene Raumteil der Kirche, in dem sich der Hochaltar befindet

Prothesis Nebenraum der byzantinischen Kirche, in dem die Gaben des Eucharistischen Mahls aufbewahrt und zubereitet werden

Rhyton Trink- oder Spendengefäß, das die Form eines Tierkopfes, eines Hornes oder eines Bechers haben kann

Seraphim Engel mit sechs Flügeln, auf denen sich keine Augen befinden

Situla bronzezeitlicher Eimer

Stele eine aufrecht stehende, meist reliefierte Gedenk- oder Grabplatte

Tambour zylindrischer Unterbau einer Kuppel

Therme römische Badeanlage

Tonnengewölbe im Halbkreis konstruiertes Gewölbe

Trompe Kuppel

Triglyphen mit Metopen abwechselndes dreiteiliges Feld

Trikonchos-Anlage halbrunder oder polygonaler Abschluß an drei Seiten eines Chors oder an Chor und Querhausarmen

Triptychon dreiteiliges Altarbild

Tympanon Giebelfeld eines antiken Tempels, Bogenfeld über einem mittelalterlichen Portal

Vestibül Vorhalle im Innern eines Gebäudes

Vierung Raum, der bei der Durchdringung von Lang- und Querhaus einer Kirche entsteht

Zentralbau Baukörper, dessen sämtliche Hauptachsen gleich lang sind

Fischerboote an der Küste Istriens

Praktische Reisehinweise

Von Almut Rother

Reiseland Jugoslawien

Jugoslawien ist in den letzten zehn Jahren zu einem der beliebtesten Reiseländer Europas geworden, und das mit gutem Recht; denn die Fremdartigkeit dieses Raumes mit seinen abwechslungsreichen Landschaften: Hochgebirge in Slowenien, Tiefländer an Drau, Donau und Save, kahle, unfruchtbare Karstlandschaften mit dazwischenliegenden landwirtschaftlich intensiv genutzten Becken, ausgedehnte tiefe Wälder und weite Felder und nicht zuletzt die lange mediterrane Adria-Küste mit ihrer vorgelagerten Inselwelt, die dank ihrer landschaftlichen Schönheiten und ihrem angenehmen sonnigen Klima zu den schönsten Küstenabschnitten Europas zählt, verfehlt auf den Besucher nicht den besonderen Reiz.

So kontrastreich wie Jugoslawiens Landschaften sind auch seine Völker und Nationalitäten, seine althergebrachten Traditionen, die stark ausgeprägte Folklore, seine Kultur, seine Sehenswürdigkeiten und Kulturdenkmäler – bedeutende Kunstwerke von Weltgeltung, die ihre stilistische und künstlerische Verschiedenartigkeit den natürlichen und geschichtlichen Bedingungen verdanken, unter denen sie entstanden sind. Der Reisende findet dies alles auf so relativ kleinem Raum, wie ihn das heutige Jugoslawien einnimmt, und es ist diese Fülle und Vielfalt, die ihn erregt und zugleich fasziniert.

Aber noch fließt der Strom der Urlauber fast ausschließlich an die Adria-Küste, dorthin, wo ihm Sonne und Meer ein Urlaubsparadies verheißen. Hier sucht der Feriengast dann Ruhe und Erholung an der schroffen, klippenreichen Küste. Seltener wird er aber Strände mit weißem Sand oder feinerem Kies finden. Wer eine Vorliebe für Einsamkeit und Abgeschiedenheit hat, kann sich mit dem Boot auf eine der vielen vorgelagerten Inseln fahren lassen, von denen etliche unbewohnt sind. Einige von diesen an die tausend Inseln und Inselchen zählen heute zu Jugoslawiens bedeutendsten touristischen Zentren wie z. B. Krk, Lošinj, Rab, Brač, Hvar, Korčula und Mljet. Um ihre malerischen alten Stadtkerne mit dem geschäftigen Treiben wurden moderne Hotels und Feriensiedlungen mit komfortablen Bungalows errichtet, in denen der Tourist auf das beste verwöhnt wird. Allerdings haben die Feriengäste auch die Möglichkeit, Unterkunft in preiswerten Privatzimmern zu finden. Besonders der Individualreisende, der mit dem Schiff durch die adriatische Inselwelt reist, wird sich in den Häfen immer wieder von zahlreichen hilfsbereiten Vermietern umringt und verfolgt sehen. Campingfreunde können meist in der Nähe der Städte auf gut ausgestatteten Campingplätzen übernachten. Der Komfort dieser Plätze nimmt in südlicher Richtung ab, zugleich sind sie in der Hauptsaison häufig überlastet.

An der Küste kann der Urlauber neben einem erfrischenden Bad und obligatorischem Sonnenbaden allen anderen Freuden nachgehen, die das Meer ihm bietet. Das kristallklare Wasser ist ideal für den Tauchsport, und der Segel- oder Motorbootbesitzer wird voll auf seine Kosten kommen, wenn er durch die abwechslungsreiche Inselwelt zu immer neuen Abenteuern und Zielen steuert. Zwischen den Inseln und dem Festland sind die Wasserflächen ruhiger und dadurch gut zum Wasserskifahren geeignet. Darüber hinaus aber ist der jugoslawische Küstensaum wegen seiner vielen FKK-Strände beliebt. Es gibt Ferienkolonien mit Hotels und Campingplätzen, die ausschließlich den Naturisten vorbehalten sind. Vor allem Istrien ist heute ein Sammelpunkt der europäischen Freikörperkultur, erwähnenswert sind aber auch die FKK-Strände auf den Inseln Krk, Cres, Lošinj, Rab, Brač und Hvar, die Riviera von Makarska, Dubrovnik und Ulcinj im montenegrinischen Küstenland mit Jugoslawiens längstem Sandstrand. Die idealen Voraussetzungen, das warme, aber nicht zu heiße Klima und die zahllosen einsamen buchtenreichen Inseln, bieten sich geradezu für die Entfaltung der Freikörperkultur an.

Demjenigen, der außer Sonnenbaden auch noch ein bißchen mehr von diesem reizvollen Land erfahren möchte, steht im gesamten Küstenraum ein großer Reichtum an kulturhistorischen Denkmälern zur Verfügung, die verschiedensten Epochen angehören. Erwähnt seien hier nur das römische Amphitheater in Pula (Farbtafel 12), der Diokletian-Palast in Split (Abb. 49–57), die byzantinische Euphrasius-Basilika in Poreč (Abb. 28, 29), die mittelalterlichen Fresken in den istrischen und dalmatinischen Kirchen (Abb. 37–39) oder die befestigten mittelalterlichen Städte Dubrovnik, Zadar, Trogir, Kotor und Korčula (Farbt. 17, 22).

Urlauber, die das Süßwasser dem salzigen Meer vorziehen, sollten sich einen der Seen im Landesinnern als Ziel wählen, z. B. den Bleder See (Farbt. 2) oder Wocheiner See (Abb. 7) in Slowenien, ehemalige Gletscherseen zwischen den Karawanken und den Julischen Alpen, oder die Plitvicer Seen im kroatischen Naturpark von Plitvice (Farbt. 6). Als Geheimtip gilt der Ohrid-See in Makedonien: Hier findet der Reisende eine paradiesische Ferienlandschaft zusammen mit überragenden Kulturdenkmälern aus byzantinischer und türkischer Zeit (Farbt. vordere Umschlaginnenklappe).

Nur langsam beginnt es sich herumzusprechen, daß dieses Land Jugoslawien noch mehr zu bieten hat als nur reizvolle und romantische Badestrände. Sicherlich sind an dieser Unkenntnis die historischen Kriegswirren auf dem Balkan schuld. Doch diese Zeiten der Gefahr für Leib und Leben auf einer risikoreichen Balkanreise sind heute vorbei. Dennoch kann der Individualreisende auch heute noch einen Hauch des Abenteuers verspüren, wenn er sich aufmacht, das Landesinnere mit der Vielfalt der Landschaften, Völ-

Muselmanischer Friedhof

ker und Kulturen zu entdecken. Er muß durch die Schluchten des Balkan zu den serbischen und makedonischen Klöstern mit ihren monumentalen Fresken vordringen (Farbt. 41, 43–45), und er wird weiterhin die Moscheen des Islam (Farbt. 27, 28) aufspüren und gleichzeitig in den Bann der orientalischen Wochenmärkte geraten. Zuletzt kann er seine Streifzüge zu den erst jüngst entdeckten 8000 Jahre alten Siedlungsresten von Lepenski Vir an der Donau ausdehnen und in den Belgrader und Zagreber Museen die bedeutendsten Kunstschätze studieren.

Immer mehr Bergfreunde und Bergsteiger aus allen Teilen Europas unternehmen Wanderungen oder Klettertouren in den Julischen Alpen. Hier haben viele Bergsteigervereine gemütliche Berghütten zur Übernachtung eingerichtet. In glasklaren Forellenbächen und ehemaligen Gletscherseen wird der Angler reiche Fischfanggründe finden. Im Winter sind die Julischen Alpen ein herrliches Skigebiet, das sich von Jahr zu Jahr größerer Beliebtheit erfreut.

Die bosnischen Wälder gehören zu den traditionellen Jagdrevieren des Landes. Es wird ein unvergeßliches Erlebnis sein, wenn man einige Tage in einem Jagdverein der Republik Bosnien-Herzegowina verbringen kann, denn die sprichwörtliche Gastfreundschaft der Jäger und ihr Humor sind weit über die Grenzen bekannt. Immerhin sind es jährlich nicht weniger als achtzig Braunbären, die in den Wäldern und Gebirgen erlegt werden, aber auch Gamsböcke, Rehböcke, Wildschweine und Fasane gehören zur Beute. In diesem Landstrich zu jagen bedeutet gleichzeitig, die Natur zu genießen, die sich hier teils wild bewachsen, teils kahl und karstig zeigt.

Nicht zuletzt hat Jugoslawien mit zahlreichen Mineral- und Thermalquellen und mit Luftkurorten in den Gebirgsregionen aufzuwarten. Sie liegen alle in so reizvoller Landschaft, daß sie nicht nur Heilbäder mit modern organisierten Gesundheitsdiensten, sondern auch gleichzeitig anziehende Fremdenverkehrsorte zur allgemeinen Erholung sind.

Noch einige ausgefallene Urlaubstips:

- Piraten-Segeltörns durch die Inselwelt Dalmatiens
- Fischfang-Konvoi durch die Kornati-Inselwelt, von Bucht zu Bucht, von Dorf zu Dorf
- Ferien auf Bauernhöfen in Bosnien, Slowenien, Kroatien
- Besuch bei naiven Malern in Kroatien (Hlebine) und Serbien (Kovačica) (Abb. 189)
- Reiterferien in Lipica, Slowenien (Lipizzanerzucht)
- Floßfahrt auf der *Tara,* einem der letzten Wildwasserflüsse Europas im unwegsamen Montenegro, mit reißen-

den Stromschnellen und Wasserfällen in einer bis zu 1200 m tiefen Schlucht; von Djurdjevića Tara bis Foča 150 km, 4 Tage, Übernachtung in Zelten.
Floßfahrt auf der *Drina* von Foča bis Višegrad 70 km (Abb. 171–173), 2 Tage, Hotelübernachtung in Goražde. Der zweite Tag von Goražde nach Višegrad durch die Drina-Schluchten ist landschaftlich besonders reizvoll. Vorschlag für Reisende von Sarajevo aus: Samstags mit Schmalspurbahn bis Ustiprača, Bus nach Goražde; sonntags Floßfahrt Goražde–Višegrad
Veranstalter: *Unis Turist, 71493 Foča*
1. 6.–15. 9., jeden Samstag (Drina), sonst auf Bestellung. Verpflegung vom ›Floß-Grill‹; empfehlenswert: Stiefel, Badezeug, Kleidung zum Wechseln, wasserdichtes Handgepäck, Slibowitz.

Anreisewege und Verkehrsmittel in Jugoslawien

Der aus der Bundesrepublik Deutschland mit dem Auto anreisende Tourist hat mehrere Möglichkeiten, nach Jugoslawien zu gelangen.

Anfahrtsroute 1 (Felbertauerntunnel, Plöcken-Paß oder Wurzen-Paß)
München – Autobahn in Richtung Salzburg bis zur Abzweigung der Inntal-Autobahn – Kufstein – Kitzbühel – Mittersill – Felbertauernstraße mit Felbertauerntunnel (Mautgebühr) – Oberdrauburg. a) Abzweigung in Richtung Istrien/Rijeka über Plöcken-Paß – Tolmezzo – Udine – Triest. b) Abzweigung in Richtung Ljubljana über Spittal – Villach – Wurzen-Paß (gesperrt für Caravans und Bootsanhänger), Ausweichmöglichkeit über Tarvisio – Rateče

Anfahrtsroute 2 (Tauernautobahn – Mautgebühr)
München – Autobahn Salzburg – Autobahn Spittal – Villach – Wurzen-Paß (oder über Tarvisio-Rateče)
Im Sommer 1979 wird das Teilstück der Tauernautobahn im Streckenabschnitt Werfen/Imlau – Eben im Pongau fertiggestellt sein. Damit ist die Autobahn von Salzburg nach Spittal fast durchgehend befahrbar.

Anfahrtsroute 3 (Tauerntunnel, Wurzen-Paß)
München – Autobahn Salzburg – Bischofshofen – Badgastein – Autoverladung durch den Tauerntunnel (Gebühr) – Spittal – Villach – Wurzen-Paß (oder über Tarvisio – Rateče)

Anfahrtsroute 4 (Großglockner-Hochalpenstraße)
München – Autobahn in Richtung Salzburg bis Siegsdorf – Lofer – Zell am See – Bruck – Großglockner-Hochalpenstraße (Mautgebühr) – Spittal – Villach – Wurzen-Paß (oder Tarvisio – Rateče)

Anfahrtsroute 5 (Brenner-Autobahn, Dolomiten)
München – Innsbruck – Brenner-Paß – Toblach – Tolmezzo – Carnia. a) Abzweigung in Richtung Istrien/Rijeka über Udine – Triest. b) Abzweigung in Richtung Ljubljana über Tarvisio – Rateče

Anfahrtsroute 6 (aus Richtung Wien/Graz)

Graz – Spielfeld – Maribor oder Graz – Klagenfurt – Loibl-Paß

Dem Touristen, der die langen Anfahrtswege mit dem Auto nach Jugoslawien scheut, ermöglicht das **Flugzeug** eine bequeme und schnelle Anreise. Allein auf den adriatischen Küstensaum verteilen sich sieben internationale Flughäfen: Pula, Rijeka (Krk), Zadar, Split, Dubrovnik, Tivat und Titograd. Viele dieser Flughäfen sind direkt oder indirekt über Belgrad, Zagreb und Ljubljana mit nahezu allen europäischen Ländern verbunden. In einem teilweise so unwegsamen Land wie Jugoslawien erhält das Flugzeug eine besondere Verkehrsbedeutung. So überquert das Flugzeug die verkehrsfeindlichen Gebirge im Landesinnern in weniger als einer Stunde, eine Strecke, die Auto oder Eisenbahn kaum an einem Tag bewältigen. Das dichte Binnenflugnetz und die im Vergleich zu anderen europäischen Ländern noch relativ preisgünstigen Flüge machen diese Form des Reisens sehr attraktiv. Im einzelnen bestehen folgende Flugverbindungen: Belgrad – Zagreb, Ljubljana, Pula, Rijeka, Sarajevo, Zadar, Mostar, Titograd, Tivat – Titograd, Skopje, Ohrid, Mostar, Ivangrad; Zagreb – Pula, Split, Dubrovnik, Sarajevo, Zadar, Mostar, Titograd, Tivat – Skopje; Ljubljana – Dubrovnik, Sarajevo, Split – Skopje; Sarajevo – Split, Dubrovnik; Rijeka – Split – Dubrovnik; Dubrovnik – Skopje – Ohrid; Dubrovnik – Mostar.

Eine bequeme Anreise bietet auch die **Eisenbahn** mit den Autoreisezügen von Hamburg, Düsseldorf, München nach Ljubljana bzw. Rijeka. Daneben verkehren die internationalen Expreß- und Schnellzüge, z. B. der Jugoslavija-Expreß (Köln – München – Ljubljana – Zagreb – Belgrad), der Tauern-Expreß (Hamburg/Aachen – Köln – München – Zagreb – Split, der Rijeka-Expreß (Köln – München – Ljubljana – Rijeka), um nur einige zu nennen. Innerhalb von Jugoslawien gibt es keine direkte Eisenbahnlinie entlang der Küste. Die seit 1976 bestehende *Eisenbahnlinie Belgrad – Bar* verbindet die jugoslawische Hauptstadt mit dem montenegrischen Küstenland, erschließt bis vor kurzem noch unberührte Landstriche und ist mit ihren 254 Tunnels und 234 Brücken eine technische Meisterleistung (längster Tunnel mißt 6170 m).

Der **Autobusverkehr** entlang der Adria-Küste ist besonders gut entwickelt, und auch das Landesinnere ist mit Expreß-Autobuslinien erschlossen.

Besonders empfehlenswert sind **Schiffsreisen** durch die dalmatinische Inselwelt. Die jugoslawische Seeschiffahrtsgesellschaft ›Jadrolinija‹ unterhält mit schnellen und komfortablen Schiffen vor allem die Schnellinie Rijeka – Rab – Zadar – Šibenik – Split – Hvar – Korčula – Dubrovnik (ca. 20 Std., Abb. 84). Hinzu kommen lokale Schiffahrtslinien, die Ferry-Boote z. B. auf den Strecken Ancona – Zadar, Bari – Dubrovnik, Rijeka – Rab usw. sowie die Fährschiffe zwischen dem jugoslawischen Festland und den größeren vorgelagerten Inseln. Auf der Donau verkehren in der Saison Tragflügelboote zwischen Belgrad und dem Eisernen Tor.

Durch Jugoslawien laufen nahezu parallel zwei große **Straßen** von Nordwesten nach Südosten. An der Adria-Küste ist

straße ausgebaute ›Jadranska magistrala‹, es die kurvenreiche, meist als Panoramadie zwischen Koper in Istrien und Ulcinj in Montenegro eine Länge von über 1000 km besitzt. Bei Regenwetter ist auf dieser Straße höchste Vorsicht geboten, weil sich Öl aus der Bitumenschicht mit feinstem Staub und Wasser zu einer rutschigen Schmiere vermischt. Von den Gebirgskämmen streicht zeitweilig ein böiger Fallwind (die Bora) hinab zum Meer, der vor allem im Bereich zwischen Senj und Zadar manch einem unwissenden Autofahrer zum Verhängnis wurde. Da die Einheimischen meistens die Strecke und ihre Tükken gut kennen, sollte man sich nicht auf sie verlassen, sondern lieber Station machen, um den Wind abklingen zu lassen, was schlimmstenfalls einen halben Tag andauern kann. Die zweite wichtige Straße, der sogenannte ›Autoput‹, ist eine zweispurige Schnellstraße zwischen Ljubljana – Zagreb – Belgrad – Niš – Skopje und der griechischen Grenze, mit Abzweigungen nach Sofia und Bukarest. Auch hier drohen dem Autofahrer mancherlei Gefahren dadurch, daß die Straße nicht kreuzungsfrei ist und gelegentlich von Schafherden oder Pferdefuhrwerken überquert wird. Als Transbalkanroute verbindet sie Westeuropa mit dem Nahen Osten, so daß sie durch den starken Verkehrsstrom von Autokolonnen der Gastarbeiter gerade in der Hauptreisezeit noch zusätzlich belastet wird.

Zwischen diesen beiden jugoslawischen Hauptverkehrsadern gibt es etliche wichtige Querverbindungen. Für den Touristen von Interesse sind vor allem die Strecken Belgrad – Sarajevo – Mostar – Ploče, Kotor – Titograd – Ivangrad – Priština – Skopje und Zagreb – Plitvicer Seen – Zadar bzw. Senj. Die Straßenzustände sind vor allem in den touristischen Gebieten in den letzten Jahren stark verbessert und das Straßennetz stark erweitert worden. In Slowenien und Kroatien ist es verhältnismäßig dicht und modern ausgebaut. Weiter im Landesinnern kommen abseits der wichtigen Hauptverkehrsstraßen noch recht häufig Schotterstraßen vor. In Makedonien finden wir dank der Investitionshilfe aus dem jugoslawischen Norden zumindest zwischen den großen Fremdenverkehrszentren moderne Straßen mit Asphaltdecken.

Routenvorschläge

Abgesehen von Schiffsreisen entlang der Adria-Küste, die man mit Flug- und Busreisen kombinieren kann, sind die folgenden Reiserouten und die dazu beanspruchte Reisedauer für die Fahrt mit dem eigenen Fahrzeug vorgesehen und berechnet. Öffentliche Verkehrsmittel bringen den Reisenden zwar auch zu den wichtigsten Kulturdenkmälern und landschaftlichen Sehenswürdigkeiten, doch es müßte dann für dasselbe Reiseprogramm sehr viel mehr Zeit eingeplant werden. Badeaufenthalte an der Küste und an den Seen müssen ebenfalls wie die An- und Rückreise hinzugerechnet werden.

A Große Jugoslawien-Rundfahrt
Einreise über Wurzen-Paß oder Rateče – Julische Alpen – Bleder See – Wocheiner See – Ljubljana – Höhlen von Postojna und Škocjan – Koper – Piran – Poreč – Beram/Hrastovlje – Rovinj – Pula – Rijeka – Plitvicer Seen – (Schiffsreise nach

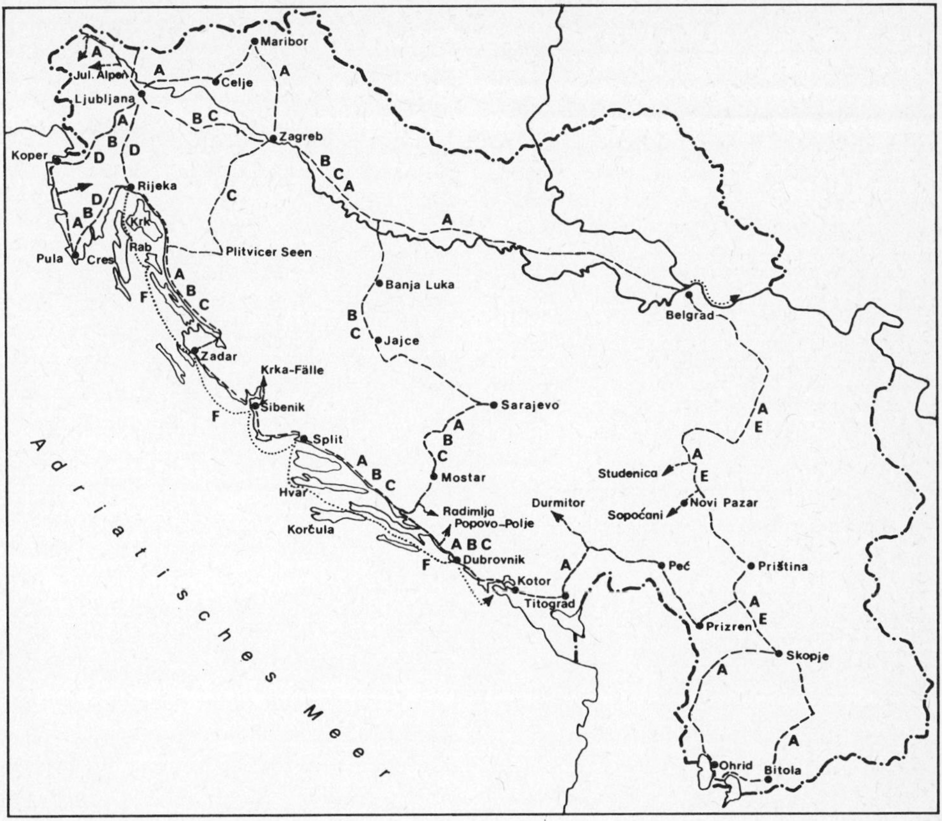

Karte mit Routenvorschlägen

Rab von Jablanac oder Senj) – Zadar – Šibenik – Krka-Fälle – Trogir – Split – (Schiffsreise nach Hvar und Korčula von Split) – Makarska – Mostar – Sarajevo – Mostar – Počitelj – Stolac (Bogumilengräber) – Zavala (Popovo-Polje, Schotterstraße) – Slano – Dubrovnik – Kotor – Cetinje – Titograd – (Durmitor – Mileševa) – Peć – Dečani – Prizren – Skopje – Tetovo – Debar – Ohrid – Bitola (Heraclea Lyncestis) – Prilep – Stobi – Skopje – Priština – Gračanica – Novi Pazar – Sopoćani – Studenica – Žiča – Ljubostinja – Kruševac – Kalenić – Ravanica – Manasija – Belgrad (Donaureise zum Eisernen Tor) – Zagreb – Varaždin – Ptuj – Ptujska gora – Maribor – Celje – Šempeter – Ljubljana – Ausreise über Loibl-Paß.

ca. 4 500 km, mind. 6 Wochen, bei Einschränkung des Programms ca. 4 Wochen

B Slowenien/Istrien/Dalmatien/Bosnien-Herzegowina

Anreise bis Ljubljana wie bei A – Weiterreise bis Split wie bei A – (Hvar –

Korčula) – Makarska – Dubrovnik – (Kotor) – Zavala (Popovo-Polje, Schotterstraße) – Stolac/Radimlja (Bogumilengräber) – Počitelj – Mostar – Sarajevo – Travnik – Jajce – Banja Luka – Zagreb – Ljubljana (oder Weiterreise ab Zagreb wie bei A)
ca. 2 300 km, mind. 3 Wochen

C *Dalmatien/Bosnien-Herzegowina*
Anreise bis Zagreb – Karlovac – Plitvicer Seen – Senj – (Rab) – Weiterreise wie bei A bis Split – (Hvar – Korčula) – Makarska – Dubrovnik – (Kotor) – Weiterreise bis Ljubljana wie bei B
ca. 2 000 km, mind. 2½ Wochen

D *Slowenien/Istrien*
Anreise bis Ljubljana wie bei A – Weiterreise bis Rijeka wie bei A – Ljubljana – (Šempeter – Celje – Ptuj – Maribor)
ca. 700 km, mind. 1½ Wochen

E *Klosterfahrt durch Serbien (Abstecher auf einer Reise nach Griechenland)*
Ausgangspunkt Belgrad (oder Skopje in umgekehrter Richtung) – Smederevo – Manasija – Ravanica – Kalenić – Ljubostinja – Žiča – Studenica – Novi Pazar – Sopoćani – Priština – Gračanica – Skopje
ca. 700 km, 4–5 Tage

F *Schiffsreise entlang der dalmatinischen Küste*
Rijeka – Rab – Zadar – Šibenik – (Krka-Fälle) – Split – (Trogir) – Hvar – Korčula – Dubrovnik – (Kotor); und umgekehrt. Rückflug Dubrovnik – Rijeka (über Split), montags und donnerstags, oder Dubrovnik – Ljubljana, 5mal wöchentlich. Weiterreise ab Dubrovnik nach Mostar und Sarajevo (Autobus) – Split (Flugzeug, mittwochs und donnerstags, 1. 6. – 30. 9.) – entlang der Adria-Küste bis Rijeka (Bus). Schiffsreise mit Aufenthalten ca. 1 Woche. Die Zeitdauer der Aufenthalte muß dem Schiffsfahrplan der Jadrolinija-Linie angepaßt werden. Bei der Kombination mit Linienbussen kann der Aufenthalt in Split, Šibenik und Zadar auf die Rückreise verlegt werden. Gesamtreisedauer (Schiff, Autobus, Flugzeug) etwa 3 Wochen.

Klima und Reisezeit

Entsprechend seiner geographischen Vielfalt besitzt Jugoslawien drei Klimazonen, eine mediterrane, alpine und kontinentale. Die Klimadaten für die mediterran geprägte Adria-Küste sind der folgenden Tabelle zu entnehmen (vgl. auch S. 16).

Als günstige Reisezeit für das Küstenland gelten die Monate zwischen April und Oktober. Selbst die große Hitze im Hochsommer wird durch eine erfrischende Brise des vom Meer wehenden Maestral erträglicher. Dank der klimatischen Vorzüge sind Orte wie Opatija, Lovran, Orebić, Split, Dubrovnik, Budva und Inselorte wie Mali Lošinj, Hvar und Korčula für den ganzjährigen Tourismus eingerichtet und genießen einen guten Ruf als Winterkurorte. Der Reisende, der das ganze Land durchstreifen will, sollte möglichst die Monate April bis Ende Juni oder September und Oktober wählen und damit die heißen Sommer im kontinentalen Landesinnern meiden. Zwischen dem mediterranen und kontinentalen Klimabereich liegt die alpin-dinarische Klimazone mit kühleren Sommern, kalten Wintern und großer Feuchtigkeit. Dieser Klimazone begegnen wir im slowenischen Hochgebirge und in den Hochlagen Bosniens, Montenegros und Makedoniens. Es sind Gebiete für Bergwanderer und Bergsteiger; im Winter gelten sie von Dezember bis März als ausgesprochen schneesicher.

		Mittlere Tagestemperaturen in °C				Mittlere Wassertemperaturen in °C			Wolkenlose Tage im Jahr
Ort		Jan.	Mai	Juli	Sept.	Mai	Juli	Sept.	
Rovinj	max.	9,1	20,3	27,4	24,4	15,1	23,3	21,0	90,0
	min.	1,6	11,4	17,8	15,4				
Opatija	max.	8,1	20,2	27,8	24,1	15,3	23,3	21,1	99,5
	min.	2,5	12,8	19,2	16,5				
Hvar	max.	11,7	21,7	29,4	26,0	18,2	23,3	22,5	120,3
	min.	6,3	14,7	21,2	19,0				
Dubrovnik	max.	11,5	21,0	28,6	25,5	20,0	23,0	22,8	112,8
	min.	5,9	14,4	21,4	18,9				

Sprache und Verständigung

Der Vielvölkerstaat ist zugleich ein Staat mit vielen Sprachen. Es gibt allein drei Amtssprachen. Von diesen ist das Serbokroatische die wichtigste; sie wird in Serbien, Kroatien, Bosnien-Herzegowina und Montenegro gesprochen. Verstanden wird

А	Б	В	Г	Д	Ђ	Е	Ж	З	И
A	B	V	G	D	Đ	E	Ž	Z	I
a	*b*	*w*	*g*	*d*	*dj*	*e*	*frz. j*	*s*	*i*
Ј	К	Л	Љ	М	Н	Њ	О	П	Р
J	K	L	Lj	M	N	Nj	O	P	R
j	*k*	*l*	*lj*	*m*	*n*	*j*	*o*	*p*	*r*
С	Т	Ћ	У	Ф	Х	Ц	Ч	Џ	Ш
S	T	Ć	U	F	H	C	Č	Dž	Š
ß	*t*	*tch*	*u*	*f*	*h*	*z*	*tsch*	*dsch*	*sch*

Kyrillisches Alphabet mit entsprechenden Buchstaben des lateinischen Alphabets in der zweiten Zeile und der Aussprache in der dritten Zeile

sie auch von den Makedoniern und Slowenen. Serbokroatisch wird jedoch in Kroatien und Bosnien-Herzegowina mit lateinischen, in Serbien und Montenegro mit kyrillischen Buchstaben geschrieben. Häufig kann man in Zeitungen beide Schriften nebeneinander finden. In der Republik Slowenien spricht man slowenisch, in alten Schriften ›windisch‹ genannt, und schreibt mit lateinischen Buchstaben. Das Makedonische in der südlichsten Republik ist ebenfalls eine eigene Sprache, sie steht zwischen dem Serbischen und Bulgarischen und wird mit kyrillischen Buchstaben geschrieben.

Der Tourist, der das Serbokroatische im allgemeinen nicht beherrscht, kann sich mit der deutschen Sprache recht gut verständigen, im Norden und entlang der dalmatinischen Küste besser als im Landesinnern. Doch selbst im abgelegenen Makedonien ist der Reisende immer wieder überrascht, wenn er von Einheimischen in deutscher Sprache angesprochen wird, die ihre Sprachkenntnisse einem Aufenthalt als Gastarbeiter in Deutschland verdanken. Seltener wird Englisch gesprochen, hin und wieder Französisch. An der Adria-Küste sind italienische Sprachkenntnisse von Nutzen.

Aussprache

C c – *z*
Č č – *tsch*
Ć ć – *tch*
Dž dž – *dsch*
D d – *dsch*
S s – *ß*
Š š – *sch*
V v – *w*
Z z – *s*
Ž ž – *sh*

Zahlen

0 – *nula*
1 – *jedan*
2 – *dva*
3 – *tri*
4 – *četiri*
5 – *pet*
6 – *šest*
7 – *sedam*
8 – *osam*
9 – *devet*
10 – *deset*
11 – *jedanaest*
12 – *dvanaest*
13 – *trinaest*
14 – *četrnaest*
15 – *petnaest*
16 – *šesnaest*
17 – *sedamnaest*
18 – *osamnaest*
19 – *devetnaest*
20 – *dvadeset*
21 – *dvadeset i jedan*
22 – *dvadeset i dva*
23 – *dvadeset i tri*
30 – *trideset*
40 – *četrdeset*
50 – *pedeset*
60 – *šezdeset*
70 – *sedamsedet*
80 – *osamdeset*
90 – *devedeset*
100 – *sto, stotina*
200 – *dvjesta, dvije stotine*
1 000 – *hiljada, tisuća*
2 000 – *dvije hiljade, tisuće*
10 000 – *deset hiljada, tisuća*
100 000 – *sto hiljada, tisuća*
1 000 000 – *milijun*

Tageszeiten

Tag – *dan*
Nacht – *noć*
Morgen – *jutro*
Vormittag – *prijepodne*
Mittag – *podne*
Nachmittag – *popodne*
Abend – *veče*

Tage

Montag – *ponedjeljak*
Dienstag – *utorak*
Mittwoch – *srijeda*
Donnerstag – *četvrtak*
Freitag – *petak*
Samstag – *subota*
Sonntag – *nedjelja*

Monate

Januar – *januar*
Februar – *februar*
März – *mart*
April – *april*
Mai – *mai*
Juni – *juni*
Juli – *juli*
August – *avgust*
September – *septembar*
Oktober – *oktobar*
November – *novembar*
Dezember – *decembar*

Jahreszeiten

Frühling – *proljeće*
Sommer – *ljeto*
Herbst – *jesen*
Winter – *zima*

Gebräuchliche Wörter

ja – *da*
nein – *ne*
nicht – *ne*
nichts – *ništa*
viel – *mnogo*
wieviel? – *koliko?*
wenig – *malo*
groß – *velik*
klein – *mall*
gut – *dobar*
schlecht – *loš*
wann – *kad*
wie – *kako*
wo – *gdje*
bitte – *molim*
danke – *hvala*
danke schön – *hvala lijepa*
die Stadt, Burg – *grad*
die Altstadt – *stari grad*
der Palast – *palača*
die Festung – *tvrdava*
die Ruine – *ruina*
der Dom – *stolna crkva*
die Kirche – *crkva*
die Moschee – *džmija*
türkisches Bad – *hamam*
das Kloster – *manastir*
das Museum – *muzej*
die Höhle – *pećina*
die Brücke – *most*
der Hafen – *luka*
der See – *jezero*
die Ausgrabung – *iskopine*
Basar, Markt – *čaršija*
Zentrum – *centar*
Platz – *trg*
Straße – *ulica*
Autobahn – *auto-put*
Weg – *put*
Uferstraße – *obala*
Gasthaus – *gostionica* (serb.)
– *gostilna* (slow.)
– *gostiona* (kroat.)

Café – *kafana, kavana*
Buffet – *bife*
Badeanstalt – *kupalište*
Strandbad – *kupalište na žalu*
Fähre – *trajekt*
Touristikbüro – *turistički biro*
Polizei – *milicija*
Polizeistation – *stanica milicije*
Gesundheitszentrum – *dom narodnog zdravlja*
Medizinisches Zentrum – *medicinski centar*
Krankenhaus – *bolnica*
Zahnarzt – *zubar*
Parkplatz – *parkiralište*
Taxi – *taksi*
Tankstelle – *benzinska stanica*
Reisebüro – *turistički biro*
Restaurant – *restoran*
Zimmer – *soba*
Rechnung – *račun*
Kellner – *konobar*
Trinkgeld – *napojnica*
Garage – *garaža*
Toilette – *nužnik* (WC)
Brief – *pismo*
Briefmarken – *poštanske marke*
Luftpost – *avionom*
Postkarte – *dopisnica*

Gebräuchliche Sätze

Verständigung

Guten Morgen
– *dobro jutro*
Guten Tag
– *dobar dan*
Guten Abend
– *dobro veče*
Gute Nacht
– *laku noć*
Auf Wiedersehen
– *do videnja*
Sprechen Sie deutsch?
Govorite li njemački?
Ich habe nicht alles verstanden
Nisam razumjela (jeo) sve
Sprechen Sie bitte etwas langsamer
Govorite molim malo polaganije
Wo ist . . .?
gdje je . . .?

Hilfe

Bitte helfen Sie mir!
Molim pomozite mi!
Ich habe einen Unfall gehabt
Imao sam nesreću
Rufen Sie bitte einen Krankenwagen!
Pozovite, molim, bolnički automobil!
Rufen Sie bitte einen Arzt!
Pozovite, molim, lijetschnika!
Bitte rufen Sie die Polizei!
Molim, posowite miliziju!
Ich habe eine Panne
Imam kvar
Wo ist die nächste Reparaturwerkstatt?
Gdje je najbliža automehaničarska radionica?

Hotel, Restaurant

Haben Sie Zimmer frei?
Imate li siobodnih soba?
Was kostet dies?
Koliko košta?
Ich hatte ein Zimmer bestellt
Ja sam rezervirao jednu sobu
Herr Ober!
– *konobar!*
Speisekarte
– *jelovnik*
Getränkekarte
– *karta pica*

Geben Sie mir bitte die Rechnung
Dajte mi molim Vas račin

Einkauf
Wo kann ich . . . kaufen?
Gdje mogu . . . kupiti?
Wo bekommt man . . .?
Gdje se dobija . . .?
Das ist sehr teuer
To je vrio skupo
Geben Sie mir bitte . . .
Dajte mi molim
Entschuldigen Sie
– *Izvinite*

Geldwechsel
Wo kann man Geld wechseln?
Gdje mogu da mijenjam novac?
Ich möchte Geld wechseln
Htio bih mijenjati novac
Wieviel Dinar bekomme ich für 100 DM?
Koliko dinara dobijam za sto njemačkih maraka?

Straßenverkehr, Sehenswürdigkeiten
Wie komme ich nach . . .?
Kako ću doći do . . .?
Wie weit ist es nach . . .?
Koliko ima do . . .?
Ist die Straße gut befahrbar?
Je li cesta dobra za vožnju?
Wo bekomme ich . . .?
Gdje da dobijem . . .?
Wo finde ich . . .?
Gdje da nađem . . .?
Was gibt es hier zu sehen?
Šta se može ovdje vidjeti?
Was für ein Gebäude ist das?
Kakva je to zgrada?
Wann ist es geöffnet?
Kada je otvoreno?
Wann wird geschlossen?
Kada se zatvara?

Gastronomie

»Die Götter«, so sagt eine Legende, »hielten dort Einkehr, um sich an den Köstlichkeiten des Landes zu laben und die guten Weine zu trinken.« Es heißt, jenes Land sei Jugoslawien gewesen. Aber auch wir lassen uns nur allzugerne an der jugoslawischen Tafel nieder, überrascht sie uns doch immer wieder in den einzelnen Landschaften mit andersartigen ungewohnten Geschmacksrichtungen. Ihre vielfältigen kulinarischen Eigenschaften wurden sehr stark durch Ungarn, Griechen, Türken, Österreicher und Italiener beeinflußt. So unterschiedlich die einzelnen Rezepte in den verschiedenen Regionen auch sein mögen, eines haben alle Jugoslawen gemeinsam: sie essen und trinken gerne. Immer werden sie einen Grund dafür finden, sei es um das Fest der Kirschreife, die Weinlese, Schlachtfeste oder gar Heiligenfeste zu feiern.

Als Willkommensgruß bietet man vielerorts noch dem Gast etwas zu essen oder zu trinken an. In Dalmatien wird der Besucher bei seiner Ankunft mit gekochten Feigen und einem Glas Rakija, einem Branntwein bewirtet, in Makedonien und Serbien wird er mit Slatko (das ist mit viel Zucker konserviertes Obst) und einem Glas Wasser begrüßt, in Serbien mit Kaffee und Slibowitz und in Montenegro mit einem Glas Milch. Das Essen ist häufig in den kleinen abseits gelegenen Gaststätten wesentlich besser als in den standardisierten Hotels, und man hat die Gewähr, daß noch nach originalen einheimischen Rezepten zubereitet wird. Gern läßt sich der Koch im Hof über die Schulter schauen, wo er über offenem Feuer mehrere Lämmer oder Spanferkel gleichzeitig am Spieß dreht, und der Gast hat das Vorrecht, sich ein Fleischstück herauszusuchen, das ihm am besten zu schmecken scheint. Das schließt jedoch nicht aus, daß der Reisende in jedem größeren Hotel international bekannte Speisen zur Auswahl antrifft, doch wird es sich in jedem Fall lohnen, von den regionalen Spezialitäten Gebrauch zu machen, die dem Leser im folgenden mit den dazu passenden Weinen nach Regionen geordnet vorgestellt werden:

Slowenien

Pastrve na primorski nacin – Forellen auf adriatische Art
Sie stammen aus den Flüssen Soča und Vipava. Im Vipava-Tal werden sie mit Knoblauch und Petersilie gebacken oder gekocht und mit Weinessig gewürzt. Die Sauce wird mit Vipava-Wein bereitet.
Wein: zum gebratenen Fisch den Rebula oder Vipava
zum gekochten Fisch den aromatischen Zelen-Wein

Srndač i zečetina – Reh- und Feldhasenfleisch
Steht vielerorts zwischen Spätsommer und Herbst auf der Speisekarte.
Wein: Merlot

Ovčetina – Ziegenfleisch
Vor allem in den Orten unmittelbar hinter der Küste.
Wein: Refošk

Brudet od škampi sa palentum – Škampi auf Brodetto mit Maisbrei
Wein: Refošk

Hobotnica – Tintenfisch
Er wird in Olivenöl gebraten und mit Palenta (Maisbrei) serviert.
Wein: Malvazija

Specijaliteti od divljači – Wildfleischspezialitäten
Aus den Wäldern zwischen Cerknica und Kostanjevica (Rotwild, Wildschwein und Haselmäuse)
Wein: Gorjanska Črnina, Frankinja

Gljive – Pilzgerichte
Erhält man paniert oder mit Wein und Gewürzen gekocht. Es gibt Pilzgerichte vor allem in der Gegend der Thermalbäder Dolenjsko, Šmarjetske, Čateške, Toplice.
Wein: Metliška Crnina (Rotwein)

Stajerski sir sa crnim kruhom – Steierkäse auf Roggenbrot
Wein: Haložane (trocken)

Pečeno pile sa mlincima – Masthahn im Backofen mit Teigflecken
Wein: Pinot (Weißwein vom Jerusalem-Berg), Renski (Rheinriesling aus Haloža

Prleška-gibanica – Wickelteigkuchen, Strudel
Wein: Traminer aus Radgona (süß)
gelber Muskateller aus Kozjak

Cmoki – Knödelspezialität mit Pflaumen gefüllt

Sara – Suppe aus Rauchfleisch mit sehr viel Gemüse

Žlivanke – Nockerln aus Mais-, Weizen- oder Buchweizenmehl mit süßer oder saurer Milch und Eiern serviert

Kroatien

Puran samlincima – Truthahn mit Nudelteig
Während der Truthahn im Rohr gebraten wird, läßt man gewalzten Nudelteig bräunlich backen. Danach wird dieser in Teigstücke zerbrochen und mit Wasser verdünntem Saft des Truthahns übergossen. Man reicht dazu gemischten Salat.
Wein: weißer Burgunder, Graševina

Štrukli – Quarkstrudel (heiß und gesalzen)

Kotlovina – Kesselbraten

Žganci – ein Brei aus Weizenmehl und Kartoffeln, der in Zagorje, Prigorje und Moslavina als ausgezeichnete Jause oder gar als volles Essen angeboten wird.

Divljač – Wildspezialitäten
Man erhält sie vor allem im Gebiet Slawoniens, wo sie regelmäßig mit Brotklößen vorbereitet werden.
Wein: Frankovka, roter Burgunder, Kadarka

Riblji paprikas – Fischpaprikas
Scharfe Suppe mit Fisch, von der der Volksmund sagt, daß einem »der Mund von einem Ohr zum anderen brennt«. Beliebt ist sie entlang der Donau in Slawonien und der Vojvodina (Baranja, Erdut, Vukovar, Ilok und Novi Sad)
Wein: Kadarka, roter Burgunder (beide schwere Rotweine) oder Weißweine wie: Graševina, Silvaner, weißer Burgunder aus Vukovar, Slok oder Erdut

Dalmatien

Supa od ostriga – Austernsuppe
Wein: Weißwein von Vis

Brodetto – Filets von verschiedenen Fischen, die zusammen mit Tomaten, Zwiebeln und Knoblauch in einer Auflaufform zubereitet werden.
Wein: weißer Krstać, Žilavka

Prstaci – Muscheln
Wein: Weißwein von Vis

Kuhani zubatac – Zahnbrasse (gekocht)

Pečena tunjevina – Thunfisch (gebraten)
Zu beiden Gerichten paßt als Wein vorzüglich der dunkle Opolo oder Žilavka.

Janjetina sa purom – Lammfleisch im eigenen Saft mit Pura (Maisbrei)
Wein: Opolo

Pečena dinje – Kürbisse auf dem Grill gebacken
Wein: Marcaština, Pošip, Plavac

Pašticada – Rindfleisch, gespickt mit Speck, Knoblauch und Nelken, wird in Wein gekocht, zuletzt werden noch einige Dörrpflaumen hinzugefügt

Serbien

Prase – Spanferkel
Wein: roter Burgunder

Pećena janjeca creva – Lammgedärm auf dem Rost gebraten
Wein: Plemenka, Smederevka, Semillon, Merlot, Riesling, Prokupac

Teleći škembiči – Kalbskopf in Skembet (Kuttelfleck)

Wein: Plemenka, Smederevka, Semillon
Spezialitäten vom Rost

Ćevapčići – auf Rost gebratene Hackfleischröllchen verschiedener Fleischsorten

Ražnjići – kleine aufgespießte Rind- und Schweinefleischstücke, mit Salz und Pfeffer gewürzt. Dazu werden viele kleingehackte Zwiebeln gereicht.

Vešalice, Brizle – Kalbshalsdrüse

Krmenadle – Schweinskoteletten

Srpske kobasice – Würstchen auf serbische Art
Weine: Plemenka, Smederevka, italienischer Riesling, Semillon, Procupac, Ružica, Merlot

Ovčiji sir – Schafskäse

Užički pršut – luftgetrockneter Schinken aus Užice

Proja – Maisbrot

Orasnica – Nußkuchen

Gibanica – Wickelteigkuchen/Blätterteig mit Schmelzkäse oder Fleisch oder Kraut schichtweise gefüllt

Kajmak – Milchfett, Rahm; man kocht Milch immer wieder und nimmt den Rahm ab. Dieser wird in ein Holzgefäß (cabrica) geschüttet und gesalzen. Alter Kajmak ist gelbfarbig und schmeckt im Gegensatz zum jüngeren scharf.

Žito – Süßspeise aus gekochtem Weizen, Nüssen, Zucker, Vanille, Muskatnuß und einem Spritzer Rum.

Mućkalica – Schweinefleischstücke zusammen mit Tomaten, Paprika, Möhren und Pfeffer gekocht.

Montenegro

Njeguški pršut – luftgetrockneter Schinken

Njeguš kastradin – geräuchertes Hammelfleisch

Domaca kobasica na žaru – auf Glut gebratene Hausmannswurst
Zu diesen Gerichten passen alle montenegrischen Rotweine.

Skakovica – gedörrter oder gesalzener Fisch aus dem Meer oder dem Skutari-See und dem Fluß Bojana
Dieser gedörrte Fisch ebenso der Karpfen (kećiga) werden gern mit Weißkraut gekocht und mit Olivenöl und Zitronensaft gewürzt.
Wein: Žilavka

Pastrmke iz Morače podgorički način – Moračka-Forellen auf Podgorički-Art
Wein: weißer Krstač, Žilavka

Überall werden Spezialitäten vom Spanferkel (prasetina), Lamm (janjetina) oder Schaf (ovcetina), am Spieß gebraten, angeboten.

Makedonien

Tavcě-grafče – Makedonische Nationalspeise, ein Bohnengericht aus Tetovo-Bohnen, das in einem Tongefäß im Backofen überbacken wurde
Wein: Gmža, Krater, Tikveš (alles Rotweine)

Šarplanina-ploča – Käseplatte mit den verschiedensten Käsesorten aus dem Sara-Gebirge
Wein: Ružica

Šarplaninska janjeća čorba – Šarplanina Lammsuppe

Schwere fette Speisen vom Lamm sind: janija, vardar-grne, popovo-janija
Es wird Salat dazu gereicht.
Wein: Kratošija

Pindjur – Gemischter Salat aus gebackenem Paprika, Auberginen und Tomaten
Wein: Kratošija

Ohridske pastrmke – Forelle nach Ohrider-Art
Wein: Strumica (Rotwein)
Nachtisch:

Dinje na makedonski nacin – Zuckermelonen auf makedonische Art

Punjene jabuke sa orasima – Gefüllte Äpfel mit Nüssen

Tulumba, Baklava und Kaidif sind türkische Spezialitäten aus kandiertem Zukker oder Honig und gemahlenen Nüssen.

Gerichte aus mehreren Regionen

Musaka – Hackfleisch, das mit verschiedenen Gemüsen, oft mit Auberginen oder kleinen Gemüsekürbissen, mit Kartoffeln oder Reis zubereitet wird. (Serbien, Makedonien)

Pitta – ein Strudelteig, der mit verschiedenen Füllungen (Fleisch, Kohl) serviert wird (in allen Gebieten)

Pljeskavica – Hackbraten in Pfannkuchenform (Serbien, Makedonien)

Polenta – Maisbrot (Slowenien, Dalmatien, Kroatien)

Djuveč – gedünstetes Schweine- oder Lammfleisch mit Reis, Paprika, Tomaten und verschiedenen Gemüsen, bei uns als ›serbisches Reisfleisch‹ bekannt.

Punjene paprike – Paprikaschoten, mit Reis und Hackfleisch gefüllt, in Tomatensoße (Serbien, Makedonien, Kroatien)

Sarma – in Kohl, Wein- oder Bohnenblätter eingewickeltes, geschnitzeltes oder gehacktes und mit Reis vermischtes Schweine- und Rindfleisch. Zur Intensivierung des Geschmacks wird Sarma zusammen mit geräuchertem Fleisch gekocht. (Serbien, Kroatien)

Pršut – luftgetrockneter Rohschinken, dessen besonderer Geschmack von den aromatischen Gräsern der Karstgegenden herrührt. (Dalmatien, Serbien, Montenegro-Njeguš)

In Jugoslawien trinkt man zu jedem Anlaß und zu jeder Tageszeit den *Slibowitz* (šljivovica), einen aus Pflaumen gebrannten Schnaps; auch für den Gast wird dies zur liebgewordenen Gewohnheit, die er dann auch zu Hause nicht mehr missen möchte. Der dalmatinische *Travarica*, der montenegrische *Lozovaca*, der makedonische *Mastika*, der *Pelinkovac*, *Stari Graničar*, *Vlahovac*, *Komovica*, *Anasonka* sind weitere bewährte Schnäpse auf Kräuterbasis, die insbesondere als Verdauungsregler getrunken werden. Der *Vinjak* ist ein aus Weindestillat hergestelltes hochprozentiges Getränk, das bis zu zehn Jahren in einem Eichenholzfaß ruhen muß, ehe es reif ist. Der berühmte *Maraškin* (Maraschino) wird aus Kirschen hergestellt, die ihres einzigartigen Geschmacks wegen in der ganzen Welt begehrt sind.

Mit über 300 Weinsorten gehört Jugoslawien zu den zehn führenden Weinbauländern der Erde. Aus der Gegend um Mostar stammt einer der edelsten und besten Weine des Landes, die Žilavka, ein Weißwein mit einer ganzen Reihe internationaler Auszeichnungen. Auch aus derselben Gegend stammt die rote Blatina. Von Pelješac' sonnigen Weinbergen kommt der kräftige rote Dingač und Plavac und der weiße Grk von der Insel Korčula. Der bekannte Amselfelder hat selbst auf unseren Weinkarten seinen Platz eingenommen, und so sollte derjenige, der seine Reiseroute bis in die Gegend von Priština ausdehnt, durchaus an Ort und Stelle sich von der Qualität der Rot-, Weiß- und Roséweine des Kosovo-Poljes überzeugen. Der Prošek schließlich ist ein aus erlesenen getrockneten Weintrauben hergestellter Wein.

Zu einer weiteren jugoslawischen Spezialität gehört der schwarze, mit Zucker aufgekochte und mit dem Kaffeesatz servierte Türkische Kaffee (turska kava). Die Jugoslawen haben die Zubereitung dieses dicken schwarzen Gebräus von den Muselmanen erlernt.

Folklore, Theater, Musik

Die Vielfalt der Völker und Nationalitäten spiegelt sich in der Mannigfaltigkeit der Trachten und Volkstänze wider. Man muß sie einmal gesehen haben, die herrlichen Gewänder der Montenegriner, die bestickten Blusen der Makedonier oder die kostbaren Silberstickereien und Verzierungen der verschiedenartigen Borten der Kroaten und Slowenen. In Montenegro und Dalmatien tragen die Männer kleine runde Käppchen, in Ostserbien hohe Lammfellmützen. Sandalen, sogenannte Opanken, sind mit langen Riemen an den Waden befestigt. Je nach Landschaft werden unterschiedliche Volkstänze aufgeführt. Sehenswert vor allem ist der lebhafte Rundtanz (Kolo) oder der Wricko, der Balun aus Istrien oder der Tanac von der Insel Krk. Die farbenprächtigen Trachten der Ausführenden verleihen den Tänzen einen besonders eindrucksvollen Glanz. In den größeren Städten und Fremdenverkehrszentren werden neben der Folklore regelmäßig Konzerte, Ballette, Schauspiele und an-

Starovremsko-Oro-Tanz, Männertanz in den Dörfern rund um Kumanovo im nordöstlichen Makedonien

dere Veranstaltungen angeboten. Die bekanntesten jährlichen Veranstaltungen seien hier kurz erwähnt:

Belgrad September
BITEF (Belgrader Internationales Theater-Festival), Vorstellungen der Avantgarde

Belgrad Anfang Oktober
Radost Evrope. Festival der Volkslieder und Tänze mit Kindern aus ganz Europa, organisiert von UNICEF

Dubrovnik 10. Juli – 25. August
Dubrovačke ljetnje igre (Dubrovniker Sommerspiele), Schauspiele, Opern, Ballette, Konzerte, Folklore mit besten jugoslawischen und ausländischen Künstlern

Korčula Mai – August, donnerstags
Moreška, alte Rittertänze aus dem 16. Jahrhundert (Abb. 199, 200)

Ljubljana Ende Mai
Kmečka ohcet (Bauernhochzeit) Folklore-Veranstaltung mit Hochzeiten der Ehepaare aus verschiedenen Ländern in Nationaltrachten

Ohrid Juli
Balkan-Festival mit Volkstänzen und Volksliedern der Balkanländer

Ohrid Juli–August
Ohridsko ljeto (Ohrider Sommer), Konzerte klassischer Musik in der Sophienkirche, Dramen und Ballette

Opatija-Festspiele Juli und August
Kammer- und Solistenkonzerte, Oper und Ballett

Poreč August
›Annale‹, internationale Kunst- und Skulpturenausstellung

Portorož Juli und August
›Forma Viva‹, internation. Symposium für Bildhauer

Kupferkannen mit der Inschrift: »... hergestellt im Land Bosnien, in Sarajevo 1127« (1714), und Name des Meisters Mustafa. Landesmuseum, Sarajevo

Pula Juli – August
Konzerte, Theater, Film-Festivals im Amphitheater

Split 15. Juni – 15. September
Splitsko ljeto (Sommer in Split), Festival für Oper, Konzerte, Ballett, Folklore und Unterhaltungsmusik

Split Anfang Juli
Melodije Jadrana (Melodien der Adria) internationales Festival der Pop- und Unterhaltungsmusik

Sinj (bei Split) 1. Sonntag im August
Sinjska Alka, Ringelstechen von Reitern in alten Trachten, zur Erinnerung an den Sieg über die Türken 1715

Hinweise von A–Z

Adressen

Genaue Informationen für alle eine Jugoslawienreise betreffenden Fragen geben auf Anfrage die Jugoslawischen Fremdenverkehrsämter:

6 Frankfurt a. M., Goetheplatz 7, Tel. 285625, 285163
4 Düsseldorf, Hüttenstraße 6, Tel. 370675
8 München 2, Sonnenstraße 14, Tel. 595545, 595546
A-1010 Wien, Mahlerstraße 3, Tel. 525481
CH-8001 Zürich, Limmatquai 70, Tel. 341270, 341438

Auskünfte und Literatur über die verschiedensten Wissensgebiete (Geschichte des Landes, Kunst, Wirtschaftsstruktur, Politik, Ethnologie u. a.) sind von den Informationszentren der SFR Jugoslawien zu erhalten:

7 Stuttgart 1, Charlottenstraße 21/B/III, Tel. 240557
5 Köln 1, Hohenzollernring 49, Tel. 234221

Weitere Adressen in Jugoslawien:
Botschaft der BRD (Ambasada Savezne Republike Njemačke): 11000 Belgrad, Ulica Kneza Miloša 74-76, Tel. 645–755
Generalkonsulat der BRD (Generalni konzulat Savezne Republike Njemačke): 41000 Zagreb, Preobaženska 4, Tel. 440–804
Botschaft der DDR: 11000 Belgrad, Birčaninova 19a, Tel. 642–740
Österreichische Botschaft: 11000 Belgrad, Kn. Sime Markovića 2, Tel. 626–955
Schweizer Botschaft: 11000 Belgrad. Birčaninova 27, Tel. 646–899
JADROLINIJA (jugosl. Seeschiffahrtsgesellschaft): 51000 Rijeka, Obala Jugoslovenske mornarice 16, Tel. 22–356
JAT (Jugoslovenski Aerotransport), 11000 Belgrad, Birčaninova 1, Tel. 643–422, 413–166
Centroturist (Reisebüro: Kartenverkauf für Tragflügelboote auf der Donau von Belgrad nach Kladovo) 11000 Belgrad, Karadjordjeva 8 – Savsko pristanište, Tel. 622–279

Autobahngebühr

Zur Zeit gibt es in Jugoslawien zwei Autobahnteilstücke (Zagreb–Rijeka–Karlovac; Vrhnika–Postojna), die gebührenpflichtig sind.

Autoreparatur

Für die Mehrzahl unserer Automobiltypen gibt es in Jugoslawien bevollmächtigte Autoreparaturwerkstätten, die sich jedoch in der Regel nur in größeren Städten oder den Touristenzentren befinden. Dem Autofahrer sei empfohlen, die üblichen unerläßlichen Ersatzteile mitzuführen.

Banken

Überall von 8–11.30 Uhr geöffnet, in den Fremdenverkehrszentren auch nachmittags.

Benzin

Normalbenzin ›Premium‹ 86 Oktan
Superbenzin ›Superior‹ 98 Oktan
In den Städten, Ortschaften und an den Verkehrsstraßen findet man genügend Tankstellen, die zum Teil auch Tag und Nacht geöffnet sind. Für Fahrten in abgelegenere Gegenden sollte man jedoch einen Reservekanister bei sich haben.

Benzingutscheine

Sofern man sich Benzingutscheine für Superbenzin in den Touristikbüros an den

Grenzübergangsstellen oder in der Bundesrepublik bei den Auto- und Touringclubs besorgt, kann man in Jugoslawien um 20% billiger tanken. Ein Liter Superbenzin kostet mit dieser Ermäßigung umgerechnet 73 Pfennig (Stand März 1979).

Einkäufe

Jugoslawien ist ein Land des Kunstschmiedehandwerks, ganz besonders im Bereich der Gold- und Silberschmiedearbeiten. In den südlicher gelegenen Basaren, vor allem in denen von Sarajevo und Skopje, wo man bei der Herstellung verzierter Metallgegenstände zusehen kann, wird der Kauf eines orientalischen Wasserkrugs, eines Kupfertöpfchens zum Kaffeekochen (Džezve), einer Kanne, einer Schale oder eines Wandtellers zum Erlebnis, wenn man mit dem Händler um den Preis einer solchen Kostbarkeit feilscht. In den meisten Landstrichen versteht man sich vortrefflichst auf die Herstellung feinster Filigranarbeiten und volkstümlicher Holzschnitzereien. Es ist vor allem der adriatische Küstenbereich, wo handgeklöppelte Spitzen von den Frauen während der Wintermonate hergestellt werden und dem Feriengast als Reiseandenken zu noch recht günstigen Preisen angeboten werden. Auch der mit geometrischen Ornamenten gewirkte farbenprächtige Kelim-Teppich ist ein beliebtes Mitbringsel. Zuletzt bietet uns eine eigenständige Töpferei eine weitere Möglichkeit, etwas aus dem uns durch vielfältige Eindrücke so faszinierenden und liebgewonnenen Land als Erinnerung mit nach Hause zu nehmen.

Einreisepapiere

Zur Einreise nach Jugoslawien wird ein gültiger Reisepaß ohne Visum benötigt, mit dem man sich bis zu drei Monaten im Land aufhalten kann. Für einen Urlaub bis zu 30 Tagen genügt der Personalausweis in Verbindung mit einem touristischen Passierschein, der an allen jugoslawischen Grenzübergängen gegen Zahlung einer Gebühr erhältlich ist.

Vom Autofahrer werden nationaler Führerschein und Kraftfahrzeugschein verlangt. Die Grüne Versicherungskarte ist zwar nicht erforderlich, jedoch empfiehlt sich ihre Mitnahme, um bei Schadensfällen eine schnellere Abwicklung der Kostenregelung zu ermöglichen.

Bei Mitnahme von Hunden ist ein amtstierärztliches Gesundheitszeugnis mit einer Erklärung, daß das Herkunftsgebiet seit 6 Monaten tollwutfrei ist, oder die Tollwutschutzimpfung erforderlich. Der Impfschein muß mindestens 15 Tage vor Antritt der Reise ausgestellt worden sein, darf aber nicht älter als 6 Monate sein. Diese Bescheinigungen dienen gleichzeitig als Identitätsnachweis bei der Wiedereinreise in die Bundesrepublik Deutschland.

Geld

Die jugoslawische Währungseinheit ist der Dinar; 1 Dinar = 100 Para. Es dürfen 1500 Dinare eingeführt werden (in Dinar-Noten und kleiner). Die Ausfuhr ist auf 1500 Dinare beschränkt. Fremde Währungen können unbeschränkt eingeführt werden.

Empfehlenswert ist die Handhabung von Euro- und Reiseschecks; von Postsparbüchern kann kein Geld abgehoben werden.

Geschäftszeiten
Ganztags offen haben alle Supermärkte, Warenhäuser, größere Läden und Selbstbedienungsläden (samstags bis 15 Uhr), kleinere Läden im Norden von 7–12 und 16–19 Uhr, kleinere Läden im Süden von 8–12 und 16–20 Uhr.

Gesetzliche Feiertage
1. und 2. Januar, Neujahr
1. und 2. Mai, Internationaler Tag der Arbeit
4. Juli, Tag des Kämpfers
29. und 30. November, Tag der Republik
zusätzliche Feiertage in den einzelnen Republiken:
7. Juli, Serbien, Tag des Aufstandes
13. Juli, Montenegro, Tag des Aufstandes
22. Juli, Slowenien, Tag des Aufstandes
27. Juli, Kroatien, Bosnien und Herzegowina, Tag des Aufstandes
2. August, Makedonien, Ilinden Nationalfeiertag
11. Oktober, Makedonien, Tag des Aufstandes

Karten
Generalkarte, *Dalmatinische Küste,* 1:200 000, 3 Blätter
Hallwag, *Jugoslawien,* 1:1 000 000
Kümmerly & Frey, *Jugoslawien* (mit Ungarn), 1:1 000 000
Reise- und Verkehrsverlag, *Jugoslawien,* 1:800 000

Krankheit
Im Krankheitsfalle können Sie sich an alle Gesundheitsämter (Dom narodnog zdravlja) wenden. Mit internationalem Krankenschein Ihrer Krankenkasse ist die Behandlung kostenlos.

Der ADAC unterhält für erkrankte Touristen im Ausland einen Notruf: *ADAC-Notruf* (München, Telefon 089/ 22 22 22; s. a. Notfälle).

Leihwagen
Reisebüros und andere Organisationen in Jugoslawien (AUTO-TEHNA-AVIS, KOMPAS-HERZ, INEX, PUTNIK, UNIS, ALPETOUR, SAP) vermieten verschiedene Automarken mit oder ohne Chauffeur.

Motor- und Segelbootsport
Als eine der am stärksten gegliederten und zerklüfteten Küstenzonen Europas mit 725 vorgelagerten größeren und kleineren Inseln, sowie mehr als 500 Felsenriffen und Klippen bietet die jugoslawische Küste dem nautischen Tourismus geradezu ideale Voraussetzungen. In der Luftlinie hat sie eine Länge von 628 km, die tatsächliche Küstenlinie mißt zusammen mit allen Inseln 6116 km.

Ausländische Jachten können frei in jugoslawischen Gewässern fahren, sofern sie vorschriftsmäßig in ihren Heimatländern registriert wurden. Nach der Ankunft in den jugoslawischen Gewässern sollten die Jachten in dem jeweils nächstliegenden internationalen Verkehrshafen ankern: Koper, Izola, Piran, Umag, Novigrad, Poreč, Rovinj, Pula, Rašna, Opatija, Rijeka, Mali Lošinj, Maslenica, Zadar, Senj, Šibenik, Primošten, Split, Ploče, Korčula, Dubrovnik, Herceg-Novi (Zelenika), Kotor, Tivat, Budva, Bar, Ulcinj. Dort sollte sich der Bootsinhaber zur Erlangung einer Schiffahrtsgenehmigung mit dem zuständigen Hafenamt in Verbindung setzen. Dies gilt auch, wenn das Boot auf dem Landweg dorthin transportiert wurde. Die Genehmigung hat Gültigkeit für den Zeitraum eines Jahres.

Sport- und Paddelboote (Kajak) und andere Fahrzeuge bis 3 m Länge und bis 5 PS bedürfen keiner besonderen Genehmigung. Im Falle einer Reparatur oder gar eines Unwetters können ausländische Boote in jedem nächstliegenden Hafen vor Anker gehen. Treibstoff ist in fast allen Häfen erhältlich. Wichtig für den Segelsportler sind die in der Adria vorherrschenden Winde:

Bora, ein kalter, trockener und böiger Wind, der vor allem im Winter stoßweise vom Land zum Meer weht, aus der Richtung NNO bis ONO. Da er sehr überraschend auftritt, sollten sich kleinere Boote nicht allzu weit auf das Meer hinauswagen.

Jugo, ein warmer, feuchter Wind, der fast das ganze Jahr aus Richtung OSO bis SSO weht, die Wellen aufpeitscht und Regen bringt.

Maestral, ein trockener, erfrischender Wind, der meist im Sommer und zwar in den Nachmittagsstunden aus Richtung SSW bis WNW weht.

Nevera, eine plötzliche Wetterverschlechterung mit starken Böen, Schauern und Gewittertätigkeit.

Nationalparks

Slowenien
Triglavski Narodni park (Steinadler, Gemsen, Wildschwein, Uhu)

Kroatien
Plitvička jezera (Fischotter, Auerhahn, Braunbär)

Vojvodina
Fruška Gora (Wolf, Marder, Auerhahn, Hirsch)

Bosnien und Herzegowina
Trebević (Fuchs, Reiher, Fasan)

Montenegro
Perućica-Narodni park (Steinbock, Bär, Fasan)
Durmitor-Gebirge (s. Farbt. 25) (Steinbock, Braunbär, Schneehase, Steinadler)
Biogradska Gora (Fuchs, Auerhahn, Braunbär)

Makedonien
Galičica (Braunbär, Luchs)

Notfälle

• Erste Hilfe ›prva pomoć‹ hat die für ganz Jugoslawien einheitliche Telefonnummer 94

• Polizei ›milicija‹ hat die für ganz Jugoslawien einheitliche Telefonnummer 92

• Straßenhilfsdienst ›Služba Pomoć-Informacije‹ wird auf allen Hauptstrecken Jugoslawiens von dem jugoslawischen Automobilclub AMSJ für jeden Autofahrer unterhalten. Für Mitglieder von Automobilclubs ist er kostenlos, doch müssen Ersatzteile selbst bezahlt werden. Man erreicht ihn unter der einheitlichen Telefonnummer 987, doch muß die Vorwahlnummer des jeweils nächstgelegenen Ortes dazu gewählt werden.

Der ADAC unterhält vom 1. Juni bis 30. Oktober in Zusammenarbeit mit dem ›Auto – moto savez Jugoslavije‹ AMSJ in Belgrad einen deutschsprachigen Notruf- und Beratungsservice:

Bereitschaftsdienst: Montag bis Samstag 9–18 Uhr, Sonntag 9–13 Uhr
Telefon: Belgrad (011) 453358 AMSJ-Zentrale

Der Notrufdienst umfaßt Beratung in persönlichen Notfällen sowie nach Unfällen und Pannen, vermittelt deutschsprachige Ärzte, Rechtsanwälte und Sachverständige und regelt die Auslandshilfe des ADAC für seine Mitglieder und Schutzbriefinhaber.

Dringende private Durchsagen zur Benachrichtigung ausländischer Touristen werden werktags von 11.05–11.15 Uhr in deutscher, englischer und französischer Sprache auf MW 321 und auf UKW 88,5; 92,9; 94,1; 96,5 Mhz ausgestrahlt.

Sportfischerei

Nicht nur das warme und klare Wasser der Adria ist reich an Fischbeständen und bietet beste Voraussetzung für die Sportfischerei, sondern auch die vielen Flüsse und Seen im Landesinnern. Es soll an die 365 verschiedene Fischarten geben. Das Angeln am Meer zu rein sportlichen Zwecken ist gebührenfrei. Dagegen bedarf es an Flüssen und Seen einer entsprechenden Genehmigung bei den örtlichen Fischervereinen.

Stromspannung: 220 Volt

Tauchen

Tauchen mit Preßluftgeräten sowie Unterwasserfotografie sind grundsätzlich erlaubt, außer in Häfen, 300 m im Umkreis von Kriegsschiffen oder militärischen Bereichen. Eine Genehmigung durch die örtliche Gemeindeverwaltung ist notwendig. Auskünfte über Unterwasserjagd und Sportfischerei erteilt:

Verband für Sportfischerei und Unterwasserjagd
5100 Rijeka, Ulica Matije Gubca 2

Tips

*Foto*begeisterte Touristen finden in Jugoslawien eine unerschöpfliche Quelle anregender Motive. Allerdings sollte man sich vor den muselmanischen Frauen hüten, die den aufdringlichen Fotografen häufig mit Steinwürfen empfangen. Hier kommt man durch vorheriges Fragen in der Regel eher zu seinem Bild. In den meisten serbischen und makedonischen Klöstern ist das Fotografieren der wertvollen Fresken und Ikonen verboten. In Dečani und Sv. Kliment (Ohrid) kann man gegen Bezahlung eine Erlaubnis zum Fotografieren mit Blitzlicht ohne Stativ erhalten. Zum genaueren Studium der Fresken in den oberen Zonen der Klosterkirchen ist eine *Taschenlampe* und ein *Fernglas* von großem Nutzen.

Beim Eintritt in eine *Moschee* sollten die Schuhe ausgezogen werden und die Teppiche im Innern nach Möglichkeit nicht betreten werden.

In den abgelegenen bäuerlichen Gebieten im Landesinnern wird der *Selbstversorger* mit Lebensmitteln bei ihrer Beschaffung Mühe haben, da das gewohnte Angebot fehlt, möglicherweise wegen der unzureichenden Nachfrage von seiten der Landbevölkerung.

Trinkgeld

Wie bei uns, so ist auch hier das Bedienungsgeld im Rechnungsbetrag enthalten. Für besonders aufmerksame Bedienung gibt man zusätzlich bis zu 10% Trinkgeld.

Unterwasserjagd

Hierzu bedarf es einer Genehmigung der örtlichen Fischervereine, die meistens auch über die Hotels besorgt werden kann. Die

Gebühren sind unterschiedlich und hängen von den jeweiligen lokalen Vorschriften ab. Fischfang mit Hilfe von Sauerstoffgeräten ist nicht gestattet.

Verkehrsregeln

Im wesentlichen gelten in Jugoslawien auch die für die Bundesrepublik gültigen Verkehrsregeln.

Die Höchstgeschwindigkeit in den Ortschaften beträgt 60 km/h. Für PKW und Motorräder gibt es außerhalb geschlossener Ortschaften keine Geschwindigkeitsbegrenzung, sofern durch Beschilderung keine andere Regelung vorgesehen ist. PKW mit Anhänger sowie Autobusse dürfen hier nur 80 km/h fahren. Die jugoslawische Polizei achtet streng auf die Einhaltung der Verkehrsregeln.

Hupen ist in Belgrad, Zagreb und Ljubljana außer bei Gefahr grundsätzlich verboten; in anderen Städten gilt das Hupverbot von 22–5 Uhr.

Winteraufenthalt in Jugoslawien

Jugoslawien bietet sehr günstige Bedingungen für jede Art von Winteraufenthalt, sei es für Liebhaber der verschiedensten Wintersportarten, oder für denjenigen, der sich an der Adria im milden Mittelmeerklima im warmen Meerwasser überdachter Schwimmbäder oder in Instituten für Wellentherapie erholen möchte.

Wintersportzentren:

Bovec, Kranjska Gora, Bohinj (Vogel), Bled, Popljuka, Mariborski Pohorje in Slowenien

Delnice, Platak in Kroatien

Jahorina in Bosnien und Herzegowina

Kopaonik in Serbien

Nationalpark Durmitor in Montenegro

Mavrovo, Popova Sapka, Krusevo in Makedonien

Winteraufenthalt an der Adria:

Portorož, Poreč, Rovinj, Pula, Opatija, Crikvenica, Krk, Rab, Mali Lošinj, Zadar, Šibenik, Primošten, Split, Hvar, Korčula, Kotor, Dubrovnik, Cavtat, Herceg-Novi und Budva.

Zoll

Das Zollverfahren bei Ein- und Ausreise ist für ausländische Feriengäste auf ein Minimum beschränkt.

Der Reisende darf folgende persönliche Gebrauchsgegenstände mit sich führen: persönlichen Schmuck, den für die Reise erforderlichen Proviant, zwei Fotoapparate mit 12 Platten oder 5 Filmen, eine Filmkamera bis 16 mm mit zwei Filmen, 1 Feldstecher, ein tragbares Musikinstrument, 1 Tonbandgerät, 1 Reiseschreibmaschine, ein tragbares Radiogerät, ein Autoradio, 1 tragbaren Fernsehapparat, 1 Fahrrad mit oder ohne Motor, Sport- und Angelgeräte, einen tragbaren Plattenspieler mit 10 Langspielplatten, Campingausrüstung, ein Sportboot mit oder ohne Motor, 1 Jagdgewehr mit 50 Patronen (Genehmigung eines jugoslawischen Konsulates oder des Grenzzollamtes notwendig).

Der Reisende kann ferner zollfrei nach Jugoslawien einführen: 200 Zigaretten oder 50 Zigarren oder 250 gr Tabak oder insgesamt 250 gr dieser Produkte, eine Flasche Wein, 1/4 l stark alkoholischer Getränke, 1/4 l Eau de Cologne.

Für alle aufgeführten Gegenstände ist der Reisende nicht zu einer schriftlichen

Zollanmeldung verpflichtet, da sie als persönliches Gepäck des Reisenden betrachtet werden. Er hat jedoch alle Gegenstände mündlich anzumelden und falls die Zollbeamten es verlangen, auch vorzuzeigen. Für die Innenausstattung eines Wohnwagens empfiehlt sich ein Inventarverzeichnis in doppelter Ausführung, was man sich durch das Grenzzollamt bestätigen lassen sollte.

Gegenstände, die nicht für den persönlichen Bedarf bestimmt sind, jedoch keinen Handelswarencharakter haben, werden mit einem Einfuhrzoll belegt. Zollfrei bei der Wiedereinreise nach Deutschland bleiben Mitbringsel aus Jugoslawien bis zu einem Wert von 100,– DM. Pro Person können 200 Zigaretten oder 50 Zigarren oder 250 gr Tabak, 2 l Wein, 1 l Spirituosen über 22% Alkohol oder 2 l Spirituosen unter 22% oder 2 l Schaumwein, 250 gr Kaffee oder 100 gr Kaffeeauszüge, 100 gr Tee oder 40 gr Teeauszüge mitgebracht werden.

Diese Regelung trifft im wesentlichen auch für die Durchreise von Österreich zu.

Felsenküste an der Adria

Adriatische Inseln und Küstenorte

Inselorte in Kursivschrift (z. B. *Cres*) besitzen Hotels, die übrigen nur Privatzimmer.

ISTRIEN (vgl. Fig. S. 316)

Koper s. S. 108 (14000 E.)

Izola s. S. 110 (10000 E.)

Piran s. S. 110 (6000 E.)

Portorož s. S. 110 (2000 E.)

Umag

(3000 E.) aufstrebender Badeort, Hotel- und Villensiedlung Katoro, große Kellereien und Hauptausfuhrhafen für istrische Weine, Bruchstück eines Tafel-Polyptychons in der Pfarrkirche (15. Jh.).

Novigrad

(3000 E.) altes Hafenstädtchen, römisches ›Aemonia‹, venezianisches ›Cittanova‹, ein Teil der antiken Stadt ist im Meer versunken, ehemaliger Holzausfuhrhafen, schmale Gassen und Häuser aus dem 16. und 17. Jh., ehemaliger Bischofssitz mit Dom aus dem 8. Jh., im 15. und 16. Jh. erneuert zur Pfarrkirche St. Pelagius, Marmoraltar (18. Jh.), Schatzkammer, spätromanische Domkrypta; Sammlung antiker und mittelalterlicher Fragmente im Urizzi-Palast.

Poreč s. S. 110–114 (7000 E.)

Vrsar

(1000 E.) Fischerort, naheliegende Steinbrüche lieferten Bausteine für Kirchen und Paläste Venedigs und Ravennas, romanische Marienkirche (13. Jh.), Kastell Vergotini (18. Jh.) als Sommerresidenz der Bischöfe von Poreč; Limski zaliv, 10 km lange bewaldete Bucht, 600 m breit und mit über 100 m hohen Hängen, Austernzucht.

Rovinj s. S. 114 (16000 E.)

Pula

s. S. 117–121 (47000 E.), 10 km entfernt Premantura und Medulin, römische Sommerfrischen, Ruinen von Römervillen.

Brijuni, ital. **Brioni**

Archipel aus zwei größeren Inseln (Veli Brijuni, Mali Brijuni) und elf kleinen Inseln, besonders mildes Klima mit üppiger subtropischer Vegetation, Überreste römischer Villen mit Thermen, Tempel, einer frühchristlichen Basilika; byzantinisches Kastell, venezianisches Schloß (15. Jh.) mit gotischer Kapelle (Museum); Sommerresidenz des jugoslawischen Staatspräsidenten Marschall Tito.

Rabac

(500 E.) kleines Fischerdorf in windgeschützter Bucht.

Labin

(6500 E.) heute ein Industriezentrum (Steinkohlen- und Bauxitrevier), akropolisartige Stadtburg, illyrische Siedlung im 4. Jh. v. Chr., römisches ›Albonesium‹, Altstadt mit Mauerring, venezianisches Stadttor von 1587, Prätorenpalast (15. Jh.), Loggia, Palazzi Nigris und Scampicchio (16. Jh.), Ruine der Kirche Sv. Stjean mit Freskenresten aus dem 13. und 14. Jh., gotische Kapellen in der Unterstadt mit Fresken (Sv. Kuzman i Damjan, Sv. Marija Magdalena).

Plomin

Illyrische und römische Siedlung, Stadtbefestigung aus dem 13.–17. Jh., romanische Kirche Sv. Jurje (11. Jh.), mit wiederverwendetem römischem Baumaterial errichtet, älteste in Istrien gefundene glagolitische Inschriften. (Die Glagolica ist eine Schrift der altslawischen Kirchensprache. Um ihre Verwendung im Gottesdienst führten die katholischen Kroaten im 10. und 11. Jh. einen heftigen Kampf mit Rom.)

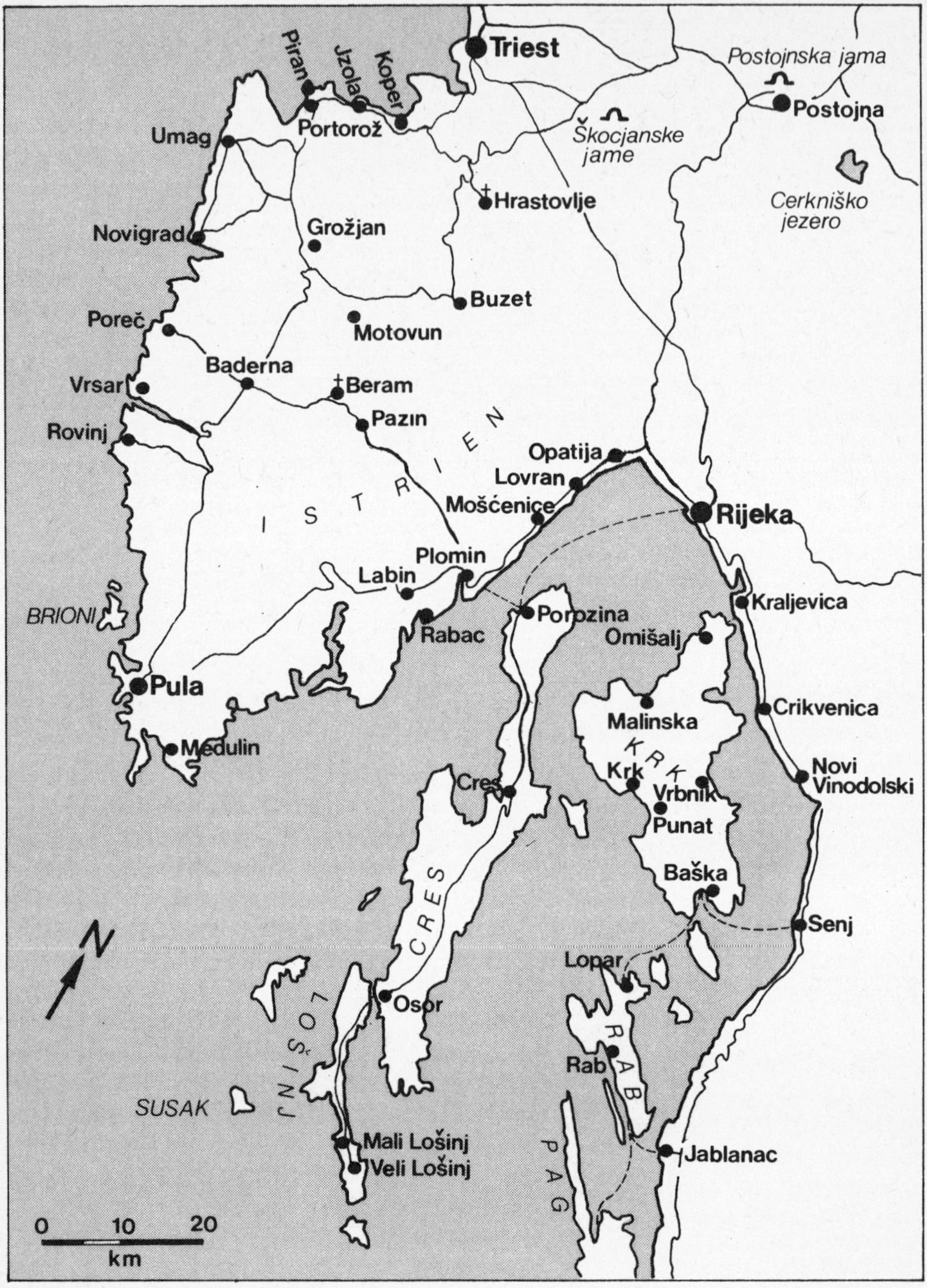

Istrien, Kvarner Inseln und Kroatisches Küstenland

Mošćenice

Wehrdorf, schöner Blick auf die Inseln Cres und Krk und auf das kroatische Küstenland, barocke Pfarrkirche mit Chorgestühl (17. Jh.), Loggia vor dem Stadttor; im Fischerdorf Mošćenička Draga die Kapelle Sv. Petar (1575) mit glagolitischen Inschriften (vgl. Plomin).

Lovran

(3000 E.) Seebad, malerischer Hafen mit Stadttor und gotischer Pfarrkirche, darin wertvolle Fresken (um 1479), beliebte Sommerfrische der k. u. k. Monarchie um die Jahrhundertwende mit Villen, Hotels und Parkanlagen.

Opatija s. S. 110

KROATISCHES KÜSTENLAND

Rijeka

ital. *Fiume* (132000 E./1971), größter Hafen Jugoslawiens und Verkehrsknotenpunkt für die östliche Adria; römischer Militärstützpunkt Tarsatica, slawische Festung Trsat, im Mittelalter Sitz der Frankopanen (›freie Herren‹), eines kroatischen Adelsgeschlechts, das von der Insel Krk stammte, 1468–1779 zu Österreich-Ungarn, später im Verband der k. u. k. Monarchie zu Ungarn, 1918 zu Jugoslawien (SHS), 1919 zu Italien (Eroberung durch Gabriele d'Annunzio), 1945 wieder zu Jugoslawien; Stadtturm (15. und 18. Jh.), ehemals einziger Zugang zur Stadt, Altes Rathaus (16. Jh.), Dom Sv. Marija, 12. Jh., im 18. Jh. barockisiert, Veitskirche 1630, Stadtpark von Susak mit Franziskanerkloster, 1450, Festung Trsat; archäologische, ethnologische und kulturhistorische Sammlungen im Historischen und Marinemuseum.

Kraljevica

s. S. 124 (2200 E.), am Meer die Alte Burg (Stari Grad), Anfang 17. Jh., heute Rathaus, Neue Burg (Mitte 17. Jh.), viertürmiges Kastell der Grafen Zrinjski; Dockanlagen, Arbeitsstätte des heutigen Staatspräsidenten Tito als junger Schlosser unter dem Namen Josip Broz).

Crikvenica

(5000 E.), bedeutendstes Seebad an der kroatischen Küste, mildes Klima, Sandstrand, Thalassotherapie.

Novi Vinodolski

mittelalterliche Hauptstadt der Frankopanen (vgl. Rijeka), Frankopanenburg, ›Vinodoler Status‹ (Gesetzbuch in altkroatischer Sprache und glagolitischer Schrift, 13. Jh.), vgl. Plomin.

Senj

s. S. 124 (4000 E.), seit den Illyrern Mitte des 1. Jt. v. Chr. besiedelt; Uskoken (vor den Türken geflüchtete Serben und Bosniaken) ließen sich Anfang des 16. Jh. nieder, trieben Seeräuberei und kämpften gegen Venezianer und Türken, nach dem Uskokenkrieg (1615–17) zwischen Venedig und Österreich wurden sie ins ›Uskoken-Gebirge‹ (Gorjanci) umgesiedelt; Kathedrale Sv. Marija mit romanischer Fassade (12. Jh.).

Jablanac

(300 E.), südlichste Frankopanenburg, Fußweg zur Bucht Zavratnica (Farbt. 7), kehrenreiche Schotterstraße zum Naturschutzgebiet Štirovača, Velebit-Karstgebirge.

KVARNER INSELN

Cres

(404 qkm, 66 km lang, 2–12 km breit, 5000 E.)

Autofähren
Brestova–Porozina, Rijeka–Porozina

Zweitgrößte Adria-Insel, bereits in vorgeschichtlicher Zeit besiedelt, strategische Bedeutung: wichtiger Stützpunkt für die Schiffahrt im Altertum und Mittelalter von Norditalien/Istrien nach Dalmatien; Norden und Osten verkarstet und unfruchtbar, im Süden und Westen Olivenhaine und Schafzucht, Vransko jezero, ein Süßwassersee, der wahrscheinlich durch Karsthöhlenflüsse mit dem Festland verbunden ist.

Urlaubsorte
Beli, Belej, *Cres*, Martinšćica, Merag, Osor, Punta Križa, Štivan, Valun

Cres
(2000 E.), in windgeschützter Bucht, mittelalterlicher Stadtkern mit Stadttor, Uhrturm, Loggia, einige romanische und gotische Kirchen, Renaissance- und Barockpaläste.

Osor
(1000 E.), in römischer Zeit gegründet, ehemals wichtige Hafenstadt, Bischofssitz vom 6.–16. Jh., Paläste, Renaissance-Kathedrale, antike Funde im Stadtmuseum.

Lošinj

(74 qkm, 31 km lang, bis 5 km breit, 6000 E.)

Von der Insel Cres durch einen 11 m breiten künstlichen Kanal mit Drehbrücke getrennt; mildes Klima mit üppiger Vegetation: Oliven, Gemüse, Obst, Wein, Heilkräuter, daneben Schiffsbau, Fischerei und traditioneller Fremdenverkehr seit dem 19. Jh.

Urlaubsorte
Ćunski, Lučica, *Mali Lošinj*, Nerezine, Sveti Jakov, *Veli Lošinj*

Mali Lošinj
(4000 E.), bedeutender Badeort mit malerischem Städtchen an einer 6 km langen Bucht, Seebad Čikat

Nerezine
Fischerdorf, mittelalterliches Franziskanerkloster

Veli Lošinj
(1000 E.) Fischerstädtchen mit alten Bauten, subtropischer Park um die ehemalige Villa des Erzherzogs Karl Stefan

Susak

(4 qkm, 1200 E.) Ausflugsziel von Mali Lošinj, besteht ausschließlich aus Sand; berühmte Frauentrachten (kurze Röcke über mehreren Unterröcken), Volkstänze und Hochzeitsbräuche.

Krk

(410 qkm, 38 km lang, bis 21 km breit, 17000 E.)

Autofähren
Črišnjeva–Voz, Crikvenica–Silo, Senj–Baška, Brücke zum Festland im Bau

Größte Adria-Insel, kahle Karstberge im Ostteil, Mais, Getreide, Wein, Feigen und Oliven im geschützten Westteil, fruchtbares Tal von Baška, Schafzucht und Fischerei, gut ausgebautes Straßennetz; als ›Goldene Insel‹ schon in der Antike bekannt, Sitz des kroatischen Adelsgeschlechts der Frankopanen, altkroatische (vorromanische) Zentralkirchen Sv. Donat, Sv. Krševan (vgl. S. 128), alte Trachten und Bräuche.

Urlaubsorte
Baška, Glavotok, *Krk*, *Malinska*, *Njivice*, *Omišalj*, *Punat*, Stara Baška, Šilo, Vrbnik

Baška
(700 E.), 2 km langer Kies- und Sandstrand, im Dorf Jurandvor wurde eines

der ältesten kroatischen Denkmäler in glagolitischer Schrift, die ›Tafel von Baška‹ aus dem Jahre 1100 entdeckt (heute in Zagreb).

Krk

(2000 E.), Denkmäler und Mosaiken aus römischer Zeit, frühchristliche Basilika mit Baptisterium und oktogonalem Taufbekken, mittelalterliche Festung (Stadtturm, Tore, Mauern), romanische Kathedrale aus dem 12. Jh., erbaut auf römischen Thermen und anschließend zweigeschossige romanische Basilika des hl. Quirinus.

Malinska

Üppige Vegetation, bekannter Käse und guter Wein.

Njivice

ruhiges Dorf, von Weinbergen und Olivenhainen umgeben.

Omišalj

(1000 E.), zahlreiche Badebuchten, nördlich der neue Flugplatz von Rijeka.

Punat

(1700 E.), Dorf mit alter Seefahrts- und Schiffbautradition; Insel Košljun mit Franziskanerkloster (12. Jh.), ethnographische Sammlung, Gemäldegalerie und alte Handschriftensammlung.

Vrbnik

malerisches Städtchen mit mittelalterlicher Stadtmauer und sehenswerten Häusern; weiße Frauentrachten, Korallen- und Muschelornamente als Schmuck, ausgezeichneter Wein (Zlahtina) und bekannter Käse.

Rab

(91 qkm, 22 km lang, 3–10 km breit, 9000 E.), vgl. S. 156

Autofähren

Jablanac–Pudarica, Senj–(Baška)–Lopar

Eine der schönsten und am meisten besuchten Ferieninseln Jugoslawiens.

Klimatisch geschützt durch das 1600 m hohe Velebit-Gebirge und die bis auf 408 m ansteigende Bergkette Kamenjak, Steineichenwälder, Olivenbäume, Weinstöcke, Gemüsegärten; Spezialität: Langusten im Fischerort Barbat.

Urlaubsorte

Banjol, Barbat, Kampor, *Lopar*, *Rab*, *Suha Punta*, Supetarka Draga

Lopar

kleines Fischerdorf und ruhiger Urlaubsort, großer Sandstrand

Rab s. S. 156, 157

DALMATINISCHES KÜSTENLAND (vgl. Fig. S. 321, 323)

Starigrad

s. S. 124, Nationalpark Paklenica mit Tropfsteinhöhle Manita pećina, Grotte Vodarica mit zwei Seen, achtstündiger Fußmarsch zum Vaganski vrh, höchster Gipfel des Velebit-Gebirges (1758 m).

Zadar s. S. 124–128 (43 000 E.)

Biograd

(2500 E.), im 10. Jh. Sitz der kroatischen Könige und Bischöfe, 1129 von Venedig zerstört; Vransko jezero, größter dalmatinischer Binnensee, in Vrana die Ruine eines Templerklosters (12. Jh.).

Šibenik

s. S. 128, 145 (34 000 E.), Krka-Fälle, Kornati (Farbt. 13, 15, Abb. 77).

Primošten

(1200 E.), malerisch auf einer Halbinsel gelegenes Fischerdorf (Abb. 105).

Trogir s. S. 149–155 (8000 E.)

Split s. S. 148–155, 145 (153 000 E.)

Omiš

(2500 E.), Städtchen an der Mündung der Cetina mit großartiger Schlucht, Prošek-Wein; Burgruine Mirabella, kroatische Kirche Sv. Petar (12. Jh.), Ausflüge ins wildromantische Cetina-Tal mit Wasserfällen und Mühlen bis zum Dorf Zadvarje (20 km), Kraftwerk.

Makarska

(6000 E.), Seebad mit flachem Kiesstrand (Abb. 106), im Mittelalter Einflußgebiet von Seeräubern aus dem sumpfigen Neretva-Delta, später kroatisch, bosnisch (Zentrum der Bogumilen-Sekte, vgl. S. 169–172), türkisch, venezianisch und österreichisch; Franziskanerkloster, Bergtouren ins Biokovo-Gebirge; Makarska-Riviera mit bekannten Badeorten Brela (einer der schönsten Strände Dalmatiens mit Aleppokiefernwald), Baška, Voda, Podgora, Igrane.

Slano

Seebad mit flachem Strand, Beginn der Dubrovniker Riviera, St-Hieronymus-Kirche (15. Jh.), altes Schloß, Ausflug ins Popovo-Polje (vgl. S. 167, 168).

Trsteno

Park mit mediterraner Flora, unter Denkmalschutz; Schloß des ragusaner Patriziergeschlechts Gučetić (15. Jh.).

Dubrovnik s. S. 161–166 (31 000 E.)

Cavtat

Südlichstes Seebad Dalmatiens auf der Halbinsel Rat, 689 als griechische Kolonie Epidauros gegründet, im 7. Jh. von Awaren und Slawen zerstört (vgl. Dubrovnik S. 161), seit 1427 zur Republik Dubrovnik; Rektorenpalast und Patrizierhäuser aus dem 15. Jh., Steinmuseum mit antiken Fragmenten, Bogišić-Museum, Bukovac-Galerie, Mausoleum des Reeders Račić, erbaut und mit Skulpturen versehen von Ivan Meštrović (1921).

NORDDALMATINISCHE INSELN

Pag

(285 qkm, 60 km lang, 1–10 km breit, 9000 E.), im Süden über eine Brücke mit dem Festland verbunden.

Autofähren

Jablanac–Stara Novalja–Mišnjak, Karlobag–Pag

Kahle Karstlanschaft, Wein- und Olivenanbau im Nordwesten, berühmter Pager Schafskäse, ausgezeichnete Weine, kunstvolle Spitzen und Frauentrachten.

Urlaubsorte

Lun (Farbt. 14), *Novalja*, *Pag*, Povljana, Stara Novalja

Novalja

(2500 E.), ruhiges Dorf der Weinbauern, Schafzüchter und Fischer, an der Stelle der römischen Siedlung ›Novalia‹, in der Nähe Reste altkroatischer Kirchen, bei Caska Ruinen eines versunkenen römischen Flottenstützpunktes.

Pag

(4000 E.) Inselhauptort, Renaissance-Dom (1487), Fürstenpalast in venezianischer Gotik, Überreste einer Römersiedlung bei Starigrad, große Salinen.

Archipel von Zadar

Die Inseln Vir, Maun, Olib, Silba, Premuda, Škarda, Ist, Molat.

Weinbau, Käse, stille Fischerdörfer, Unterwasserjagd.

Dugi Otok

(114 qkm, 44 km lang, 2–4 km breit, 6000 E.), steile und unzugängliche Westküste, ruhige Dörfer.

Urlaubsorte

Božava, Luka, Sali, Soline, Veli Rat, Zaglav, Žman

Božava

kleines Fischerdorf, Kiefernwälder und Olivenhaine; altkroatische Kirche und alte Pfarrkirche.

Luka

in der Nähe sehenswerte Grotten (Strašna pećina, Kozja pećina).

Sali

Hauptort zwischen Rebstöcken, Feigen- und Olivenbäumen, Ausgangspunkt für Bootsfahrten zu den Kornateninseln.

Entlang der Ostküste von Dugi Otok die bewohnten Inseln: Zverinac, Sestrunj, Rivanj, Rava Iž (prähistorische Festung Košljin).

Ugljan (52 qkm, 11 000 E.)

Autofähre

Zadar–Preko

Ausflugsinsel von Zadar, fruchtbarer Boden mit Weinbergen, Obstgärten, Olivenhainen, Macchien.

Urlaubsorte

Kali, *Kukljica,* Lukoran, Poljana, *Preko,* Sutomiščica, *Ugljan*

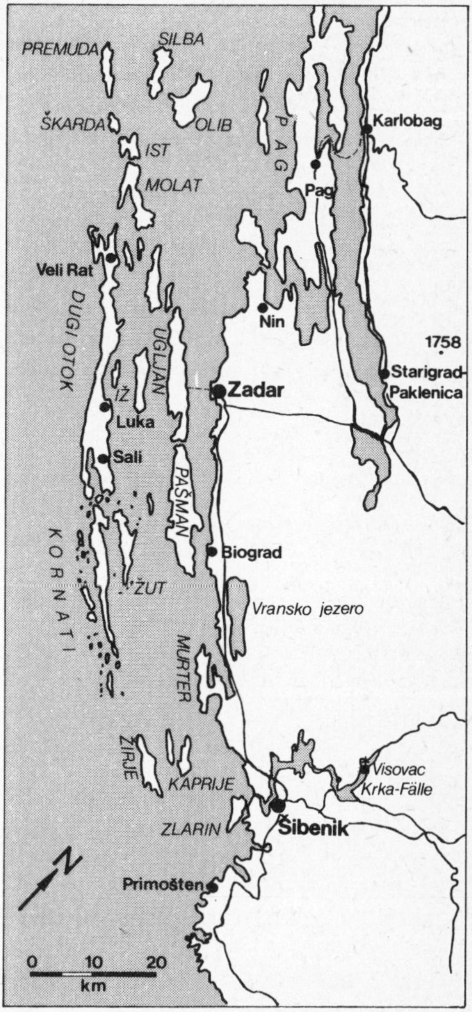

Norddalmatinische Inseln und Küstenland

Pašman

(63 qkm, 22 km lang, 4 km breit, 5000 E.)

Autofähre

Biograd–Tkon

Fortsetzung der Insel Ugljan, getrennt durch eine 100 m breite Meerenge (Brücke), steile und verkarstete Westküste, typische Mittelmeervegetation wie Ugljan.

Urlaubsorte

Banj, Dobropoljana, Mrljane, Nevidjane, Pašman, Tkon, Ždrelac

Kornati

Eine Gruppe von 125 Inseln, Inselchen und Riffen, nur zeitweilig besiedelt, Kornat (32 qkm), größte Insel, Paradies für Sportfischer und Unterwasserjäger (Farbt. 13)

Archipel von Sibenik

Etwa 30 Inseln; bewohnt und für einen einfachen, ruhigen und typisch dalmatinischen Urlaub geeignet die Inseln Žirje, Kaprije, Prvić, Krapanj und Zlarin (Frauentrachten, Korallentaucher und Korallenschmuck).

Murter

(12 qkm, 5300 E.), durch eine Brücke mit dem Festland verbunden, Landwirtschaft, Schafzucht, Hauptwohnsitz der Kornaten-Fischer.

Murter und *Tijesno* mit Sandstränden, aufstrebende Badeorte.

MITTELDALMATINISCHE INSELN

Šolta

(59 qkm, 18 km lang, 2–5 km breit, 3000 E.)

Autofähre

Split–Rogač

Im Altertum besiedelt: Überreste illyrischer Wallburgen, römischer Siedlungen; mehrere mittelalterliche Denkmäler, jahrhundertelang im Besitz von Split; Reben-, Maulbeer- und Olivenkulturen, Anbau von Rosmarin (ätherisches Öl für Parfüm- und Kosmetikindustrie, Šolta-Honig)

Urlaubsorte

Maslinica, Nečujam, Rogač, Stomorska

Maslinica

Fischerdorf, Unterwasserjagd, altes befestigtes Barockschloß (Hotel)

Nečujam

Siedlung um die Sommerresidenz des kroatischen Dichters Marko Marulić (15. Jh.)

Brač

(395 qkm, 40 km lang, 5–14 km breit, 15 000 E.)

Autofähren

Split–Supetar, Makarska–Sumartin

Drittgrößte Adria-Insel, Spuren vorgeschichtlicher Siedlungen, Reste illyrischer Burgen und römischer Bauten, zahlreiche Denkmäler aus späteren Jahrhunderten, Landwirtschaft, Schafzucht, Oliven-, Reb- und Maulbeerbaumkulturen, Feigen und Maraska-Kirschen, Fischerei

Urlaubsorte

Bobovišća, *Bol,* Milna, *Postira, Povja,* Pučišća, Spliska, Sumartin, *Supetar,* Sutivan

Bol

(1000 E.), besonders mildes Klima, Dominikanerkloster (römische Münzensammlung), Pfarrkirche (11. Jh.) mit einer Madonna von Tintoretto

Povja

altchristliche Basilika, Kastell aus dem 16. Jahrhundert

Sumartin

Franziskanerkloster mit Archiv und Bibliothek

Nerežišća

Besteigung des höchsten Inselberges Vidova gora, 778 m, mit weiter Aussicht

Hvar

(300 qkm, 68 km lang, 4–11 km breit, 15 000 E.), vgl. S. 157, 158

Autofähren

Drvenik–Sućuraj, Split–Stari Grad, Gleitboot-Schnelldienst und Aero-Taxi: Split–Hvar

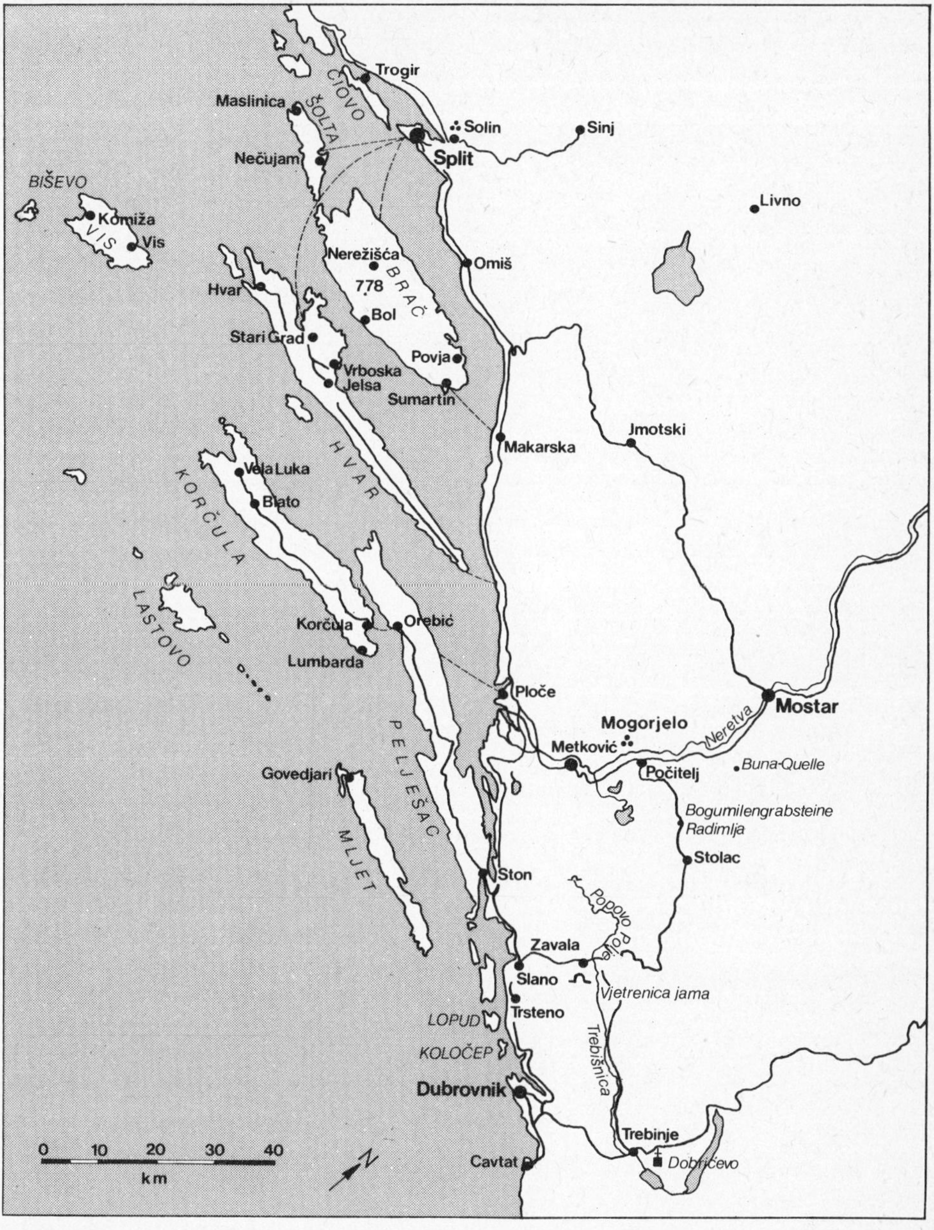

Mittel- und Süddalmatinische Inseln und Dalmatinisches Küstenland

Eine der schönsten jugoslawischen Inseln, buchtenreiche Nord-, steile Südküste.

Urlaubsorte
Dubovica, *Hvar*, Ivandolac, *Jelsa*, Milna, *Stari Grad*, Sućuraj, Nedija, *Vrboska*, Zavala

Hvar s. S. 157

Jelsa
(1400 E.) Wanderung zur Grabčeva špilja (Grotte mit prähistorischen Funden).

Stari Grad
(1500 E), s. S. 157, Reste einer griechischen Zyklopenmauer, römische Mosaiken, altchristliche Taufsteine, mittelalterliche Kirchen (Sv. Ivan, 14. Jh., darin Tintoretto-Gemälde), befestigtes Sommerhaus des kroatischen Dichters Petar Hektorović (16. Jh.) mit Fischteich.

Vrboska
Renaissancekirche, als fensterlose Festung erbaut, Altarbild von Tizian u. Veronese.

Korčula
(276 qkm, 47 km lang, 6–8 km breit, 23 000 E.), vgl. S. 158

Autofähre
Orebić (Halbinsel Pelješac)–Split–Vela Luka–Korčula
Bergige und waldreichste Adria-Insel, schöne (asphaltierte) Panoramastraße.

Urlaubsorte
Blato, *Brna*, Čara, *Korčula*, *Lumbarda*, Prigradica, Prižba, Smokvica,Raćišće, *Vela Luka*

Blato
Tradition der Guslaren-Sänger (Gusla = einsaitiges Streichinstrument), Ritterspiel Kumpanija.

Korčula s. S. 158, 307

Lumbarda
Fischerdorf, ausgezeichneter Weißwein (Grk). Steinmetzen und Bildhauer

Vela Luka
(5000 E.), Fischerdorf, ruhige Bucht mit heilkräftigem Meerschlamm, Insel Ošjak mit reicher Flora unter Naturschutz.

Žrnovo
vorgeschichtliche illyrische Gräberfunde in einer Höhle; Pfarrkirche des hl. Martin, Volksspiel ›Moštra‹

Vis
(90 qkm, 8000 E.), strategische Lage, bewegte Geschichte (vgl. S. 20), fruchtbar und subtropische Vegetation (Palmen, Korkeichen, Myrten), berühmte Weine (Opolo, Vugava, Plavac).

Vis
(2800 E.), Befestigungsanlagen aus der englischen Zeit (1811–15), Reste der von den Goten zerstörten griechischen Siedlung Issa, Minoritenkloster, interessante Höhle (Tvrda špilja).

Komiža
(2600 E.), größtes Fischindustriezentrum Dalmatiens.

Biševo (200 E.)
Schiffsverbindung
Komiža (Vis) – Biševo
Berühmte Blaue Grotte (Modra špilja), Länge 34 m, Breite 15–17 m, Höhe 6 m, Wassertiefe 18 m, Einfahrt nur bei ruhiger See, günstigste Lichtverhältnisse zwischen 10 und 12 Uhr.

Lastovo (47 qkm, 2000 E.)
Schiffsverbindung
Vela Luka (Korčula) – Ubli
Waldreiche Insel mit gutem Wein.

SÜDDALMATINISCHE INSELN
vgl. Fig. S. 323)

Mljet

(100 qkm, 37 km lang, 2–4 km breit, 2000 E.)
Schiffsverbindung
Dubrovnik–Polače
Waldreich und eine der schönsten dalmatinischen Inseln, einfache Ferien.
Urlaubsorte
Govedjari, Babino Polje, Kozarica, Okuklje, Polače, Sovra
Govedjari
Nationalpark Mljet mit hundertjährigen Föhrenwäldern und dichter Macchie, zwei Meerwasserseen, darin ehemaliges Inselkloster der Benediktiner (heute Hotel)

Pelješac

(342 qkm, 65 km lang, 1–7 km breit)
Autofähre
Ploče–Trpanj, Drvenik–Trpanj
Asphaltierte Straße als Abzweigung der Küstenmagistrale.
Bis 961 m ansteigendes zerklüftetes Gebirge, berühmte Rotweine (Dingač).
Urlaubsorte
Brijesta, Gornja Vrućica, Janjina, Kučište, Lorište, *Orebić,* Osobjava, Podobuće, Podstup, Sreser, Ston Mali, *Ston Veli, Trpanj,* Trstenik, Viganj, Žuljana
Orebić
(600 E.), Alterssitz verdienter Seefahrer, Kapitänshäuser mit Blumengärten, Nautisches Museum und Franziskanerkloster (Farbt. 23).
Ston Veli
Stadtmauern, Meersalinen, Austernzucht.

Archipel von Dubrovnik oder **Elaphitische Inseln** (Plinius d. Ältere = Hirschinseln)

Etwa zwanzig Inseln, die größten sind Šipan, Lopud und Koločep (mit sehenswerten Kirchen und Palästen).

MONTENEGRINISCHES KÜSTENLAND

Herceg-Novi

(8000 E.), stark besuchtes Seebad mit üppiger subtropischer Vegetation, heilklimatischer Kurort auch im Winter; 1382 vom bosnischen König Tvrtko I. gegründet, türkische Festung und venezianisches Kastell, Stadtmauer, Uhrturm (1667), Kapi-

Montenegrinisches Küstenland

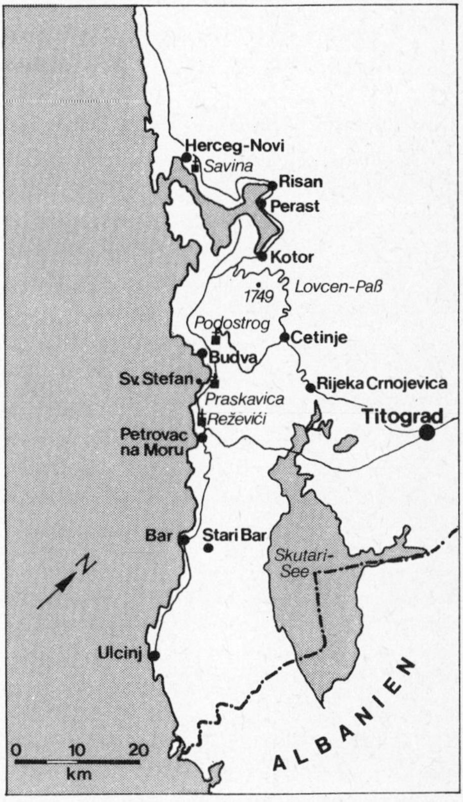

tänsmuseum; in der Nähe Igalo, Mineral- und Seebad mit radioaktiven Schlammbädern, und orthodoxes Kloster Savina mit Fresken (18. Jh.), Klosterbibliothek und Schatzkammer.

Kotor s. S. 166, 167 (9000 E.)

Budva

(2000 E.), Hauptort des Fremdenverkehrs an der montenegrischen Küste mit vielen Sand- und Kiesstränden, Erholungs- und Gesundheitszentrum; Altstadt auf einer Landzunge, Mauern aus dem 15. Jh., Stadttore, venezianisches Kastell, Kirche Sv. Ivana Krstitelja Crkva (8. Jh.) mit byzantinischer Ikone, Muttergotteskirche mit Archäologischem Museum; in der Nähe die Klöster Praskavica, 1050 (mit zwei Kirchen, Dreifaltigkeitskirche mit Fresken von 1681, reiche Ikonensammlung, Kirchenreliquien), Podostrog (14. Jh.) und Stanjevići (1736).

Sveti Stefan

Ehemalige Fischersiedlung auf einer Halbinsel, die zu einer Luxus-Hotelstadt umgestaltet wurde; Stefanskirche (15. Jh.).

Petrovac na Moru

(1000 E.), Seebad, umgeben von Pinienwäldern und Olivenhainen, hieß früher Lastva nach der Festung, venezianische Festung (16. Jh.); in der Nähe Kloster Reževići, von Zar Dušan 1354 gegründet, Freskenreste der Kirche Sv. Stefan, Ikonostasis in der Mariä-Himmelfahrts-Kirche aus dem frühen 19. Jh.

Bar

(4000 E.), Seehafen mit Schiffahrtslinien nach Bari (Italien) und Korfu, neue Bahnlinie nach Belgrad; Stari Bar (Ruinenstadt), orientalisches Ortsbild, 1878 von der montenegrinischen Artillerie im Kampf gegen die Türken zerstört.

Ulcinj

(8000 E.), südlichste Stadt Montenegros, römische Gründung, bis ins 18. Jh. Seeräuberflottenstützpunkt, ehemals türkische Stadt mit orientalischem Aussehen (zehn Moscheen, darunter die Pascha-Moschee aus dem späten 17. Jh., Basar), Stadtmuseum; 12 km langer jod- und radiumhaltiger Sandstrand bis zur Mündung der Bojana, dem Grenzfluß zwischen Jugoslawien und Albanien.

Hotels und Campingplätze

Das Verzeichnis ist vor allem für den Individualreisenden gedacht, der kunsthistorisch und landschaftlich bedeutende Orte aufsucht. Die Feriengebiete an der Adria-Küste sind deshalb nur teilweise erfaßt, wogegen das Landesinnere in Anlehnung an die im Buch behandelten Orte besonders berücksichtigt wurde. In der Hochsaison empfiehlt sich eine Hotelreservierung in den Küstenorten sowie auf den Inseln (kostenlose Hotel- und Privatunterkunftsverzeichnisse mit verbindlichen Preisen bei den jugoslawischen Fremdenverkehrsämtern).

*** L Luxushotels
*** sehr gute Hotels
** gute Hotels
* einfache Hotels und Pensionen
C Campingplätze

Andrijevica (Montenegro)
* Komovi
C Komovi

Banja Luka (Bosnien)
** Motel International, Palace, Šehitluci

Belgrad (Serbien)
*** L Jugoslavija
*** Excelsior, Metropol, Moskva, Palas

** Balkan, Beograd, Kasina, National, Slavija Splendid, Srbija, Šumadija, Taš, Union
* Astorija, Prag
C Beograd, Kušutnjak

Bitola (Makedonien)
* Makedonija
C Deveani

Bled (Slowenien)
*** Golf Hotel, Grand Hotel Toplice, Kompas, Lovec, Vila Bled
** Park Hotel, Jelovica
* Krim, Lovec
C

Bohinj (Slowenien)
** Bellevue, Zlatorog, Ski Hotel Vogel
* Jezero, Mladinski Dom, Pod Voglom, Stane Žagar, Triglav
C Mladinski Dom, Mladi turist

Bovec (Slowenien)
** Alp Hotel
* Golobar-Mangart, Kanin-Planika
C Polovnik

Celje (Slowenien)
** Celeia, Evropa, Merx
* Ojstrica
C Prebold

Cetinje (Montenegro)
** Park
* Grand Hotel

Cres (Insel Cres)
* Cres
C Kovačine

Debar (Makedonien)
* Makedonija
C Debarska Banja

Dečani (Serbien)
* Visoki Dečani
C Visoki Dečani

Dubrovnik (Dalmatien)
*** L Dubrovnik Palace, Kompas, Libertas
*** Argentina, Excelsior, Grand Hotel Imperial, Grand Hotel Park, Villa Dubrovnik
** Adriatic, Neptun, Splendid, Vis I, Vis II, Lero
* Sumratin, Bellevue, Belvedere, Komodor, Lapad, Petka
C

Foča (Bosnien)
** Zelengora
C Foča

Golubac (Donau)
* Golubački Grad

Herceg-Novi (Montenegro)
** Plaža, Villa Palma, Riviera, Topla, Tamaris, Boka, Igalo
C

Hvar (Insel Hvar)
*** Adriatic
** Dalmacija, Pharos, Delfin, Sirena, Palace, Amfora
* Galeb, Slavija, Bodul

Ivangrad (Montenegro)
** Berane, Jelovica, Motel Gradina
C Berane

Jajce (Bosnien)
** Jajce
* Plivska jezera, Turist, Dom Kajakaša, Sport
C Plivina jezera

Koper (Istrien)
** Triglav, Žusterna
* Galeb

Korčula (Insel Korčula)
** Park, Bon Repos, Marko Polo
* Korčula
C Solitudo

Kotor (Montenegro)
** Fjord
* Slavija
C Dobrota

Kraljevo (Serbien)
** Turist

Kranj (Slowenien)
** Evropa, Creina, Jelen

Kranjska gora (Slowenien)
** Larix, Prisank, Kompas, Alpe-Adria
* Erika, Porentov Dom, Razor, Slavec
C Gozd

Krk (Insel Krk)
** Dražica, Koralj
* Bor, Dubrava, Lovorka, Ružmarin, Tamaris, Krk
C
Kruševac (Serbien)
* Evropa
Ljubljana (Slowenien)
*** Lev, Grand Hotel Union, Slon
** Ilirija, Turist, Medno
* Bellevue, Viator
C Ježica, Dragočajna, Smednik
Maribor (Slowenien)
** Orel, Slavija, Turist
* Zamorec, Mariborsko jezero
C Bresternica
Mostar (Herzegowina)
** Bristol, Hercegovina, Mostar, Neretva, Buna
C Buna, Brodari
Novi Sad (Vojvodina)
*** Tvrdjava Varadin
** Putnik, Vojvodina, Park, Sajam
C Ribarsko ostrovo
Ohrid (Makedonien)
*** Grand Hotel Palace, Gorica, Slavija
** Orce Nikolov, Beograd, Zagreb
C Andon Dikov, Elešec, Gradište
Omiš (Dalmatien)
** Brzet, Ruskamen
* Plaža
C Brzet, Ruskamen
Osijek (Kroatien)
** Royal, Turist, Central
* Psunj, Motel Jelen
Peć (Kosovo)
** Metohija
* Korzo
C Karagač
Piran (Istrien)
** Piran, Punta
* Sidro
C
Plevlja (Montenegro)
* Tara
Plitvicer Seen (Kroatien)
*** Plitvice, Bellevue, Jezero
** Park
* Javornik
C Plitvice, Medvedjak, Borje
Počitelj (Herzegowina)
* Stari grad
Postojna (Slowenien)
** Kras, Šport, Jama Postojna, Proteus
* Sport Hotel Erazem
Prijepolje (Serbien)
* Prijepolje
Prilep (Makedonien)
* Skopje
Priština (Kosovo)
** Kosovski Božur
Prizren (Kosovo)
** Theranda
C Putnik
Ptuj (Slowenien)
** Poetovio
* Haložan
Pula (Istrien)
*** Brioni, Hotel-Komplex Zlatne Stijene, Bellevue, Lašta, Aurora, Istra, Jadran, Sirena, Miramar, Splendid, Tosca
** Verudela Park Hotel, Sonja, Riviera, Medulin
* Ribarska Koliba
C Stoja, Ribarska Koliba
Rab (Insel Rab)
*** Imperial
** Istra, Tourist Settlement Suha Punta, Praha, Slavija, International, Kontinental, Magdalena
Raška (Serbien)
* Putnik
C Putnik
Rijeka (Kroatien)
*** Bonavia, Jadran Park
** Neboder
* Zagreb, Kontinental
C Preluk, Kostrena
Sarajevo (Bosnien)
*** Evropa, Bristol
** Beograd, Terme, Central
* Nacional, Stari Grad, Zagreb, Srbija
C Banja Ilidža, Student

Šibenik (Dalmatien)
*** Solaris
** Jadran, Punta, Imperial
* Krka, Martinska, Medveščak
C Solaris, Martinska

Skopje (Makedonien)
*** Grand Hotel Skopje, Continental
** Jadran, Panorama
* Saraj, Turist, Vodno, Skala, Bellevue
C Park, Saraj, Turist, Bellevue

Skradin (Krka-Fälle)
C Slapovi Krke, Park

Smederevo (Serbien)
* Smederevo, Park

Split (Dalmatien)
*** Marjan
** Bellevue, Inex-Velebit, Mosor, Park, Split
* Bačvice, Central, Ljubljana, Inex-Hotel Zagreb, Kairos
C Trstenik, Inex-Duilovo, Stobreč, Strožanac, Kaštel-Gomilica

Starigrad (Dalmatien)
** Alan, Paklenica

Struga (Makedonien)
* Galeb
C Plantaza, Paklenica
C Crni Drim

Svetozarevo (Serbien)
* Srbija, Palas

Tetovo (Makedonien)
* Makedonija
C Vratnica

Titograd (Montenegro)
** Crna Gora, Podgorica
C Zlatica

Titov Veles (Makedonien)
** International, Mladost
C Mladost, Stobi

Travnik (Bosnien)
** Orijent
* Park

Trebinje (Herzegowina)
** Leotar, Lastva

Trogir (Dalmatien)
** Jadran, Medena (Donji Seget)
* Radovan, Auto-Camp Soline
C Rožac, Soline, Seget

Varaždin (Kroatien)
** Turist
* Istra
C Izletište

Višegrad (Bosnien)
* Višegrad, Bikavac
C Bikavac, Višegradska Banja

Žabljak (Montenegro)
* Durmitor, Žabljak, Jezera
C

Zadar (Dalmatien)
*** Barbara
** Slavija, Zadar, Beograd, Forum, Novi Park, Zagreb
C Boris, Punta Bajlo

Zagreb (Kroatien)
*** L Zagreb-Intercontinental
*** Esplanade-Intercontinental, Palace
** Beograd, Dubrovnik, International, Laguna, Brezovica, Bristol, Central, Jadran, Siget, Sport, Šumski dvor, Tomislavov dom, Villa Rebar, Centrotel Nina, Centrotel Sava, Motel Zagreb, Pošta
C Mladost, Zagreb

Ausgewählte Literatur

Reiseführer

Adria, Reiseführer und Atlas, Jugoslawisches Lexikographisches Institut, Zagreb

Baedekers Autoreiseführer: *Jugoslawien und Griechenland*, Stuttgart 1975

Blauer Führer: *Jugoslawien*, Paris 1972

Cuddon, J. A.: *Jugoslawien*, München 1972

Die Badeplätze in Jugoslawien, ADAC Verlag, München 1975

Jugoslawische Küste, Führer und Atlas, 5 Bde, Jugoslawisches Lexikographisches Institut, Zagreb

Neumayr, E. / Pfister, W.: *Jugoslawien*, Olten 1974

Oor, George: *Jugoslawien in Farbe* (Reihe: Reisen heute), Paris 1977 (Stuttgart, München)

Großer Polyglott: *Jugoslawien*, München 1975

Polyglott: *Slowenien, Istrien*, München 1974

Polyglott: *Jugoslawische Küste und Inseln*, München 1974

Polyglott: *Süddalmatien. Montenegro mit Albanien*, München 1974

Reiseliteratur

Bihalji-Merin, O. und L.: *Jugoslawien*, Stuttgart 1966

Gliewe, S.: *Agaven und Minarette*, Bern 1973

Merian-Hefte: *Istrien/Slowenien*, *Dalmatien* und *Montenegro*

Geschichte

Hösch, E.: *Geschichte der Balkanländer*, Stuttgart 1968

Stadtmüller, G.: *Geschichte Südosteuropas*, München 1950

Zeitgeschichte

Liebe, K.: *6 mal Jugoslawien, 1 mal Albanien*, München 1974

Reißmüller, J. G.: *Jugoslawien, Vielvölkerstaat zwischen Ost und West*, Düsseldorf/Köln 1971

Geographie

Dobias, P.: ›Das jugoslawische Wirtschaftssystem, Entwicklung und Wirkungsweise‹. *Kieler Studien*, Bd. 100, Tübingen 1969

Dörrenhaus, F.: ›Ragusa, eine freie Comune an der Ostküste der Adria‹. In: *Forschungen zur Allgem. und Regionalen Geographie, Fs. f. K. Kayser*, Wiesbaden 1971, S. 238–55

Eggers, W.: ›Die jugoslawischen Wirtschaftsreformen und das jugoslawische System‹. In: C. Thalheim u. H.-H. Höhmann (Hrsg.): *Wirtschaftsreformen in Osteuropa*, Köln 1968, S. 259–282

›Jugoslawien‹. In: *Westermann Lexikon der Geographie*, Braunschweig 1969, Bd. II, S. 640–645 (dort umfangreiche Literatur)

Markert, W.: ›Jugoslawien‹. In: *Osteuropa-Handbuch*, Köln/Graz 1954

Ruppert, K. / Schaffer, F. (Hrsg.): ›Akzente des sozialen Wandels in Jugoslawien‹. Wirtschaftsgeographisches Institut München, *Berichte zur Regionalforschung*, H. 9, München 1972

Kunstgeschichte

Benac, A. / Bihalji-Merin, O.: *Steine der Bogomilen*, Wien/München 1964

Bihalji-Merin, O.: *Kunstschätze in Jugoslawien*, Stuttgart 1972

Bihalji-Merin, O.: *Die Malerei der Naiven*, Köln 1975

Cevc, E.: *gotsko kiparstvo* (ars sloveniae), Ljubljana 1967

Djurić, V.: *Byzantinische Fresken in Jugoslawien*, München 1976

Fisković, C.: *Dalmatinske freske*, Zagreb 1965

Fučić, B.: *Istarske freske*, Zagreb 1963

Garašanin, M.: ›Neolithikum und Bronzezeit in Serbien und Makedonien‹, *39. Bericht der Römisch-Germanischen Kommission*, Berlin 1958

Hamann–Mac Lean, R. H. L.: *Die Monumentalmalerei in Serbien und Makedonien vom 11. bis zum frühen 14. Jh.*, Gießen 1963

Kastelic, J.: *Situlenkunst*, Wien/München 1964

Kleine Kunstreihe (Jugoslavija), Belgrad (in deutscher Sprache)

Marasović, T.: *Der Diokletianpalast*, 1974

Perčić, I.: *Poreč, die Euphrasius-Basilika*, 1971

Petricioli, I.: *Goldschmiedekunst in Zadar*, 1971

Redžić, H.: *Islamische Kunst*, 1967

Tasić, D.: *Byzantinische Malerei in Serbien und Mazedonien*, 1967

Kolarić, M.: *Jugoslawien, eine Reise durch die Kunst*, Belgrad 1974

Komelj, I.: *gotska arhitektura* (ars sloveniae), Ljubljana 1969

Kunstdenkmäler in Jugoslawien (Jugoslavija), Belgrad (in deutscher Sprache)

Čornakov, D.: *Hl. Klemens in Ohrid*, 1967

Davidov, D.: *Hopovo*, 1964

Djurić, V. J.: *Die Kirche der hl. Sophie in Ohrid*, 1963

Djurić, V. J.: *Resava* (Manasija), 1966

Ivančević, R.: *Beram*, 1965

Ljubinković, M.: *Ravanica*, 1966

Ljubinković, R.: *Die Apostelkirche im Patriarchat von Peć*, 1964

Mandić, S.: *Die Kirche der Muttergottes in Studenica*, 1966

Mandić, S.: *Die Porträts auf den Fresken*, 1966

Mijović, P.: *Dečani*, 1966

Miljković-Pepek, P.: *Nerezi*, 1966

Petković, S.: *Arilje*, 1965

Radojčić, S.: *Kalenić*, 1964

Rajković, M.: *Sopoćani*, 1967

Rajković, M.: *Die Königskirche in Studenica*, 1964

Subotić, G.: *Die Kirche des hl. Demetrius im Patriarchat von Peć*, 1964

Marasović, J. u. T.: *Der Palast des Diokletian*, Wien/München 1969

Millet, G. / Frolow, A.: *La peinture du moyen âge en Yougoslavie*, 3 Bde., Paris 1954, 1957, 1962

Radojčić, S.: *Geschichte der serbischen Kunst*, Berlin 1969

Reusche, E.: *Polychromes Sichtmauerwerk byzantinischer und von Byzanz beeinflußter Bauten Südosteuropas*, Diss. Köln 1971

Rice, D. T.: *Byzantinische Kunst*, München 1964

Solovjev, A.: *Bogomilentum und Bogomilengräber in den südslawischen Ländern.* Völker und Kulturen Südosteuropas, München 1958.

Srejović, D.: *Lepenski Vir. Eine vorgeschichtliche Geburtsstätte europäischer Kultur*, Bergisch Gladbach 1973

Stelè, F.: *gotsko stensko slikarstvo* (ars sloveniae), Ljubljana 1972

Stelè, F.: ›Die mittelalterliche Wandmalerei in Slowenien im mitteleuropäischen Rahmen‹, *Südost-Forschungen XVI*, München 1959

Šumi, N.: *baročna arhitektura* (ars sloveniae), Ljubljana 1969

Vrišer, S.: *baročno kiparstvo* (ars sloveniae), Ljubljana 1967

Weitzmann, K. / Radojčić, S., u. a.: *Frühe Ikonen. Sinai, Griechenland, Bulgarien, Jugoslawien*, Wien/München 1968

Wenzel, M.: ›Bosnian and Herzegovinian Tombstones‹. *Südost-Forschungen*, München 1962

Zadnikar, M.: *romanska umetnost* (ars sloveniae), Ljubljana 1970

Zadnikar, M.: *Hrastovlje*, Ljubljana 1973

Zadnikar, M.: ›Die romanische Baukunst in Slowenien und ihre kunstgeographische Stellung‹, *Südost-Forschungen XX*, München 1961, S. 74–89

Zehm, K. H.: *Serbischer Kirchenbau in seiner Beziehung zu den territorialen Veränderungen des mittelalterlichen Serbien*, Diss. Berlin 1972

Bildbände

Belgrad (Jugoslawische Revue), Belgrad 1974

Jugoslawien (Jugoslawische Revue), Belgrad

Linke, G., Schneiders, T., u. a.: *Jugoslawien* (Atlantis), Zürich / Freiburg i. Br. 1974

Löbl, R. / Neumayr, E.: *Traumstraßen durch Jugoslawien*, München 1976

Mazedonische Vision (Jugoslawische Revue), Belgrad

Schneiders, T., Dabac, T., u. a.: *Jugoslawien* (Atlantis), Zürich / Freiburg i. Br. 1968

Slowenien. Ein Porträt in Wort und Bild, Ljubljana 1972

Slowenien (Jugoslawische Revue), Belgrad

Abbildungsnachweis

Farbtafeln und Schwarzweiß-Abbildungen

Agancija za Fotodokumentacijo, Zagreb Abb. 121, 159

Jugoslawisches Fremdenverkehrsbüro, Belgrad, Abb. 150–154

Jugoslawisches Verkehrsbüro, Düsseldorf Abb. 6, 7, 12, 43

Stojanović, Milovan; Vrnjaška Banja 186, 187

Turistički savez Bosne i Hercegovine, Sarajevo Abb. 105, 170

Alle übrigen Aufnahmen vom Verfasser (photographiert 1974–1978); Farbt. 4, 5, 10, 14, 30–33, 37 (1966)

Zeichnungen und Pläne im Text

ADAC-Autoreiseführer Jugoslawien, München 1975/76 Fig. S. 215 (verändert)

Ars Sloveniae-baročna arhitektura Fig. S. 78

Ars Sloveniae-gotska arhitektura Fig. S. 98

Belgrad (Jugoslawische Revue), Belgrad 1974 Fig. S. 253

Beograd, Fremdenverkehrsverband der Stadt Belgrad Fig. S. 274 u.

Bihalji-Merin, O. (Hrsg.): *Kunstschätze in Jugoslawien*, Stuttgart 1972 Fig. S. 74, 99, 172, 194, 196, 207, 219, 246, 274 o.

Blauer Führer: Jugoslawien, Paris 1972 Fig. S. 77, 109, 125, 147, 164, 195, 211, 275, 282 (verändert)

Hamann-Mac Lean, R. H. L.: *Die Monumentalmalerei in Serbien und Makedonien vom 11. bis zum frühen 14. Jh.*, Gießen 1963 Fig. S. 66

Ivančević, R.: *Beram*, 1965 (Kunstdenkmäler in Jugoslawien) Fig. S. 115

Jugoslawische Küste, Führer und Atlas, Jugoslawisches Lexikographisches Institut, Zagreb Bd. 1 Fig. S. 112; Bd. 2 Fig. S. 126, 128; Bd. 3 Fig. S. 145, 149, 150, 151

Lavallée J.: *Voyage pittoresque et historique de L'Istrie et de la Dalmatie*, Paris 1802 Fig. S. 118, 119, 152, 153

Mlakar, Š.: *Das antike Pula*, Pula 1972 Fig. S. 120

Radojčić, S.: *Geschichte der serbischen Kunst*, Berlin 1969 Fig. S. 203, 205, 206, 209, 241, 243, 245, 249, 277

Seydlitz: *Probleme der Gegenwart*, Kiel/Hannover 1975 Fig. S. 21, verändert

Slowenien (Jugoslawische Revue), Belgrad Fig. S. 2

Šerko, A.: *The cave of Postojna and other marvels of the karst*, Ljubljana 1958 Fig. S. 102, 104 (verändert)

Srejović, D.: *Lepenski Vir*, Bergisch Gladbach 1973 Fig. S. 278 o.

Studienfahrten deutscher Akademiker Prof. Dr. Artur Kutscher: *Griechenland, Kleinasien – Istanbul*, München 1971 Fig. S. 159 (verändert)

Wagner, G.: Einführung in die Erd- und Landschaftsgeschichte, Öhringen 1950 Fig. S. 23

Wiseman, J.: *Stobi*, Belgrad 1973 Fig. S. 222

Wunderlich, H.-G.: *Einführung in die Geologie, Bd. I, Exogene Dynamik*, Mannheim 1968 Fig. S. 105

Almut Rother, Monheim Fig. S. 12–15, 17, 20, 75, 104, 111, 171, 175, 197, 212, 216, 224, 273, 278 u., 288, 291, 306, 307, 314

Entwurf und Zeichnung der Karten im Umschlag und Fig. S. 295 vom Verfasser

Raum für Ihre Reisenotizen

Anschriften neuer Freunde, Foto- u. Filmvermerke, neuentdeckte gute Restaurants, etc.

Raum für Ihre Reisenotizen

Anschriften neuer Freunde, Foto- u. Filmvermerke, neuentdeckte gute Restaurants, etc.

Raum für Ihre Reisenotizen

Anschriften neuer Freunde, Foto- u. Filmvermerke, neuentdeckte gute Restaurants, etc.

Register

Personen und Völker

Orte und Länder